社会病理学講座

社会病理学の基礎理論

松下武志・米川茂信・宝月　誠

［編著］

学文社

執　筆　者

＊米川	茂信	元淑徳大学	(序章)
＊宝月	誠	立命館大学	(第1章)
星野	周弘	帝京大学	(第2章)
中河	伸俊	大阪府立大学	(第3章)
山本	功	淑徳大学	(第3章)
細井	洋子	東洋大学	(第4章)
清田	勝彦	福岡県立大学	(第5章)
大山	小夜	金城学院大学	(第6章)
玉井	眞理子	高野山大学	(第7章)
山元	公平	元大阪国際女子短期大学	(第8章)
鮎川	潤	関西学院大学	(第9章)
広瀬	卓爾	佛教大学	(第10章)
＊松下	武志	日本大学	(第11章)

(執筆順＊は編者)

◆ はしがき ◆

　社会病理学が日本に導入されてからもう50年を越えている。1970年代を振り返ってみると，書店の棚には社会病理学の名を冠した研究書やテキストが数多く並べられていた。このこと自体には，内容的あるいは質的な観点から論議があることは周知の事実である。しかしこの時期，日本の社会病理学的研究がひとつの活況期にあったことは明らかである。

　今日，大学図書館や書店のコーナーで当時のように社会病理学関係書を目にすることはむずかしい。そうなったのは，1970年代以降，社会病理学者たちの取り組みと努力が実り，日本社会から社会病理現象が減少し，その分だけ社会病理研究の価値が低下していったからであろうか。無論そうではないであろう。本講座を読んでいただければわかるように，日本社会においては1970年代以降も社会病理現象は多様に変化しつつ多発し続けている。そして社会病理学という名称は使用していないが，社会学およびその関連学問領域において，社会病理現象の研究は盛んに行なわれてきている。

　そういった意味において，80年代以降，伝統的な社会病理学的研究がある種の停滞期にあったことは否めない。社会病理学がそうした状況に直面するにいたった原因は，さまざま考えられる。これまで指摘されてきた主だった論点を想起してみよう。社会病理現象研究の意義の不明確さ，社会病理学固有の方法論の未確立，社会病理の定義の曖昧性，分析視野の狭隘性，社会病理調査法や調査姿勢の混乱，社会病理学や社会病理学会の名称をめぐる論争等があげられよう。こうした問題に答えつつ，現在の社会病理学理論の内容と水準を提示する。さらに，本講座全体の方向づけを行なう。そういった役割を担うのが本巻（当書第1巻　社会病理学の基礎理論）である。

　私たちは，これまでの社会病理学を再建することによって，もう一度1970年代の活況を取り戻し，さらにそれを凌駕する願いを込めて本講座を企画刊行し

た。本書においては，社会病理学的研究に対してこれまで指摘されてきたさまざまな問題点にできるだけ答えるよう努めた。社会病理学方法論の彫琢に努力し，構築主義や，臨床社会学など社会病理学と関係の深い新しい理論潮流にも目を向けた。私たちの目論見がどの程度達成されたかは，読者の判断を待つことにしたい。

振り返ってみると，1999年9月神戸山手大学で開催された社会病理学会理事会において，社会病理学研究の停滞を打破する方策の一環として，本講座の企画が議題に取り上げられた。審議の結果，社会病理学講座出版検討委員会が設置された。学会は，2000年6月に検討委員会の答申を受け，理事会のなかに社会病理学講座企画委員会を設置して本格的に出版企画を推進することになった。原稿依頼や公募，編集作業を経て2003年秋に本講座第2巻が最初に出版された。そして2004年春，ようやく残りの巻がすべて発刊される運びとなった。その間執筆者や巻構成の一部変更等，山あり，谷ありの日々であった。とりわけ，本講座の発行に心血を注がれておった前社会病理学会会長の米川茂信氏は本講座の発行を目前にして病のため他界された。本講座第1巻序章は文字通り氏の遺稿となった。さらに本巻の編集者の一人である宝月誠氏には，第1巻の構成はもとより，本講座全体の構成についてもご指導いただいた。

本講座が，こうして世に出るまでには多くの方がたのご協力とご支援をいただいたことはいうまでもない。

各巻の編集委員の先生方はもとより，特に早々に原稿をお寄せいただいた執筆者の方がたには講座の発行が大幅に遅れてしまい迷惑をかける結果となってしまった。深くお詫び申し上げたい。また本講座企画を完成させるにあたって，学文社社長田中千津子氏には筆舌に尽くせぬご苦労をおかけしてしまった。氏の協力と援助がなければ，本講座の完成はなかったかも知れない。心より御礼申し上げる次第である。

2004年2月

編者を代表して　　松下　武志

目　次

序　章　現代社会と社会病理学：現代社会病理学の展開……………………1
　Ⅰ　社会病理学の歴史：古典的社会病理学とデュルケムの社会病理学　1
　　(1) 古典的社会病理学　1／(2) デュルケムの社会病理学　3
　Ⅱ　現代社会病理学の展開　6
　　(1) 現代社会病理学の２つの立場：〈方法論としての社会病理学〉と〈対象論としての社会病理学〉　6／(2) 実体的社会病理学の概要　9
　Ⅲ　現代社会病理学の理論的枠組み　11
　　(1) 社会病理認識の枠組み　11／(2) 社会病理研究における相対的視点　13／(3) 現代社会病理学の理論的構成　14
　Ⅳ　戦後日本社会と現代社会病理学　17
　　(1) 戦後の時代背景の推移と社会病理現象　17／(2) 日本社会の成熟社会化と現代社会病理学　19／(3) 成熟社会における人びとの病理観の変容　21

第１部　社会病理学の対象と方法

第１章　社会病理学の対象と研究視点 ……………………………………27
　Ⅰ　社会病理とは何か　27
　　(1) 「社会病理」の定義　28／(2) 構成主義の視点　29／(3) 社会病理の諸相　32
　Ⅱ　「社会病理状態」の形成過程　33
　　(1) アプローチの視点　34／(2) インナーシティの「社会病理」　35
　Ⅲ　「社会病理」への対応・コントロール　38
　　(1) 対応・コントロールの仕方　38／(2) 対応・コントロールの効果　40／(3) 対応・コントロールの研究課題　41

第２章　社会病理学の調査方法 ………………………………………………45

Ⅰ　研究目的と調査方法　45
　Ⅱ　実態分析・診断のための方法　46
　　(1) デモグラフィックな調査　46／(2) 疫学的調査　48／(3) 生態学的調査　49
　Ⅲ　原因，過程分析のための方法　50
　　(1) 計量的調査　50／(2) 観察法　53／(3) 事例調査法　54／(4) 社会史調査　55
　Ⅳ　対策と効果測定のための調査法　56
　　(1) アクション・リサーチ　56／(2) 社会実験　57／(3) 無作為実験　58／(4) 評価研究　59

第2部　社会病理の分析視角

第3章　社会病理のミクロ分析　………………………………………… 65
　Ⅰ　従来のミクロ・アプローチ　66
　Ⅱ　ラベリング理論をこえて　70
　Ⅲ　トラブルのエスノグラフィー　74
　Ⅳ　「ミクロ」とは何か　77

第4章　社会病理のメゾ分析　………………………………………… 83
　Ⅰ　メゾ分析の意義と必要性　83
　Ⅱ　犯罪研究のメゾ分析——犯罪原因に関する統合理論　84
　　(1) ボックスの統合理論　85／(2) ブレイスウェイトの統合理論　85／(3) コールマンの統合理論　86
　Ⅲ　もうひとつのメゾ分析——原因論を超えて　87
　Ⅳ　メゾ分析による新たな犯罪研究——加害者・被害者・身近な人たちによる対話の試み　92
　Ⅴ　メゾ分析とテーマの限定　97

第5章 社会病理のマクロ分析 …………………………………………… 101

Ⅰ 社会病理研究におけるマクロ分析　101

(1) ミクロ分析とマクロ分析　101／(2) 均衡モデルと葛藤モデル　102

Ⅱ 均衡モデルに立つ社会病理のマクロ分析　105

(1) 近代化の社会変動と社会病理学の成立　105／(2) デュルケムの集合主義と社会病理　106／(3) 構造＝機能分析と社会問題　109

Ⅲ 葛藤モデルに立つ社会病理のマクロ分析　112

(1) マルクスの闘争理論と社会病理　112／(2) 1970年代以降のクリティカル・パースペクティブ　113

Ⅳ ミクロ・マクロ統合理論の必要性　115

第3部　社会病理研究の理論

第6章 アノミー論 ………………………………………………………… 119

Ⅰ デュルケムのアノミー論　119

Ⅱ マートンのアノミー論　120

Ⅲ シカゴ学派を継承する理論との出会い　122

Ⅳ マートンによる修正　124

Ⅴ アノミー論への批判　127

Ⅵ 現在の研究状況　129

Ⅶ 「総合的緊張論」〜ミクロ分析　130

Ⅷ 「制度的アノミー論」〜マクロ分析　131

第7章 社会解体論 ………………………………………………………… 137

Ⅰ 逸脱原因の考え方　137

Ⅱ ショウとマッケイの社会解体論　138

(1) ショウとマッケイによる社会解体の定義　138／(2) 逸脱を促すイン

フォーマルな社会統制とは　139

　Ⅲ　シカゴの都市全体でみた非行発生率および他の地域的諸特徴　143

　　(1) シカゴにおける非行発生率の地域的分布　143／(2) 非行発生率と関連する地域の特徴　145

　Ⅳ　非行を生む社会構造　148

　Ⅴ　ショウとマッケイの社会解体論の意義と新たな研究動向　152

第8章　逸脱行動論　…………………………………………………………155

　Ⅰ　逸脱行動研究の主題：行動と定義　155

　Ⅱ　規範的アプローチの特徴　156

　Ⅲ　逸脱行動の社会学的理論の諸潮流　159

　　(1) シカゴ学派の社会解体論：初期統制モデル　159／(2) サザランドの分化的接触理論：文化的逸脱モデルの確立　161／(3) マートンのアノミー論：緊張モデルの確立　163／(4) 非行的下位文化論：緊張モデルと文化的逸脱モデルの統合　166／(5) 中和化の技術と社会的絆の理論：統制モデルの復興　170／

第4部　社会病理研究の新たな立場

第9章　社会構築主義アプローチ　……………………………………179

　Ⅰ　社会構築主義の創生　179

　Ⅱ　社会構築主義の基本的スタンス　180

　Ⅲ　社会構築主義の2大潮流——「オントロジカル・ゲリーマンダリング」のもうひとつの見方　183

　Ⅳ　社会構築主義の台所——「基本的フレームワーク，ヴォキャブラリー　185

　Ⅴ　クレイム申し立ての社会的資源　189

　Ⅵ　社会構築主義と現代の社会問題　193

第10章　臨床的アプローチ……………………………………………………197

　Ⅰ　「臨床」の語意と視座　197

　　(1) 「臨床」の語意の多様性　197／(2) 「臨床社会学」と「社会学的臨床」　198／(3) 社会病理学におけるこれまでの臨床的研究　199／(4) 「臨床」の視座　200

　Ⅱ　社会病理研究における臨床研究の課題　204

　　(1) 臨床的視座と方法の明確化　204／(2) 専門性の確保と学術的研究の促進　205

第5部　社会病理への対処

第11章　社会病理と政策……………………………………………………213

　Ⅰ　政策とは何か　213

　Ⅱ　社会病理研究と政策に対する研究者のスタンス　214

　Ⅲ　社会病理研究における価値判断をめぐる論争史　217

　Ⅳ　日本の社会病理研究における政策志向の継承と展開　219

　Ⅴ　酒類自動販売機撤去問題を通してみたアルコール政策の変容過程　221

　Ⅵ　アメリカ禁酒法の教訓　228

索　引…………………………………………………………………………233

序章 現代社会と社会病理学：現代社会病理学の展開

　『社会病理学講座』全4巻のうち，『社会病理学の基礎理論』と題する本巻は，「社会病理学の対象と方法」「社会病理の分析視角」「社会病理研究の理論」「社会病理研究の新たな立場」「社会病理への対処」の全5部によって構成されている。その目的は，現代社会を照射しながら，本講座全4巻を総括する総論的視点に立って，社会病理学の基礎的領域に関する研究の概観と新たな展望を提起することにある。本序章は，このように総論的性格を有する第1巻のそのまた総論的部分である。したがって，本序章では，〈社会病理学の歴史と現代的展開〉〈現代社会病理学の学としての枠組みとその理論的構成〉等々の考察を踏まえて，〈現代社会の社会病理学的考察の試論的展開〉を試みることになる。とはいえ，現代社会が抱えるさまざまな課題の照射とその社会病理学的考察は第2巻以降の各巻で個別に取り上げられるので，本序章では，〈成熟社会として包括的にとらえられた現代社会への，現代社会病理学からのアプローチの可能性〉に総論的に言及するにとどまる。

I 社会病理学の歴史：古典的社会病理学とデュルケムの社会病理学

(1) 古典的社会病理学

　社会病理学の源流は，種々の社会問題の多発とその深刻かつ慢性化を背景に，19世紀の中頃からヨーロッパで活発に展開された社会問題のモノグラフ的研究に求められるが，『社会病理学』と題する著書は，リリエンフェルト(Lilienfeld, P.v.)によって1896年にフランスで刊行されたのが最初であった。このリリエンフェルトの社会病理学は，「〈社会的有機体〉がその進化においてこうむる〈諸異常〉を，〈帰納の方法〉によって研究するもの」[1)]であり，社会問題の多様

化・広汎化を生物学的，病理学的アナロジーに基づいて認識し，社会を自然的有機体と本質的に同質的な有機的実体としてとらえることによって，社会病＝社会的異常を社会的神経組織と社会的細胞間物質の異常から考察しようとしたものである。しかし，それはまた，あらゆる社会病＝社会的異常の根源を，社会の細胞的単位であるところの個人の心身の過程における退化または異常な行為に求めるような，細胞学的，細菌学的な個人還元主義に立つものでもあった[2]。それゆえ，リリエンフェルトの社会病理学は，一面では，社会病理の本質を社会的諸単位の機能と機能障害に求めようとする視点を内包している点で，社会病理学の起源的性格をもつものともいえるが，他面では，その実体的な社会有機体論に立った細胞学的，細菌学的な個人還元主義のゆえに，今日の社会病理学において，その原初的意義が，十分に認められないでいるのもまた事実である。

　社会病理学は，以上のようにヨーロッパで生まれた学問ではあるが，その展開をみたのはむしろアメリカにおいてであった。〈社会病理学〉の名称をもって社会病理学がアメリカに最初に登場したのは，リリエンフェルトの『社会病理学』（*La pathologie social*, 1896）より2年早く刊行された，スモールとビンセント（Smmall, A.W. & Vincent, G.）の『社会科学入門』（*An Introduction to the Science of society*, 1894）においてであった。そこでは「社会病理学」と題する章が設けられており，そのなかで，社会病理学は，社会の最上の利益に一致しないことが明らかであるすべての現象を研究し，異常もしくは不健康な構造と機能を決定するところに特徴があるとされている。

　しかし，アメリカにおいて社会病理学研究の飛躍的な発展がみられたのは，20世紀の前半においてである。この時期には，『社会病理学』（*Social Pathology*）と題する著作だけでも数多く刊行された。つぎの著者によるものなどがその一例である（かっこ内の数字は発行年）。スミス（Smith, S.G., 1911）。マンとクィーン（Mann, D.M. & Queen, S.A., 1925）。マンゴールド（Mangold, G.B., 1932, 1934）。ギリン（Gillin, J.L., 1933, 1939）。クィーンとグリュナー（Queen, S.A. & Gruener, J.R., 1940）。

ブラウン(Brown, L.G., 1942)。このほかにも，特定の病理現象を対象としたモノグラフや，『社会解体』（*Social Disorganization*）や『社会問題』（*Social Problems*）と題して，社会病理学の内容を有する著作の刊行も多くみられた。

　このような展開をみたアメリカの社会病理学は，20世紀初期に展開された社会問題への社会有機体論的アプローチに対して広く用いられた呼称であり，今日では，ひとつの学問分野というよりは，社会問題ないし逸脱の社会学的研究におけるひとつの古典的なアプローチないし理論的枠組みとして，一般に理解されている[3]。それはまた，コント(Comte, A.)やスペンサー(Spencer, H.)の影響をうけたアメリカ社会学と実践的な社会改良運動とが，レセ＝フェールや社会ダーウィン主義をその思想的背景として結合したものであり，19世紀前半頃からアメリカにおいて独自に発展したものだともいえる[4]。換言すれば，アメリカ社会病理学は，その生成過程において，伝統的な規範・価値・行動様式を絶対視するような絶対主義的観点，生物有機体からのアナロジーであるところの社会有機体論的観点，それに，中産階級的，農村的文化と生活様式を〈健康〉だとするイデオロギー的性格を内在したものとして特徴づけられるのである[5]。

　以上のような欠点のゆえに，またその研究水準の低さもあって，アメリカ社会病理学には，ミルズ(Mills, C.W.)[6]を初めとして多くの批判が寄せられることとなり，この理論的立場は，20世紀後半のアメリカにおける社会問題もしくは逸脱の研究においては，機能主義や相互作用論，あるいは，社会解体論，アノミー論，価値葛藤論，逸脱行動論，ラベリング論などの他の理論的枠組みにとって代わられてしまったのである。

(2) デュルケムの社会病理学

　リリエンフェルトとほぼ同時期にヨーロッパで活躍した社会病理学の研究者に，フランスのデュルケム(Durkheim, É.)がいる。デュルケム自身は，直接には，「社会病理学」と題する書物も論文も書いているわけではない。しかし，リリエンフェルトの『社会病理学』より8年早い1888年の論文「自殺と出生率」

(Suicide et natalité, *Revue Philosophique*, 26)において，すでに，社会病理学としての社会学の役割を十分に意識していたといわれているし[7]，また周知のように，『社会分業論』(1893)，『社会学的方法の規準』(1895)，『自殺論』(1897)という初期から中期にかけての一連の著作は，それ自体，社会病理学の性格を併せ有しているといえるのである。

デュルケムの社会病理学の基本的特徴は，第1に，その社会学主義的方法に求められる。デュルケムの社会病理学は，個人の社会病理的行動(たとえば，自殺)をもひとつの社会的事実(たとえば，社会的自殺率)としてとらえ，これを，社会は個人に外在し，個人に超越し，個人を拘束するところのものとしてとらえる方法的社会主義の観点から，しかも，「物」と同じように客観的に観察可能な外部的特徴から説明しようとするものである。

第2に，社会そのものに内在する社会病理現象の原因についての道徳主義的把握が，あげられる。デュルケムの社会病理学が社会病理現象の原因として問題にしているのは，社会の集合意識がその道徳性を喪失した脱道徳的社会状態であり，その現象形態としての社会的諸規範ないし社会的諸潮流(たとえば世論)間の均衡の崩壊である。このような規範の態様として『自殺論』で展開されたのが，自己本位主義(egoïsme)，集団本位主義(altruisme)，アノミー(anomie)，宿命主義(fatalisme)の4類型である。自己本位主義は個人性(individuality)の推進を，集団本位主義は共通的善(common good)のための自己否定を，アノミーは自己行為をとおしての自己の存在境界の拡大(進歩)を一面的に強調している点で脱道徳的なのである[8]。宿命主義は，規範的権威が個人およびその所属集団に外在的で[9]，物理的強制力を必要としているという点で脱道徳的である。

第3に，病理現象の識別における正常性(normalité)の規準があげられる。デュルケムによれば，ある特定の社会的現象が病理的か否かは，それが特定の発達段階の特定の社会種における例外的現象であるかどうかという統計的な平均規準とともに，規範的意味での正常性の概念(有益性ないし効用性によって特徴づけられ，価値的にみて望ましいとされる正常性)に立脚した規範的規準

によっても識別される。したがって，通常は，事実としての常態性は規範としての正常性の外的表出をなし，これにアプローチするためのひとつのプロセスという関係が指摘される[10]ものの，所与の社会類型において平均的な事象が，規範的にあるいは価値理想的な規準からみて病理的だと判定されることもありうるのであり，ここに，デュルケム社会病理学の時代告発的意義を認めることができる。

　第4に，社会反作用論的逸脱定義があげられる。デュルケムによれば，犯罪に関する説明のうちに明確に認められるように[11]，ある事象が逸脱的であるか否かは，その事象に内在しては決定されえないのであって，それに対する社会からの反作用が非難的なものか否かによってはじめて決定されるのである。

　第5に，機能主義的方法があげられる。デュルケムは，社会的機能障害を強調するが，それだけでなく，『社会学的方法の規準』でみられた，犯罪の社会に対する機能的結果とその社会的必要性の強調からもわかるように，社会的逸脱の潜在的機能に着目し，その社会的結果をも逸脱研究の視野に収めているのである[12]。

　今日のわが国の社会病理学は，デュルケムの社会病理学からきわめて多くのものを継受している。たとえば，その機能主義的方法は，今日の社会病理学においても主要な方法のひとつを成すものである。またその社会学主義的方法は，アメリカ社会学の主意主義との理論的統合[13]を経て，アメリカにおける社会問題の社会学に，そしてこれを媒介として今日のわが国の社会病理学に継受されている。さらには，アノミー概念に含められた意味内容は今日ではアノミー論として体系化され，さまざまな角度から種々に研究されているし，社会反作用論的逸脱定義は，今日のラベリング・アプローチにおける逸脱定義の先達的役割を果たしているといえる。さらに，デュルケムの規範的規準は，時代や社会の支配的価値観や常識を問うことにつながり，社会病理学が現状肯定的な体制主流的イデオロギーから脱皮していくひとつの方向性を示唆するものだといえる。

Ⅱ 現代社会病理学の展開

(1) 現代社会病理学の2つの立場：〈方法論としての社会病理学〉と〈対象論としての社会病理学〉

　今日のわが国の社会病理学は，マルクス主義社会問題論とは別個に，戦後，アメリカ社会学に依拠して発展してきたものだが，以下に述べるように，古典的なアメリカ社会病理学——社会問題もしくは逸脱の社会学におけるもっとも初期の理論的枠組み——とはその性格を異にするものであるから，本稿ではこれをとくに〈現代社会病理学〉とよぶことにする。現代社会病理学は，古典的なアメリカ社会病理学の立場からすればそれと並置もしくは代置されるような種々の社会学的理論を内包して構成されており，それゆえ，これらの社会学的諸理論を包括し，社会学という学の枠組みをもつものとして規定される。さらにいえば，このように規定される現代社会病理学は，社会学がラディカルな反社会学的立場に立った研究をもその一部として内に含んでいるのと同じように，〈社会病理学〉という名称さえも排斥するような反ないし非社会病理学的立場を顕在的，潜在的に主張する種々の社会学的アプローチをも，その一部として内包するものである。

　わが国において社会病理学という名称のもとに刊行された研究業績は，第2次世界大戦後の1954年に刊行された2つの著書すなわち磯村英一著『社会病理学』（有斐閣）と戸田貞三・土井正徳編『社会病理学』（朝倉書店）をその嚆矢としているが，1960年代にはすでに現代社会病理学としての特徴を明確化した業績が現われている。その例として，1966年に刊行された大橋薫・大藪壽一編『社会病理学』（誠信書房）があげられる。この編書において，大藪は，「社会有機体論や生物病理学からのアナロジーとして，クィーン(Queen, S.A.)，マン(Mann, D.M.)，ギリン(Gillin, J.M.)，ギリン(Gillin, J.D.)などによって構成された社会的不適応の理論」を狭義の社会病理学とし，また「アノミー論，社会解体論，

行動逸脱論などの総称としての社会病理学」を広義の社会病理学として[14]広狭2つの社会病理学を識別し，本稿の現代社会病理学に相当する広義の立場に社会病理学の名称を与えている。

　ところで，現代社会病理学にも大きく分けて2つの立場が識別される。ひとつは，〈方法論としての社会病理学〉とでもいうべき立場であり，他のひとつは，〈対象論としての社会病理学〉とでもいうべき立場である。方法論としての社会病理学は，対象よりもむしろ対象へのアプローチの仕方に現代社会病理学の独自性を求めるものである。これに対して，対象論としての社会病理学は，対象そのものに現代社会病理学の独自性を求めるものである。つまり，社会病理ないし社会問題を固有の研究対象とし，これに社会学一般の方法によってアプローチしていくような社会学の一分野として現代社会病理学をとらえるものである。

　方法論としての社会病理学は，大橋薫が主張する「方法としての社会病理学」に代表される。大橋はこう述べる。「社会病理学とは，社会生活において生起する諸事象を，『機能障害(dysfunction or malfunction)』と『社会的逸脱(social deviance)』の視点から，因果の関連のなかで，社会学的手法を用いて解明する学問である。……それは分析の『方法』であり，われわれはこれを『社会病理学』とよびたいのである。つまり，『方法』としての社会病理学である」[15]。さらにこうも述べる。「社会病理学のあるべき姿，つまり本来的な社会病理学は，……生活障害が本体なのであり，これを中軸にして社会的逸脱を絡め，理論体系の再構成をし直すことから出発しなければならない」[16]。このような「本来的な社会病理学」は，「社会学のなかでの特別の方法論的立場」なのであり，「これを人間行動に適用すれば行動病理学，家族に適用すれば家族病理学，都市社会生活に適用すれば都市病理学，などとなるわけである」[17]。

　以上の大橋の主張においては，対象(社会問題)へのアプローチの視点として機能障害ないし生活障害(生活機能の障害)が不可欠で基本的なものとして位置づけられ，現代社会病理学もまた機能障害をその中核的概念として構成óな

ければならない，ということが示されている。これは，一面では，リリエンフェルトやデュルケムの社会病理学に通じる点であり，現代社会病理学にしてもあるいは「方法としての社会病理学」にしても，それに〈社会病理学〉の名称を付すことの由縁を示しているといえる。しかし，同時に，他面では，研究対象を認識し，分析する視点の基礎に機能障害ないし生活障害（生活機能障害）を不可欠で基本的なものとして位置づけているという点で，特定のアプローチを絶対視しており，古典的アメリカ社会病理学と同様に，「方法としての社会病理学」もまた，学として独立の学問分野を構成するものとはいえない。それは，むしろ，ある特定の学問分野——現代社会病理学——のひとつの視点ないしアプローチだといってよい。

　他方，対象論としての社会病理学は，現在のところ，わが国の大多数の研究者にほぼ共通してみられている立場だといってよい。しかし，この立場も，社会病理ないし社会病理学のタームの位置づけをめぐって，大きく2つの立場に区分される。ひとつは，〈名称としての社会病理学〉とでもいうべきもので，1980年代の中頃まで少なからずみられた立場である。他のひとつは，社会病理ないし社会病理学のタームをキー・タームとしてあるいは鍵概念として位置づけ，その内実を把握していこうとする，いわば〈実体的社会病理学〉とでもいうべき立場である。〈名称としての社会病理学〉の立場に立つ論者の多くは，社会病理ないし社会病理学という名称に，古い社会有機体論的アプローチの残滓をみたり，当時の社会病理学に機能主義モデルの支配や〈病理〉の概念の不明確性を認め，これらへの不満から，編著書等の書題に便宜的に〈社会病理学〉の名称を用いる場合でも，実際には社会病理ないし社会病理学のタームや概念の使用に消極的であった[18]。今日では，〈社会病理学〉の名称を意識的に拒否し，名称としても，〈逸脱〉とか〈社会問題〉とかのタームを好んで用いるような〈反ないし非社会病理学的立場〉もみられている。この場合，〈社会病理学〉は，〈逸脱の社会学〉とか〈社会問題の社会学〉と研究領域を共有しながらも，方法論的に独自性を強調する〈方法論としての社会病理学〉として

とらえられていることが多い。

(2) 実体的社会病理学の概要

　実体的社会病理学の立場は，『社会病理学』と題する比較的多くの専門書，入門書，概説書等にみられている立場である。この立場においては，社会病理として識別された諸事象を研究対象とすることに，社会病理学の独自性が主張される。したがって，〈社会病理とは何か〉とか，〈何をもって病理とするのか〉といった，〈病理〉の概念や定義，判定基準，認識視角等が意識的に論じられ，これとの関連で研究対象としての社会的諸事象が把握され，記述され，分析されることになる。

　しかし，実体的社会病理学の研究は，社会病理現象とその現象を引き起こした原因としての社会病理の把握をもって完結するものではない。すでに柴野昌山の「病理社会学」の提唱のうちにも示唆されているように[19]，さらに進んで，一見すると非病理的にとらえられる社会的事象に潜在的に内在する病理性の摘出や，角度や次元もしくは時と所を異にすれば病理的な事象が非病理的であったり，非病理的な事象が病理的であったりするような社会的事実の解明もが志向されなければならない。したがって，一見して明白な社会病理現象のみならず，非病理的ないし一般に正常視されている社会現象もがその研究の視野におかれるのである。この点を敷衍すれば，全体社会の構造と機能もが問題とされなければならないということになり，したがって，実体的社会病理学の立場に立つ場合，一方における社会病理現象の研究と他方における一般社会現象の解明ないし社会一般の考察とが，どのような論理と概念によってどのように関連づけられるかという点を明確にすることが，現代社会病理学のひとつの課題となる。

　ところで，現代社会病理学は，社会問題への社会学的アプローチの総体として規定されるのであるから，実体的社会病理学においても，社会問題事象がその研究対象とされる。この場合，社会問題事象とは，――マートンの社会問題

の定義[20]にみられるように，社会的解決の必要性の社会的認識を社会問題の要件とするなら――，社会的解決の必要性が社会的に認識されるようになったのが社会病理事象であるといえる。逆にいえば，社会病理事象には，顕在的社会問題事象のみならず，社会問題として顕在化していない潜在的社会問題事象もまた含まれるのである。

　なお，社会病理事象という場合，人びとの社会生活において生起する病的な現象や状況，つまり社会病理現象がその不可欠な要素をなすのはいうまでもないが，これに限定されることなく，その発生原因としての社会的ありようとその発生過程の状況もがこれに含められている。換言すれば，社会病理とは，社会病理現象とこれに顕現する病因（発生原因としての社会的ありよう）および病理過程（病理現象が顕現する過程的状況）の３者の連関的様態をさす概念なのである。この場合，所与の社会病理（学）研究において病理的条件として一般的に概念化されているような社会の構造的，変動的諸要因のみならず，社会的諸機関や人びとの社会的対応が，さらには種々の社会運動等が，病因ないし病理過程に直接間接に介在する要因として研究対象のうちに含まれることはいうまでもないが，さらに加えて，先にも述べたように，全体社会を含めたあらゆる社会単位の構造と機能もが研究対象として措定され，そこに，なんらかの病理性が，なんらかの様式で，顕在的にあるいは潜在的に内在しているかどうかもまた，検討されることになる。しかし，これだけではない。社会病理現象や病理過程，あるいはその病因のうちに，正常的事象や人びとの理想的・理念的価値に相当するものが内在しているかどうかも，また検討されることになる。現代社会病理学は，従来，個人や集団に生起する社会病理現象についての社会状況的視点からの研究を相対的に重視してきたが，実体的社会病理学の立場に立てば，社会制度や全体社会の病理性とか，正常的事象ないし理想的・理念的価値の実現過程のなかに潜在する病理性（潜在的病理性）の識別をも志向するものであり，さらにいえば，これとは反対に，病理的だとされる社会的事象の潜在的機能などにも着目するのである[21]。

Ⅲ 現代社会病理学の理論的枠組み

(1) 社会病理認識の枠組み

　実体的社会病理学の立場から，病理性の概念，その規準と定義，判定主体等について言及しておこう。まず，病理性の概念についてであるが，その意味内容ないし態様として比較的多くの研究者の間で定着しているのが，機能障害（逆機能の概念を含む）と（社会規範や社会的標準もしくは常態（ノーマル）からの）逸脱，それに疎外である。社会病理学がその主たる研究対象としてきた機能障害の主要態様は，アノミーと解体であるから，結局，現代社会病理学でいう〈病理性〉の主たる意味内容は，大薮壽一がいうように，疎外，アノミー，解体，逸脱の4つに類型化されるといってよい[22]。

　また，デュルケムの『自殺論』に準拠すれば，自己本位主義，集団本位主義，アノミー，それに宿命主義の4つの規範様態に対応させて，それぞれ順に，過度の個人化，過度の集団化（組織化），無規範化，宿命的拘束といった〈社会と個人〉の関係に関わる病理性も識別される。過度の個人化は個人の原子化や社会解体あるいは社会的不統合を，過度の集団化は過度の社会的統合による個人の集団への埋没すなわち個人の自立化（個人化）の未発達を，無規範化は個人の情念や行為に関する準拠規準の社会的喪失を，宿命的拘束は社会や集団による個人の自由の剥奪を意味している。

　さらに，社会構造や社会状況とかかわる病理性とか社会変動とかかわる病理性とかも識別される。たとえば，前者に関しては差別や画一化などが，後者に関しては遅滞や不適応などがあげられる。後者の遅滞や不適応については，メジャーな価値観や慣習的価値観によるマイナーな価値観や台頭しつつある価値観の抑圧とかも，価値（観）の多元化ないし価値相対主義といった時代の潮流に照らして，新たな病理性として問題とされるであろう。この点は，次節で述べる病理観ないし逸脱観の変容とも関連する。

つぎに病理性の識別規準と病理性の定義ないし判定基準については，まず第1節で述べたデュルケムのいう規範的意味での正常性の概念に準拠して，正常性の規準として〈社会的にみた価値的望ましさ〉を，病理性の規準として〈当の社会単位において望ましいとされている価値の損減もしくは侵害〉を位置づけることができる。なお，社会単位とは，全体社会，地域社会，社会集団などを次元とした，ある種の共通性を有する人びとの集合や個人の生活体系を意味している。

　では，ある社会単位において，望ましいとされている価値がどの程度損減されたり侵害されたら，そのような価値の損減ないし侵害をもたらす社会事象は病理的だとして社会病理を構成するのだろうか。この点についても，第1節で述べた，デュルケムの社会反作用論的犯罪定義に準拠して，ある種の社会的反作用を惹起する程の社会的に望ましい価値の損減ないし侵害が，病理的だとして社会病理を構成するといってよい。それゆえ，病理性の定義ないし判定基準は，一定の社会単位において望ましいとされている価値の損減ないし侵害が，当の社会単位もしくはこれと関係する他の社会単位から，ある種の特殊的な社会的反作用を惹起するか否かという点に，求められる。このような社会的反作用は，改善，改良，救済，治療，罰，制裁等々やこれらを求める運動など，多種多様である。

　最後に病理性の判定主体についてであるが，これについては，宝月誠の逸脱の定義主体の考察[23]と同様に，当事者——望ましい価値の損減ないし侵害の状況におかれた社会単位，もしくはそのような状況を構成したり，それに関わる人びとや関係機関等——による病理性の判定が，まず基本となる。この場合，当事者が何らかの反作用を行なっているかどうか，あるいは行なおうとしているかどうかが，当事者の判定を判断する根拠となる。しかし，当事者の判定によってのみ病理性を定義するとすれば，病理現象にもっぱら焦点が集中してしまい，病因や病理過程といった病理現象の発生ないし顕現のメカニズムをとらえることができなかったり，したがってまた，往々にして，潜在的な逸脱傾向

や機能障害を見落したりしてしまうことになる。反対に，客観的にはそれほど病理性が認められない事象に過度の病理性が判定されたりすることも想定される。したがって，想定されうる類似のケースを比較検討するなどして，観察者つまり研究者の立場からの補完なり，補正なり，修正なりが試みられなければならない。ただし，このような補完なり，補正なり，修正なりは，当事者にとっての望ましい価値とその損減ないし侵害についての，さきに指摘したような相対的で複眼的な見方に立つものでなければならない。

(2) 社会病理研究における相対的視点

　一定の社会事象が病理的か否かは，ほとんどの場合，固定的，絶対的にとらえられるのではなく，相対的にとらえられなければならないことはいうまでもない。まず第1に，時と所が異なれば，病理的だとされる社会現象や社会状況も異なるのである。前項で述べた点を踏まえれば，〈何が望ましい価値〉が時と所に応じて異なるからであり，したがって，病理的だとして識別される社会事象のカテゴリーも時と所に応じて異なり，次節でみるように，他の時代，他の社会では比較的みられない病理現象が今日の日本社会において識別されるのである。さらには，たとえば，情報化社会という面で現代社会をみれば情報化という観点から，また国際化という面でみれば国際化という観点から〈望ましい価値〉が把握され，これとの関連で種々の社会事象が病理的と識別されるのである。

　第2に，時と所を同じくした場合でも，社会単位によって，同じ社会事象が病理的であったり，そうでなかったりすることがある。〈何が望ましい価値〉かは，社会単位の違いによっても異なることがあり，したがって，何が社会病理かは，社会単位の次元でみた場合でも相対的にしか識別されない場合があるのである。してみれば，何が社会病理かの判断は，種々の社会単位ごとになされなければならないということになる。この点は，価値（観）の多元化がいっそう顕著となっている現代社会においてとくに留意すべき点である。上位の社会

単位における病理—非病理(生理)の判定と対応が，それに包含される下位の社会単位における病理—非病理の判定と対応に優先したり，また同じ下位の社会単位間において判定と対応が異なる場合には，一方の社会単位が自らの判定と対応を他方の社会単位に押しつけたり，あるいは他方の社会単位の判定と対応に寛容的であったりするのである。なお，ラベリングと関連させて逸脱の相対性をみてみると，逸脱主体と判定主体との勢力・利害関係が〈当該事実を逸脱とみるか否か〉を規定するものとしてとくに問題にされる。形式的には同一の規準が適用される同一の事実であっても，実際には，当該事実の主体と判定主体の社会的属性とか当の事実の状況等の条件に応じて，当の逸脱規準が適用されて逸脱と判定されたり，そうでなかったりするのである。

　第3に，同じ社会事象が複数の望ましい価値と結合していることもあり，したがって同じ条件の作用によって，ある望ましい価値は損減ないし侵害され，別の望ましい価値はそのまま維持されたり，増強されさえすることもあり，同じ社会事象でも，競合する〈望ましい価値〉の順序づけによって，病理的であったり，そうでなかったりするのである[24]。

　第4に，ある事象が病理的か否かは，その事象を病理性のどの側面からみるかによっても相対的である。具体的に離婚を例にとってみよう。これを逸脱行動の観点からみれば，最近の人びとの容認的な評価や態度から判断して，〈離婚はもはや病理ではない〉という見方が，少なくとも若い女性層の間では一般的になりつつある。しかし，離婚にいたる夫婦間の葛藤やトラブル，子どもの養育への影響など，家族機能の障害という観点からみれば，離婚は，家族病理現象のひとつであるだけでなく，他の家族病理現象の原因であることもあり，依然として病理的であるということができる。

(3) 現代社会病理学の理論的構成

　現代社会病理学には，反ないし非社会病理学的立場に立つものも含めて，実に多種多様な理論やアプローチが識別されるのであるから，ここで，このよう

な現代社会病理学の理論的構成について概括しておく。

　現代社会病理学の共同財産のひとつに那須宗一・大橋薫・大薮壽一・仲村祥一編『社会病理学事典』(1968)がある。この事典によれば，社会病理学の理論は，大きく一般理論，基礎理論，特殊理論の３つに分類される。一般理論とは「最初から必ずしも，いわゆる社会病理の研究理論として提案されたものではないが，深く社会病理研究に関係のある」理論をさし，基礎理論とは「最初から社会病理研究の理論として提唱されたものであり」，また特殊理論とは「特殊な社会病理に適用されるとして提唱された」理論のことである[25]。一般理論には史的唯物論，精神病理論，疎外論，文化遅滞論などが，基礎理論には社会解体論，アノミー論，社会(的)不適応論，社会参加論，社会緊張論，文化葛藤論，逸脱行動論などが，特殊理論には分化的接触論，非行副次文化論(非行サブカルチュア論)，分化的機会構造論，分化的同一化論，中和論，相対的欠乏論，攻撃行動論などが含められている[26]。この事典で取り上げられたこれらの理論のほかにも，当時の時点で，一般理論としては人間生態学，現象学，エスノメソドロジー，社会的相互作用論などが，基礎理論としてはラベリング論などが，特殊理論としては自己概念論，ドリフト論などがそれぞれにあげられる。さらに，『社会病理学事典』の刊行後に台頭してきたり，注目されてきた理論に目を転じれば，ライフコース論，リスク社会論，ルーマンの社会システム論などを一般理論に，ボンド理論，シェイミング(shaming)論，パワー・コントロール理論などを特殊理論に含めることができる。また，視点を広げれば，構築主義的アプローチや臨床社会学的アプローチなどを基礎理論と同様に位置づけることもできるであろう。

　以上とは別に，現代社会病理学において展開されてきた研究アプローチを，研究領域，研究視角，社会学的方法等の観点から大雑把に整理してみることもできる。まず，研究領域の観点から整理すれば，社会病理現象や社会病理状況の実相への実態論的アプローチ，社会病理現象や社会病理状況を結果する原因や顕現過程への原因論的および過程論的アプローチ，社会病理現象や社会病理

状況，その原因や顕現過程への社会反作用論的アプローチや政策論的，運動論的アプローチ，社会病理の認識や分析への認識論的・方法論的アプローチ等々が識別される。

次に，研究視点ないし研究視角の観点から整理すれば，対象把握や分析の視点がどのような次元ないし方向に置かれているかによって，ミクロ的アプローチとマクロ的アプローチ，それにメゾ的アプローチが識別される。また，分析視点の内容が何に焦点化しているかによって，全体社会や地域社会，社会集団の構造的側面に焦点をあてた構造論的アプローチ，その変動的側面に焦点をあてた変動論的アプローチ，人びとの生活状況に焦点をあてた社会状況論的アプローチ，当事者間の社会的相互作用の態様や象徴的意味に焦点をあてた相互作用論的アプローチ，当事者間の行為時の状況の特殊性に焦点をあてた状況依存論的アプローチなどが識別される。

さらに，現代社会病理学がよって立つ社会学的方法の観点からすれば，理論的研究の面では，実証主義的アプローチと解釈主義的アプローチとが識別される。実証主義的アプローチは，社会病理現象の特徴，要因ないし原因，顕現過程等を数量的社会調査や官庁統計等の統計資料を利用して客観的に考察しようとする立場であり，〈実体的社会病理学〉や〈方法論としての社会病理学〉において多くみられている。解釈主義的アプローチは，社会病理現象の主観的構成や反作用過程の主観的側面等を質的な事例研究をとおして反ないし非実証主義的に考察しようとする立場であり，〈名称としての社会病理学〉や〈反ないし非社会病理学的立場〉で多くみられる。実証主義的アプローチのひとつの典型が機能主義的アプローチであるが，そこでは，顕在的・潜在的機能と顕在的・潜在的機能障害——機能不全と逆機能——が焦点的関心となっている。他方，従来はシンボリック相互作用論やエスノメソドロジーがその典型であった解釈主義的アプローチにおいては，近年，構築主義がとくに注目をあびてきている。

以上のほか，従来は社会福祉学等の隣接領域に委ねてきた社会病理学の実践

的側面に関しても,近年では,臨床社会学的アプローチが積極的に導入されるなど,新たな展開がみられている。

IV 戦後日本社会と現代社会病理学

(1) 戦後の時代背景の推移と社会病理現象

　第3節で述べた現代社会病理学の理論的枠組みは,特定の個別社会を越えて,現代社会一般に適用されるものである。本節では,それらの理論的枠組みを背景に,戦後日本社会の病理性にアプローチする特殊な視点に言及してみたい。まず初めに,戦後日本社会における社会病理現象の変容とその認識視点について述べておく。

　戦後に刊行された(ただし,平成8年9月現在)〈社会病理〉ないし〈社会病理学〉を書題の一部に含む,あるいはこれに類する著書・編著書のなかで取上げられている社会病理現象[27]を,① 戦後の混乱期から回復期,② 高度成長期,③ 高度成長期後(成熟期)といった3段階に対応させて整理,分類してみると,〈① に特有な(当の段階でとくに多く取上げられているという意味。以下も同じ)現象〉として浮浪,仮小屋生活,混血児,基地問題,(生活環境の)不潔・不衛生等々が,〈② に特有な現象〉として事故,災害,公害,郊外地域の生活障害,官僚制化等々が,〈③ に特有な現象〉として学校嫌い,怠学,登校拒否・不登校,同性愛,家庭内暴力,校内暴力,働きすぎ,成熟化等々(最近では,さらにセクハラ,ストーカー,虐待・DVなども加えられる)があげられる。また,④ 戦後日本社会に普遍的な社会病理現象もみられている。そして〈ア　一貫して同じ名称の現象〉として犯罪,非行,自殺,離婚,スラム,ドヤ,貧困等々が,〈イ　名称に変化がみられている現象〉として(ヤクザ・テキヤ→反社会集団→)組織暴力団,(未亡人→)母子世帯,(欠損家族・家庭→)片親(単親)家族・家庭,(売春→)売買春,(ヒロポン中毒→薬物中毒→)薬物依存・乱用,(アルコール中毒→)アルコール依存・乱用,(老人問題→)高齢者問題等々があ

げられる。

　このような時代背景の推移と社会病理現象の変化との関連は，① 事実それ自体の量的・質的変化，② 当事者の認識の変化，つまり病理観ないしその一部としての逸脱観の変化（ある現象を病理視ないし逸脱視するようになったり，反対に非病理視ないし非逸脱視するようになるような変化），③ 当事者間では病理視ないし逸脱視しているにもかかわらず，当該当事者以外では意図的，非意図的に関心を示さなくなった脱病理視といったような変化，④ 現象をあらわす名称に付された社会的意味の変化，の４つの側面から把握される。たとえば，戦後混乱期に特有な社会病理現象としてあげられている，浮浪，仮小屋生活，混血児，（生活環境の）不潔・不衛生等々や，高度成長期に特有な社会病理現象としてあげられている郊外地域の生活障害などは，現象の事実それ自体が一定の時代背景の下で発生・増加し，他の時代背景の下で減少・消滅している例である。日本社会の成熟化段階に特有な社会病理現象としてあげられている登校拒否・不登校や校内暴力（少なくとも対教師暴力）などもそうであろう。これに対して，同性愛，働きすぎ，セクハラ，ストーカー，虐待・DVなどは，現象の事実それ自体は従来から発生していたものの，日本社会の成熟化といった時代背景のもとで初めて病理ないし逸脱現象として，社会的に一定の広がりをもって認識されるようになったものである。働きすぎなどは，高度成長期頃まではむしろ肯定的に価値づけられていたのが，成熟段階において病理視されるようになった例である。また，戦後混乱期に特有な社会病理現象としてあげられている基地問題などは，現象の事実それ自体の局地化（沖縄県への一局集中）に起因した社会的関心の喪失による，社会全体的な脱病理視（病理視の対象からの遺漏）の例であろう。事故，災害，公害，官僚制化などが，高度成長期に特有な社会病理現象としてあげられているのも，その後における社会全体的な脱病理視の反映であろう。

　戦後日本社会に普遍的ではあるがその名称に変化がみられている社会病理現象のいくつかは，かつての名称に潜在していた価値貶下的な社会的意味が時代

の推移によって顕在化され，かつ問題視されることによって別の名称が付与されるようになったものである。未亡人が母子世帯(の生活状況)に，欠損家族・家庭が片親(単親)家族・家庭(の生活状況)に，老人問題が高齢者問題に名称変更されるようになったのは，その一例である。

(2) 日本社会の成熟社会化と現代社会病理学

　では，上述のように，日本社会の成熟社会化に関連づけられた社会病理現象は，どのようにアプローチされるのであろうか。なお，本稿における成熟社会とは，現代社会病理学がとくに言及してきた現代社会の諸相，たとえば，情報化社会，脱工業社会，大衆消費社会，高学歴社会，資格社会，少子・高齢化社会，都市化社会，国際化社会，男女共同参画型社会等々を包括し，かつ高度成長後の現代日本社会を特徴づける概念として用いている。

　まず，成熟社会における〈望ましい価値〉は種々の社会単位において識別されなければならないが，これは，以下に例示するような成熟化の諸傾向に相応した人びとや関連機関職員の意識を把握することによって識別することができる：〈労働時間の短縮と余暇時間の増大，知識・サービス中心の経済の重視(経済のソフト化)〉，〈生活の質の向上の追求〉，〈価値の多元化〉，〈高学歴化〉，〈情報化の進展と情報のフィードバック化(コミュニティ・メディアの発達)〉，〈技術化のいっそうの進展，社会的便益とそれに支払われる社会的費用の増大〉，〈国際化の進展と国際的地位・責務の自覚化〉，〈プライバシーないし自由のいっそうの尊重とパーソナリティの柔軟化，差別の解消〉，〈成長期社会の社会問題の克服〉[28]。なお，〈生活の質の向上の追求〉には，健康への関心の増大や社会福祉の発達・拡大(福祉社会化)，生涯学習の普及(学習社会化)，消費の個性化と多様化，消費者の主体性と創造性の回復，遊びやスポーツ参加の増大，ゆとりや他者との調和への志向，人間の生活と物質文明と環境との調和などが含まれる。

　以上のように識別された〈望ましい価値〉およびそこから派生する，あるい

はそれと対抗的な別の〈望ましい価値〉の損減が，当事者間の認識を媒介として成熟社会の病理現象として顕現するのであるが，つぎに，その価値的損減と病理現象の顕現過程に内在している日本社会の成熟状況ないし成熟化過程それ自体の解明が課題となる。その一例として，たとえば機能主義的な原因論的アプローチにおいては，次のような方法をとることができる。すなわち，経済成長率の低下とこれにともなう社会的活性力の低下や人口の高齢化といった成熟化の基本的傾向に内在する病理性を与件として，成熟社会の機能障害を，成熟社会の機能不全と未成熟，および成熟化の逆機能の３つの面からアプローチするという方法である。

　成熟社会の機能不全とは，成熟段階にある社会ないしその諸部分が，人びとの価値観や行動，知識，能力，社会関係，生活様式等々の面において〈望ましい価値〉を実現する方向に機能してはいるが，それが十分ではない状態をさしている。これに対して，成熟社会の未成熟とは，社会全体やその諸部分が十分に成長ないし成熟しえておらず，したがって成熟社会に期待された機能が十分に遂行されえていない状態をさしている。成熟社会の機能不全が量的側面での成熟はみられていても質的側面での充実が十分にみられていない状態を意味しているのに対して，成熟社会の未成熟は，成熟社会の特徴とされる社会的傾向が質的にはもちろん量的にも十分に成長しえていない状態を意味している。また，成熟化の逆機能とは，すでに成熟段階にある社会ないしその諸部分が，一面では〈望ましい価値〉を実現するように作用しながら，同時に，他面では〈望ましい価値〉の損減を結果するように作用している状態をさしている。

　日本社会がすでに高学歴社会にあることを前提に，高学歴化ないし高学歴社会を例に，以上の実相をみてみよう。高学歴社会の機能不全としては，大学生の大学教育への期待と実社会の受入れとの不一致などが，その一例としてあげられる。たとえば，大学で学んだ専門的な知識や技術が卒業後の実社会において十分かつ適切に活かされていないという現実である。高学歴社会の未成熟としては，性，地域，家族，階層等による大学進学率の社会的格差などがあげら

れる。高学歴化ないし高学歴社会の逆機能としては，大学教育のレベルダウンや大学生の学力水準の低下，高校・中学教育における受験中心化と全人教育の放棄，中・高生の生活体系の受験中心化，偏差値による能力評価の一元化と偏差値の低い生徒への〈落ちこぼれ〉のラベリング，これらに起因する中・高生世代でのさまざまな問題行動の発生などがあげられる。

(3) 成熟社会における人びとの病理観の変容

　成熟社会の病理への社会過程論的アプローチについては，人びとの社会関係ないし相互作用の質の変容と病理観の変容が着目される。このうち，前者については本シリーズ第3巻で種々の観点から論じられるので，ここでは，後者の病理観の変容についてのみ簡単に言及しておく。成熟社会に特徴的な病理観の把握は，本章Ⅳの(1)においても，社会病理学の専門書から病理現象を取りだすという方法によってなされているが，日本社会の成熟社会化と関連づけて，病理観に関する一般の人びとや法執行機関の従事者等の意識を調査するといった方法によっても可能となる。一般の人びとや警察官に対して実施した実際の意識調査の結果[29]によれば，日本社会の成熟社会化と逸脱視度との関連は，以下のように要約される。

　① 一般の人びとの逸脱視度は，社会の成熟化にともなって，成熟化に逆行するような行為（プライバシーの侵害，暴力・虐待行為，選挙犯罪，交通犯罪等）に対しては高まり，社会の成熟化と現行の社会制度や旧来の価値観との間の離齬に相応して増加する行為（外国人固有のつまり外国人ゆえの犯罪や性秩序関連行為）とか，比較的軽微な犯罪や被害者にも責任の一端が想定されやすい犯罪（悪質商法）に対しては低下する傾向にある。

　② 比較的軽微な犯罪や迷惑行為に対する警察官の逸脱視度は成熟化の進展にともなって高まる傾向にあり，この点で一般の人びとの逸脱視との不一致が一定程度みられる。

　③ プライバシーの侵害や交通犯罪に対する一般の人びとと警察官の逸脱視

度は，一定の社会の成熟化傾向——福祉・健康志向や国際化意識，離婚の自由という点での個人尊重意識などの高揚——を反映した成熟化肯定的意識の浸透によっても高まる傾向にある。この傾向は，概して，地域社会が成熟段階に達していない場合に，より明確である。比較的軽微な犯罪や地域社会でのルール違反についても同様の傾向にあるが，前者については，社会の成熟化にともなう一般の人びとの逸脱視度の低下傾向と反対の傾向にある。

　以上，成熟社会の病理をとらえるための現代社会病理学の観点について簡単に論じてみた。現代社会を対象に現代社会病理学の研究を展開するには，このほかにも，社会変動の諸局面が内在する潜在的病理性へのいっそうの注目が要請されるであろうし，また病理現象とその病理性の多様化のもとで，生活者の視点や実践への展望もいっそう重視されるであろう。これらへの対応も含めて，従来の理論やアプローチを現代社会と関連づけて再構成したり，ルーマン理論やリスク社会論などの新たな社会学的視点や，構築主義や臨床社会学といった新しい学的立場の導入などが，現代社会病理学の今日的課題となろう。

　以下，本巻の各章では，本章で述べたところが各論的に展開されるが，執筆者の社会病理学に対する立場は種々であり，またその社会病理学のとらえ方も多様である。このことは，それ自体，現代社会病理学のひとつの特徴であり，社会病理(学)研究の活性化につながるものであると考える。したがって，以下の各論では，各執筆者がそれぞれの観点から独自に論を展開することになる。

注)
1) 小関三平「『社会病理学』の現実と可能」『社会問題研究』第11巻4号，1962，p.15.
2) 小関，1962，pp.14-22.（小関三平「社会病理学の歴史」大橋薫・大藪壽一編『社会病理学』誠信書房，1966，pp.29-34)
3) Davis, N. J., 1975, *Sociological Constructions of Deviance: Perspectives and Issues in the Field*, Wm.C. Brown, pp.14-33, 232.; Lemert, E.M., *human deviance, social problems, and social control*, Prentice-Hall, 2nd ed., 1972, p.10.

4) Davis, N.J., ibid., pp.14-33.
5) 米川茂信『現代社会病理学——社会問題への社会学的アプローチ——』学文社, 1991, pp.9-10.
6) Mills, C.W., 1943, "The Professional Ideology of Social Pathologist," *American Journal of Sociology*, Vol.49, No.2, pp.165-180.
7) Lukes, S., 1972, *Emile Durkheim : His Life and Work*, Harper & Row, p.194, 205.
8) Poggi, G., 1972, *Images of Society : essays on the sociological theories of Tocquvill, Marx and Durkheim*, Stanford Univ. Press, p.197, pp.202-207.
9) Dohrenwend, B., 1959, "Egoism, Altruism, Anomie, and Fatalism: A Conceptual Analysis of Durkheim's Types," *American Sociological Review*, Vol.24, No.4, pp.471-472.
10) 松下武志「平常的現象と病理的現象——E・デュルケームの社会病理学方法論をめぐって——」『社会学年報』第3号, 1968, pp.89-90, 93.
11) Durkheim, É., 1973, *De la division du travail social*, Presses Univ. de France, nouvelle ed., p.48.(田原音和訳『社会分業論』[『現代社会学体系』2巻]青木書店, 1971, p.82) Durkheim, 1968, op.cit., p.35(宮島訳, 前掲書, pp.102-103)。
12) Merton, R.K., 1968, *Social Theory and Social Structure*, Free Press, enlarged ed., p.115, n.66.(森東吾他訳『社会理論と社会構造』みすず書房, p.56, 注66)
13) Hinkle, R.G. Jr., 1960, "Durkheim in American Sociology," in Wolff, K.H., *Emile Durkheim : 1858-1917*, Ohio State Univ. Press, pp.286-288.
14) 大藪壽一「社会病理研究の理論と方法」大橋薫・大藪壽一編, 1966, 前掲書, p.12.
15) 大橋薫「現代家族の病理学」『社会学評論』第98号, 1974, p.63.
16) 大橋薫「社会病理学の学問的立場」大橋薫・高橋均・細井洋子編『社会病理学入門』有斐閣, 1986, p.10.
17) 大橋薫「犯罪研究の社会病理学的立場——方法としての社会病理学の確立をめざして——」『犯罪社会学研究』第6号, 1981, p.70.
18) 米川, 前掲書, pp.19-20.
19) 柴野昌山「社会病理学における体系化の問題——差異的統制論の提唱——」『ソシオロジー』15巻2号, 1970, p.160, pp.164-165, 注19.
20) Merton, R.K., 1969, "Social Problems and Sociological Theory," in Merton R.K. and Nisbet, R.A., *Contemporary Social Problems*, 2nd ed., pp.779-799.(森東吾他訳『社会理論と機能分析』[『現代社会学大系』13巻]青木書店, 1969, pp.416-436)
21) 米川茂信「社会病理観の再検討——社会病理学に内在的な視点から——」『現代の社会病理』Ⅶ, 1992, pp.31-34.

22）大薮壽一『現代社会病理論――社会学・社会心理学ノート――』幻想社，1982，pp.232-236.
23）宝月誠「逸脱の社会的定義をめぐる問題」『現代の社会病理』Ⅰ，1986，pp.78-79.
24）米川，前掲論文，1992，pp.40-41.
25）那須宗一・大橋薫・大薮壽一・仲村祥一編『社会病理学事典』誠信書房，1968，p.8.
26）同上書，p.9-53.
27）米川茂信「社会変動との関連からみた実証的社会病理研究の戦後50年間の総括」『淑徳大学大学院研究紀要』第5号，1988，pp.147-172.
28）米川茂信「成熟化の社会病理」米川茂信・矢島正見編『成熟社会の病理学』学文社，1993，pp.13-14.
29）米川茂信「成熟社会にみる人びとの逸脱観の実態」『淑徳大学社会学部研究紀要』第34号，2000，pp.121-142.

第1部

社会病理学の対象と方法

第1章　社会病理学の対象と研究視点

I　社会病理とは何か

　本シリーズは「社会病理」をさまざまな視点からアプローチしようとするものであるが，最初に問われなければならいことは，そもそも「社会病理」とは何を意味するものなのかということである。「社会病理」と同じように用いられている概念として，「社会問題」や「社会解体」や「逸脱」などの概念もある。日本の大学の講義科目では「社会病理学」や「家族病理学」などの名称が多く用いられているが，近年では欧米の大学のように「社会問題論」「逸脱とコントロールの社会学」「法と社会」という名称でよばれることもある。いずれの名称を用いるにせよ，重要な点はそれらの概念が何を意味するのかということである。

　「社会病理」とは何かという問いに対して，これまでの多くの社会病理学のテキストは一応形式的な定義を与えてきた。たとえば「社会病理とは社会生活における機能障害の状態とその結果である」といった定義である[1]。しかし，こうした定義に続いて取り上げられる社会病理の具体的な諸現象は，定義がいう意味での「社会病理」にはたして該当するものであるのかどうか疑問なことも多い。「社会病理」を慎重に定義しても，実際に「社会病理」の現象として取り上げられているものは，日常の常識的な判断や研究者の価値観に基づいて「社会病理」と思われるものである。定義と具体的な現象とが乖離しているということにあえて目をつぶることによって，学として対象を定義する必要性と，「社会病理」についての常識的な判断との接木を図ったものである[2]。

　こうした接木的な対応ではなくて，「社会病理」とは何かをあらためて問う

ことは重要である。「社会病理」の定義に関するこれまでの一連の論議を念頭において,「社会病理」とは何かをまず示しておきたい。

(1) 「社会病理」の定義

よく知られているように「社会病理」の概念は,もともと生命体の病理からのアナロジーに基づいてつくられたものである。生命体の健康が損なわれている病気の状態との類比によって,不健全な状態や病んでいる社会の状態を指し示すものとして「社会病理」の概念が用いられる。だが,生命体の場合でも健康と病気を明確に判別することは容易ではない。健康と病気との境界的な状況も存在するし,病気の診断でも見解が分かれることもある。もちろん生命体の病気の判別のためにさまざまな診断・検査方法が開発され,客観的に判断することも可能となってきている。触診や画像診断のみならず血液検査のよってえられた検査値や病理検査や細菌検査などを用いることで,かなりの精度で病気の状態を診断できるし,遺伝子の解明によってこの傾向がますます強まることは間違いない。しかし,個体差が残るように一律に基準値だけで病気を判断することは危険である。

ましてや「社会病理」ということになると,何をもって病んでいる社会と判断するのかということはむずかしい。病んでいる社会がどのような状態であるのかを,誰の目にも明らかなように客観的に判断するために,たとえば「貧困水準」を設定することはできる。一定の所得水準や生活水準を想定して,それ以下の生活を送っている所帯は貧困家庭とみなすわけである。しかし,水準をどの線に定めるかは,まさに生活の質についての価値判断に基づくものであり,価値と無関係に水準が設定されるわけではない。さらに,「貧困水準」以下の家庭がすべて家族解体の状態にあるわけではなくて,貧困であっても家族がみんな精神的に充実し,互いに助けあっている緊密な家族であることもある。貧困水準は経済的貧困を示しても,精神や人間関係の貧しさを示すものではないので,この水準を安易に「社会病理」の尺度に用いることはできない[3]。

病んでいる社会とはいかなるものであるのかを考える場合に，視点の転換が必要である。「社会病理」の状況を構成する客観的で普遍的な条件をいたずらに見出そうとするのではなくて，人びとが「社会病理」とみなす状況がまさに「社会病理」と定義されるのである，と考えるように頭を切り替えることである。客観主義的な定義からいわゆる構成主義的な定義への視点の転換である。この視点は「人びとが特定の行為を犯罪とみなすから，それが犯罪となる」と喝破したデュルケム(Durkheim, E.)や，近年ではキッセ(Kitsuse, J.I.)とスペクター(Spector, M.)を始めとする社会問題を構成主義の立場から定義する潮流にみることができる[4]。構成主義の視点から「社会病理」の定義を考えてみよう。

(2) 構成主義の視点

第1に，何が「社会病理」であるかは社会的定義によって決まる。

人びとが社会生活のなかのなんらかの事態を「社会病理」とみなすことによって，「社会病理」は定義されることになる。ただ，この定義は個人的なものではなく，社会的なものでなくてはならない。誰かがある事態を「社会病理」だといえば直ちに「社会病理」なるわけではなくて，他の人びととも共有された定義でなくてはならない。一部の個人や集団の単なる判断にとどまらず，それが社会で広く受け入れられることが必要なのである。したがって，構成主義の定義は主観的なものというよりも，社会的な定義というべきものである。

第2に，社会的な定義は主に個人や集団の相互作用を通じて構成される。

ある個人や特定の集団によって「社会病理」とみなされたものが，他の個人や集団にも広くうけ入れられるようになるのは，「強制」や「説得」や「教化」や「交渉」などの一連の相互作用を通じてである。「強制」は，権力を背景にして特定の「社会病理」の定義を他者に無理にでも受け入れさせることである。「説得」は，その定義の必要性や妥当性を説明するのみならず，そうした定義を受け入れることが相手にも結局は得になることを理解させることである。「教化」は，説得と類似しているが教育やプロパガンダなどの反復や継続

を通じて直接・間接に影響力を行使して、定義の必要性や妥当性を相手に学習させ、浸透させることである。「交渉」は、相手と「社会病理」の定義の妥当性について話し合い、互いの定義の仕方に折り合いをつけ、双方の同意しうる定義を構築することである。個人や集団間に大きな権力差のある場合には、「強制」が相互作用の戦術として用いられるが、権力を有する主体が多元化している社会では、社会的定義の構成は「交渉」を通じてなされやすい。「教化」や「説得」は、露骨に権力に依存することよりも穏やかな影響力の行使を奨励し関係者の納得を重視する文化のもとで、活用される。

　第3に、相互作用を通じて構成された「社会病理」の社会的定義は「制度」となる。そしてひとたび「制度」化されると、何が「社会病理」であるのかを、人びとに外部から、拘束的に、客観的に指し示すものとなり、またそれへの具体的な対応・コントロールも整えられる。

　社会定義が「制度」となると述べたが、それについては若干説明を要する。「制度」は対象についての共通の意味を人びとに喚起する意味世界であるが、社会生活を持続的に遂行し、人びととの間で協働活動を組織化するために不可欠な文化的装置である。「制度」は対象が何であるのかを意味づけ、さらにそれに対する行為の仕方を指示する。これら意味づけは規範として定式化され、さらに法として明文化され、フォーマルな対応の仕方やそれに応じた組織が設定されることも多い。「社会病理」の定義が「制度」となるということは、「社会病理」についての共通の定義が人びとの間で喚起されるようになるだけでなくて、法的な規定が示され、それに基づく法的対応、さらにそれを実行する組織の活動がなされることである。たとえば、「不衛生な生活環境」は伝染病を蔓延させる恐れがあるので、社会が近代化されるにつれてそうした環境は「社会病理」とみなされ、フォーマルな制度的な対応も整えられる。公衆衛生法によって「不衛生な環境」は規制され、保健所の介入・指導でその病理状態は改善されるようになる。「社会病理」が社会的に構成されるということは、社会的に定義されるだけでなく、制度的対応・コントロールを実施する組織や専門

家が生まれることでもある。

　第4に,「社会病理」の定義は「制度」化されても,それがいつまでもそのまま固定しているわけではない。定義自体は社会とともに変化していく。

　「社会病理」の定義の変化の仕方にはいくつかの経路がある。ひとつは人びとの生活様式や価値観や考え方が変化して,既存の「社会病理」の定義が現実に適応しなくなった場合である。多くの人びとは定義を無視し,その事態を病理だと思わなくなる。法があってもそれが時代遅れであるゆえに誰もがそれを無視し,法の執行者もそれを黙認しているといった状態,すなわち「法の制度的回避」が生じる。そうなれば定義も制度も有名無実化し,自然に消えていく。

　もうひとつは「社会病理」の定義に対して,異議申し立ての「笛を吹く者」が現れる場合である。彼や彼女は「既存の定義の仕方は間違っている」,あるいは「現在は無視されているが,この事態はまぎれもなく社会病理である」と主張する。「笛を吹く者」の動機は自分の利害関心によることもあれば,特定の理念や価値観に基づくいわゆる「道徳的十字軍戦士」の場合も,さらに自らの職務経験に基づいて定義を変える必要を感じる場合もある。しかし,こうした「笛を吹く者」の運動だけで定義の変化がもたらされるわけではない。それを支持する者や反対する者,マスメディアや専門家や政治家や行政機関など,さまざまな人びととの相互作用を通じて,生み出されるものである。したがって,この過程にどのような人びとや組織が関係しているのか,どのような考えやフレームに基づいて活動しているのか,立場を異にする人びとや組織はいかなる戦術やレトリックや資源を用いて相互作用をしているのか,メディアや権力関係や集団間の連携がどのような影響を及ぼすのか,などが研究の焦点となる。相互作用を首尾よく遂行すれば,既存の定義は修正され,別の定義に書き換えられたり,新たに付け加えられたりするのである[5]。

　以上概観してきたように,「社会病理」の定義は一連の社会過程のなかでとらえられるものである。こうした主張は「社会病理」の客観的で,普遍的な定義を求める者にはいささかあやふやで頼りないと思われるかもしれない。しか

し，リアリスティックに「社会病理」を定義しようとするならば，プロセス的な思考を尊重することが何よりも必要なのである。

(3) 社会病理の諸相

社会病理は構築されるものであることは明らかになったが，「社会病理」として定義されるものが具体的にどのようなものなのかについての説明や，「社会病理」のいろいろなタイプについての分類がこれまでなんら示されていないことに不満を感じられる向きもあるかもしれない。こうした疑問に対して，「何が社会病理か」ということは社会や時代によって人びとの見方や制度は異なっており相対的なものであるので，一律に示すことはできないと答えることはできる。しかし，現代日本のような民主的な先進産業社会に一応限定して，そこで「社会病理」とみなされやすい状態についていくつかの例をあげておくことは，「社会病理」を具体的にイメージする上で参考になるだろう。

社会病理の例1　生命・身体・財産の安全性が脅かされている状態

人格や財産権を尊重することを建前としている社会では，個人や団体のそれらが恒常的に脅かされていることや，危険にさらされていることが明らかになれば，その状態は「社会病理」とみなされやすい。たえず身の危険性を感じる街頭，人格が傷つけられやすい職場，差別がまかり通る地域社会，さらに危険な商品の生産・流通・販売が日常化している市場などは「社会病理」の状態にあるといえる。またホームレスのようにその生活が生命や身体にとってけっして安全なものでないとすれば，ホームレスが大量に出現する社会も「病理的」とみなされやすい。

社会病理の例2　制度的秩序が失われている状態

社会生活では人びとの活動を組織化し，さらにある程度パターン化し，予期を可能にすることが必要であるが，そうした条件が失われ，人びとの生活が混

沌としている無秩序状態は「社会病理」とみなされやすい。社会秩序が失われるのは，主に制度がうまく機能しなくなったときである。分業とネットワーク化の進んだ複雑な社会生活においては，制度は特に重要な媒体であるが，それが衰退すると社会はばらばらになる。政治的混乱，経済的混迷，公共性の破綻，社会関係の混乱などは制度的秩序解体の例である。これらの過度な状態は多くの人びとによって「社会病理」とみなされやすい。

社会病理の例3　社会の活力が衰退したり，逆に過熱しすぎたりしている状態

　社会生活には経済活動や文化活動や宗教活動や政治活動などさまざまな活動が遂行されているが，それらの活動力が低下し創造的な力が社会から失われるだけでなく，社会の再生産すらおぼつかない社会の衰退状態は「病理」といえるだろう。逆に活動が過熱しすぎて，無制限な開発やあくなき成長を追い求めることはデュルケムが経済アノミーとよんだ現象であり，近年では1980年代後半の日本のバブル経済がこれに相当する。こうした加熱しすぎた社会状態もやはり「社会病理」といえる。

　以上「社会病理」の例を示したが，もちろんこれらは恣意的にあげたものにすぎない。われわれの社会でどのようなことが「社会病理」とみなされているのかを知るには，人びとの病理意識についてのサーベイ調査や行政機関などの社会病理への対応の実態を踏まえて，より具体的に把握する必要がある。

Ⅱ　「社会病理状態」の形成過程

　一応「社会病理」と定義されやすい具体的な状態が明らかになったので，つぎの課題はそうした「状態」はどのようなメカニズムによって生成してくるのかを明らかにすることである。「社会病理」とみなされる状態自体が相対的であるので，これら「状態」すべてに当てはまるメカニズムはごく一般的にしか示せない。「社会病理」と定義されたそれぞれの「状態」ごとに，その生成メ

カニズムを明らかにしていくことが重要となる。まず，一般的な留意点としてつぎのようなことをあげることできる。

(1) アプローチの視点

第1に，「社会病理」とみなされている「状態」を成立させているものには，社会構造や文化的環境などのマクロな要素と，関係者が特定の状況で展開する相互作用や行為などのミクロな要素が含まれるが，メカニズムの分析はマクロとミクロの両方を統合した視点で臨むことが望ましい。ミクロ現象にはマクロ状況が条件となり，行為の遂行の仕方を拘束するし，マクロな状況はミクロレベルを通じて再生産され，さらに修正や革新をこうむる。これら相互規定の一方を無視した分析は，「社会病理」の状態を成立させているメカニズムを見誤るおそれがある。

第2に，目下取り上げている「社会病理」を，現時点だけで考えるのではなくて，その「状態」をできるだけ歴史的文脈のなかでとらえることである。歴史的文脈のなかにおくことで，現にある「状態」に生成してきた過程が理解しやすくなる。現時点だけに限って社会病理状態で構成しているメカニズムを明らかにしようとすると，ともすれば機械論的な説明や静的なシステム分析になりやすい。歴史的な生成過程にも注目することはその歯止めとなり，生成する「社会病理状態」の「生きた姿」をダイナミックにとらえやすくなる。

第3に，「社会病理」とみなされている「状態」はどのような「メカニズム」によって成立しているのかを把握することは研究のひとつの目標となるが，この「メカニズム」はいくつかの要素や変数の関係(とくに因果関係)や連鎖を明らかにすることである。こうした特定の関係や連鎖がなぜ生じたのかを演繹的に説明することのできる何か理論があれば理想的であるが，現在の社会病理学ではその種の理論はほとんど見当たらない。理想的な理論はなくても，要因相互の関係や連鎖などの「メカニズム」を知るだけでも，「社会病理」とみなされる「状態」の成立を可能にしているものへの理解が深まる。

第 1 章　社会病理学の対象と研究視点

　ただし,「メカニズム」を明らかにすることに重点を置くにしても, 若干の注意が必要である。地域社会ごとの「社会移動率」や「貧困率」や「住民間の異質性の度合い」を独立変数にし,「犯罪率」や「疾病率」を従属変数にして, 両者の相関関係を調べる変数分析が現在では一般的である。こうした変数分析は地域のような集合的な単位間の構造上の差異を明らかにする上で有効ではあるが, 変数分析に過度に頼ると社会生活を営んでいる行為者の主体的な姿が見失われるおそれがある。社会はいろいろな出来事の連鎖からなり, またその出来事がさまざまな行為者たちの行為や相互作用によって生み出されているとすれば, その「メカニズム」を知るには行為者たちの一連の活動や創発性に目を向ける必要がる。生きた「メカニズム」の把握には変数分析だけに頼るのではなくて, 行為者に焦点を定めた研究の復権が求められる[6]。

　以上が, 一般的な留意点であるが, つぎに「社会病理」とみなされる「状態」の成立の「メカニズム」を明らかにしようとしている具体的な事例を取り上げてみよう。

(2) インナーシティの「社会病理」

　20世紀後半のアメリカの大都市の一角に「社会病理」が集中したスラム地域がみられる[7]。その地域では, 犯罪が横行し, 住民は強盗や暴力など街頭犯罪にいつもおびえている。麻薬の売買や売春も日常的な風景であり, 失業者が昼間からたむろし街路は落書きと放置されたごみで汚れ, 建物は古く荒廃している。アルコールを販売する店がやけに多いのに反して, 大方の一般商店はうらびれており, 閉店に追い込まれた商店も多い。工場やオフィスのみならず, 日常性に密接に関係のある病院や教会もつぎつぎと郊外に移り, 文化施設なども閉鎖されていく。そこの住人の多くは社会福祉の公的扶助に依存して生活するか, 麻薬販売や売春や窃盗など違法な手段で生活の糧を得ている。家族で居住している場合でも, 母子家族が大半である。

　こうした地域社会の「状態」は, 誰の目にも明らかに「社会病理」である。

制度上でも公的にインナーシティへの対策や改善が講じられる。ではこうした「社会病理」の「状態」を形成した「メカニズム」は何か。以下のような出来事の連鎖によって，それは形成された。

　① まずこうした状況を生み出したもっともマクロな社会構造の要因として，アメリカの産業構造の変動があげられる。安価な労働力を求めて企業は工場を海外に移転させる。さらに外国企業の成長などによって，アメリカ国内でとくに第2次産業の空洞化が生じる。その結果，生産ラインの合理化や統合が進み，単純労働者の労働市場は狭まり，余剰人員は失業に追い込まれる。

　② こうした産業構造の不利益はすべての人びとに同じような影響を及ぼしたわけではない。とくに，それは弱い社会的立場にある人びとに強いインパクトを与える。サービス産業に失業者の一部は吸収されたが，技術を要しない単純労働では賃金も安く，雇用も安定しない。1950年代に工場労働者が享受した生活の安定は彼らの多くにはもはや望むべくもない。ましてや人種差別にさらされているアフリカ系アメリカ人やマイノリティは再就職チャンスが少なく，たとえあっても弱者などは利用可能な公共交通手段が限られ，時間がかかりすぎて郊外の工場に通勤が困難となる。通勤手段がなかったり，経済的に郊外に家をもつことのできない者は仕事があっても事実上就職できない。

　③ マクロな構造の変動がもたらした失業は，つぎに地域社会の衰退を引き起こす。産業構造の変動にとくに直接大きな影響をうけた地域は，失業者が多く取り残される。仕事もなくなり，失業率だけ増え，社会福祉の扶助に依存する者が増大していく貧困地域は，経済的に魅力のない地域となる。経済力のある人はその地域を見捨てて郊外に移住していく。それまでその地域のオフィスや工場に外部から通勤していた人びとの流れも工場の閉鎖にともなって止る。外部世界から流入してくるのは安い住宅を求めてくる貧しい人ばかりで，逆に商売や活動がなりたたなくなった商店や病院や教会やさまざまなサービス機関や文化施設はその地域から流出し，その地域は生活しにくい土地になり，ますます荒廃していく。

④ さらに貧困とそれに対する公的な救済措置は家族生活の変質をもたらし，「家族解体」を引き起こす。母子家族がその地域の主流となり，父親不在で公的扶助に依存する家庭で子どもは育っていく。福祉制度では母子家庭の方が扶助の面で有利な措置が得られるので，皮肉なことにかなりの家族は離婚して母親中心の家族となる。家族を離れて気ままな生活を送る男性も多くなり，父親不在の家族形態が日常化する。父親が時たま姿をあらわしても失業した父親の姿は父親モデルになりえず，親の監視の弱くなった家庭の子どもたちは街頭にたむろする。彼らは自分の身を守るためにギャングに加わり，略奪者や，敵対しているグループに対抗する。仲間と力に依存する彼らの行動は，まともな地域活動や社会関係もなく，物的な面だけでなくて社会資本も喪失した状況への対応である。

⑤ 失業した男性成人たちは，公的扶養をうけている母子家庭にひそかに寄生し，アルコールに溺れるか，家庭内暴力を繰り返すことも多いが，自らの手で金を稼ごうとする者もいる。だが，金を得る合法的な機会はこの荒廃した地域にはほとんどない。麻薬の売買や売春の斡旋をはじめ強盗や窃盗などの犯罪に手を汚す。犠牲者となるものは同じ町の住人であることが多いが，違法な行為が蔓延することで治安は悪化し，人びとはその危険地域を避けるようになり，都市の内部で孤立していき，地域社会の衰退は一段と進む。目に付くのは荒廃した建物や活気のなさだけでなくて，治安の悪さと逸脱者の群れである。

以上のように，「産業構造の変動」のインパクト→「失業」の集中→「地域社会の衰退」＋「家族解体」→「犯罪の増大」→「治安の悪化」→「社会解体」の連鎖を示す。これら悪い状態はさらに悪い状態を増幅させるなかで，インナーシティの「社会病理」の「状態」は形成されていったのである。この過程に政府の財政難による「福祉予算の削減」が加わることで，事態はいっそう悪化する。地域への資本の投資の中断の結果，その地域に残されたものは貧困と犯罪と荒廃した町の風景のみである。「社会病理」の形成の「メカニズム」は，こうした要因や行為者の反応の一連の連関と展開過程を確かめ，記述する

ことで明らかにされるのである。

III 「社会病理」への対応・コントロール

(1) 対応・コントロールの仕方

　「社会病理」とみなされた「状態」に対して，人びとは何らかの対応を示し，意識的にその「状態」をコントロールしようとする。「社会病理」自体も多様であるが，それらへの対応やコントロールの仕方にもいろいろなものがある。まず，「対応・コントロールの担い手」となるのは警察，福祉，医療，教育等のフォーマルな組織と司法機関，政治家・政党，マスメディア，さらに市民運動・住民グループ・NGOなどのインフォーマルな組織や団体である。つぎに「対応・コントロールの方法」としては，規制・取締り・検挙，援助・保護，治療，教育，刑事的対応(刑罰)，民事的対応(賠償・和解)，行政的対応(行政処分・制度や組織の整備・新たな政策の実施)，制度・法の改革，「社会病理」の公表・啓蒙，「社会病理」の告発(クレイム)などである。コントロールは事後的に行なわれるだけでなく，事前にも行なうことが可能である。予想される「社会病理」の「状態」にあらかじめ働きかけることで，社会病理を回避するコントロールは「予防」として一括できる。監視装置を備えたり，パトロールを強化したり，地域環境を整備したりすることは，街頭犯罪への一種の予防である。

　対応・コントロールの多様性を整理するためにこれまで一応「担い手」と「方法」にそれぞれ分けて説明した。しかし，対応の「担い手」はそれぞれ独自の対応の「方法」を有しているだけでなく，複数の「方法」を用いる場合もある。「社会病理」の「状態」への対応・コントロールのより現実に近い姿は，つぎのように示すことができる。

　　警察コントロール：規制・取締り・検挙，保護，予防
　　福祉コントロール：援助・保護，予防

医療コントロール：治療，予防
教育コントロール：教育，補導，啓蒙，予防
司法コントロール：刑罰，賠償，和解
行政コントロール：行政処分，制度の整備・新設，政策の実施，予防
政治コントロール：制度・法の改革，政治的キャンペーン
マスメディアコントロール：「社会病理」の公表，啓蒙・キャンペーン
市民コントロール：「社会病理」の告発，制度的改革運動，援助・保護，教育，規制，罰，和解，予防

　これらの対応・コントロールは必ずしも相互排他的なものではなくて，相互に連携することで効果を発揮する。たとえば，「ホームレス」が公園や街頭を占拠している「状態」を「社会病理」とみなし，市民運動のグループが援助運動に立ち上がることがある。もちろん一部の市民の間には「ホームレス」を「不潔」，「目障りな存在」や「くず」よばわりして公的空間から排除しようとする者もいる[8]。こうした市民の偏見や抵抗に対抗しながら，市民の運動グループは「ホームレス」のために炊き出しなどの援助活動を行ない，同時に行政機関に対して「ホームレス」のための公的な援助や救済策を講じることを要求する。「ホームレス」の実態がマスメディアによって報じられ，広く市民の関心をよぶようになり，政治家たちも議会で「ホームレス問題」を取り上げ，それへの対策の必要性を論じるようになる。こうした一連の動きは行政機関からシェルターの設置など具体的な対応を引き出すことになり，さらに自治体などの既存の福祉制度では十分な対応が困難な場合には，国レベルの制度的改革が求められ，「ホームレス自立支援法」(2002)が制定されることになる。

　「社会病理」への対応としては行政に負うところは大きいが，市民的対応もインフォーマルな形ではあるけれども，それが果たす役割は大きい。しかし，いずれも一方だけでは不十分で両者の連携を必要とする場合が多い。地域社会の治安は警察力だけでなくて地域住民の協力が不可欠であることからも，このことは裏付けられる。

(2) 対応・コントロールの効果

　「社会病理」とみなされる「状態」になんらかの対応やコントロールがなされたとしても、それですべて問題が解決されるわけでない。というのは対応やコントロールが思ったような効果を発揮しないことも、さらには「意図せざる結果」として、対応が事態をいっそう悪化させる場合もあるからである。

　そもそも対応やコントロールの効果を判断することはむずかしい。たとえば刑罰の場合、その目的を犯罪の「抑止」におくのか、犯罪者の「矯正」におくのか、それとも「応報」におくのかによって、その評価も異なってくる。さらに、刑務所を出所した人が再び罪を犯したからといって、「矯正」効果がなかったとはいえない。刑務所では罪を悔い、反省してまともな生活をしようと決意した者でも、出所後に周囲が彼を受け入れてくれなければ、ラベリング論がいうように彼は犯罪に走りやすくなる[9]。刑務所の矯正効果と出所後の状況の影響は区別されなければならないが、再犯の有無だけに頼っていると、両者の影響を分離することはむずかしい。

　こうした刑罰によるコントロールには限界があるが、「社会病理」の「状態」への対応として、制度の改革が試みられることがよくある。「狂牛病」（BSE）のような衝撃的な「社会病理」の現実がセンセーショナルに報じられ、食品の安全性の確保に既存の制度では十分に対応できないことが明らかになると、日常の食生活に直接影響するものだけに、人びとの不安や恐れや怒りが高まり、パニックに陥る。消費者の肉の買い控えだけでなく、攻撃の矛先は農林水産省に向けられ責任者の追及がなされる。パニックは所詮一時的な反応であるが、こうした事件を契機に、制度改革も行なわれる。食肉の安全性を守るための制度的改革が行政や業界や専門家主導で行なわれる。消費者を排除したこうした改革に反発する消費者グループは、独自に食の安全委員会を立ち上げる。その結果、フォーマルとインフォーマルな2つの委員会ができ、新たな規制やモニタリングや検査体制やリスク評価や罰則などが設けられるようになる。一

応新しい制度は成立したが，それが食の安全性の確保にどこまで効果的であるのかは，ある程度の年月を経てからでないと評価できない。コントロールの効果は制度いじりや法の成立だけで判断されるものではなくて，改革がどのように実施され，新たな制度が「社会病理」の解消にどれだけ実質的に役立っているのか時間をかけて判断しなくてはならないのである。

このように効果の評価はむずかしいにもかかわらず，「社会病理」の「状態」への対応やコントロールの試みは続いている。たとえそれらの効果がないと判断された場合でも，やり方をかえて存続する。ではなぜそうした試みが続けられるのか。それは，コントロールが社会生活の生成を支える生命力の一部分であるからである。「社会病理」とみなされる「状態」を目の当たりにして，それに対して誰も何もしない社会はまさに生命性に欠ける「病理的社会」であり，死に絶えていく社会である。デュルケムはかつて集合意識が傷つけられた場合に，それに断固とした反作用を示さなければならない。なぜならば，傷つけられたまま放置されていると，集合意識の尊厳が失われて，誰もがそれを尊重しなくなるからである，という趣旨のことを述べている[10]。このことは「社会病理」の場合にも当てはまる。「社会病理」を自らコントロールしようとしない社会は社会としての生命力を放棄して，衰退していくのである。

(3) 対応・コントロールの研究課題

「社会病理」への対応やコントロールは社会の存在そのものと深くかかわっていること，またそれらの効果の評価は容易ではないことを知ったいま，社会病理学は何をなすべきか。それは，一部の行政機関のように予算を獲得するためにコントロールの効果を誇張したり，一部の政治家や社会運動家のようにコントロールの効果を不当に低く評価して，いたずらに危険性を煽ったりすることでもない。

必要なことは，つぎのような課題を地道に追求することである。

第1に，歴史的な現実の社会において「社会病理」とみなされたものに，そ

の社会ではいかなる対応やコントロールが行なわれたのかを具体的に明らかにしていくことである。別の対応やコントロールがおそらく可能であったであろうにもかかわらず,特定の方法が選択され,実行されていった過程をたどることで,コントロールも社会的に構成されたものであることと,構成に与かったメカニズムや文化的要因を解き明かす作業である[11]。

　第2に,特定の社会において「社会病理」に対して現実になされた対応やコントロールの効果を検討することである。すでに述べたように効果の評価は容易でないので,この課題は大変むずかしい。しかし,歴史的事例のケース・スタディーを通じて,現実に選択されたコントロールが社会のいろいろな要素や関係者にどのような影響を及ぼしていったのかを丹念にたどることで,かなりコントロールの効果をリアルに把握できると思われる[12]。

　マートン(Merton, R.K.)のように顕在的機能・潜在的機能,正機能・逆機能,機能の差引勘定,機能的等価物などを駆使した機能分析はアイデアとしては興味深い。しかし,実際にそれをコントロールの効果の評価に用いるとなると,その効果の差引勘定などを計算することは非現実的であることがわかる。華麗さはないが具体的な歴史的事例において,コントロールの影響過程をたどるケース・スタディーがその効果を知る上で重要な貢献をなす。

　以上,社会病理学の課題について述べてきた。「社会病理」の「定義」や「形成のメカニズム」さらに「対応・コントロール」を,実証的に追究することが現代の社会病理学の主要な課題となるのである。

注)
1) 日本での社会病理学の体系化に貢献したのは大橋薫である。社会病理学の基本的な考え方は大橋薫『都市病理の構造』川島書店,1972に示されている。
2) 当時の社会病理学の関心と研究領域を知る上でもっとも有益なのは,那須宗一・大橋薫・大藪壽一・仲村祥一『社会病理学事典』誠信書房,1968である。
3) こうした基準がすべて無意味というわけではない。社会病理の判断には慎重に用いる必要があるというだけで,活用の仕方によっては社会状態を判断する有力な指標となる。社会指標については,三重野卓『福祉と社会計画の理論』白桃書

房，1984が参考になる．
4）デュルケム，É.(田原音和訳)『社会分業論』青木書店，1971．
　キツセ＝スペクター(村上直之・中河伸俊・鮎川潤・森俊太訳)『社会問題の構築』マルジュ社，1990．
5）こうした論議の基礎として，つぎのものを参考にしてほしい．
　中河伸俊『社会問題の社会学』世界思想社，1999．
　鮎川潤『少年非行の社会学』世界思想社，1994．
　宝月誠『社会生活のコントロール』恒星社厚生閣，1998．
6）こうしたアプローチとしてシカゴ学派が示唆的である．シカゴ学派については，宝月誠・中野正大『シカゴ社会学の研究』恒星社厚生閣，1997を参照．
7）インナーシティの研究の代表的なものとして，ウイルソン，W.J.(川島正樹・竹本友子訳)『アメリカ大都市の貧困と差別』明石書店，1999；ウイルソン，W.J.(青木秀男監訳)『アメリカのアンダークラス』明石書店，1999をあげておきたい．
8）ホームレスに関しては，森田洋司を研究代表とする大阪市立大学都市環境問題研究会編『野宿者(ホームレス)に関する総合調査研究報告書』2001が詳しい．
9）ベッカー，H.S.(村上直之訳)『アウトサイダーズ』新泉社，1978．
10）デュルケム，前掲書，p.105．
11）こうした研究の古典として，Sutherland, E.H., 1950, "The Diffusion of Sexual Psychopath Laws," *American Journal of Sociology*, p.56, pp.142-48. をあげておきたい．
12）こうした方向は，Sutton, J.R., 2001, *Law and Society*, Pine Forge Press, 2001. で試みられている．なお，戦後アメリカでの街頭犯罪のいちじるしい増大に対してなされた制度的対応(刑事司法の予算の拡大・福祉の拡大・教育の拡大)が，犯罪率の抑制にどれだけ効果的であったのかを，つぎの本は計量的な視点から明確に論じている．ラフリー，G.(宝月誠監訳)『正当性の喪失』東信堂，2002．

第2章　社会病理学の調査方法

I　研究目的と調査方法

　社会病理学には独自の調査方法があるわけではなく，他の社会諸科学と同じように，さまざまな方法が用いられる。「病理」の定義の仕方や調査研究の目的によって，調査の方法や対象は多少異なってくるものの，それぞれの定義や目的によって，調査方法がおのずと定まるわけでもない。たとえば，研究者の観点から何らかの価値基準を定め，それに基づいて病理を定義する場合でも，病理を相対的に，あるいは感受概念としてとらえ，当事者主義の観点から病理を定義する場合でも，研究目的によって，マクロ分析をめざす計量的調査，メゾレベルでの参与観察，ミクロ分析のためのケース・スタディーなどのいずれをも用いうる。ただ，当事者主義の観点をとる場合には，人びとの病理観や当事者と対立する人びと（機関）とのせめぎあいの過程などに関する調査が不可欠になる。

　研究目的によっても調査方法は必ずしも固定されない。社会病理学の研究目的は実に多様であるが，いくつかの例を示すと，①　病理現象の分布とそれにまきこまれている人びと(populations at risk)の特徴の分析，②　病理現象の原因の分析，③　社会事象が「病理」として構築される過程の分析，④　逸脱者と反作用者との相互作用から生ずる意味世界の「制度的」な変化の分析，⑤　逸脱が生じ，他者との関係を通じてそれが発達していく過程（レイベリングとアイデンティティの変化との関係，予言の自己成就の過程など）の分析，⑥病理現象の解決策の研究およびその効果測定，などがあげられる。

　他方，研究調査方法には，デモグラフィック(demographic)な調査，疫学的調

査(epidemiological survey)，病因学的な計量的調査(etiological survey：クロス・セクショナルな調査と，追跡調査，遡及調査，パネル調査などの縦断的調査とがある)，フィールド・オブザーヴェイション(field observation：フィールド観察，参与観察など)，事例調査(case study：事例史・生活史調査を含む)，社会史調査，アクション・リサーチ，社会実験(social experiments)，無作為実験(randomized field experiments)，評価研究(evaluation research)など，さまざまなものがあるが，上記の研究のいずれもが，それぞれいくつもの調査方法をとりうる。

したがって，ここでは研究の視点や目的別に調査方法を論ずるのではなく，各調査方法の病理現象研究への適用例を通じて，その特質，問題点などについて記述することにしたい。また，各調査方法を，① 社会病理現象の実態分析・診断法，② 病理現象の原因と生成・構築，拡散・縮小，深化・緩和などの過程の分析法，③ 病理現象の解消・緩和対策の分析およびその効果測定法に類別して解説する。これは，各調査方法の適用例をどこに求めたかによる便宜的な分類であり，それぞれの方法が一定の目的のみに用いられるということを意味しない。診断あるいは原因分析のための調査に用いられた方法が，そのまま解決策を導くこともありうるし，逆に，ある対策の効果測定のためにとられた方法が，病理が生ずる過程の解明に寄与することもありうる。

II 実態分析・診断のための方法

(1) デモグラフィックな調査

社会病理学におけるデモグラフィックな調査とは，社会病理現象と人口現象(とくに，出生・死亡，年齢，性，移動，地域的分布などの状況およびその変化)とを関連づけ，病理現象の社会的要因を分析しようとするものをいう。これは，ある条件が人口の間でどのように分布しているか，この人口はどのような特徴をもっているかに焦点をおいて，病理現象の実態を明らかにしようとするものである。たいていの場合，この条件と人口現象との関係は数量的に表示

される。

　デモグラフィックな調査は官庁統計の分析のみから行なわれることもあり，これによっても，病理現象にまきこまれ，危機的状況(貧困，失業，罹病，要介護状態など)にある人びとの地域的分布，性，年齢，職業などを，ある程度まで明らかにすることができる。たとえば，少子化の社会的要因を知るために，出生率，未婚率，結婚年齢などの変化と，(既婚)女性の就労率・高学歴者率，核家族率，保育需要に対する保育所の定員の割合などの変化との関係を分析する調査が，この種のものである。これまでの社会病理学では，この種の調査はかなり広く行なわれており[1]，犯罪・非行発生率，自殺率，乳幼児死亡率，公害病罹病率などと地域社会の人口現象やその他の特性との関係を分析することによって，それぞれの病理現象の社会的要因を診断しようとする試みがなされてきている。

　しかしながら，官庁統計の分析から明らかにされる病理現象の要因は当然に限定される。少子化問題を例にとれば，結婚・出産・出生児数・就労などに関する女性(および男性)の意識や家庭の経済状況もこれに影響を及ぼしている要因だと考えられるが，これらのデータは官庁統計からは得られない。また，官庁統計は必ずしも事実を正確に表わしているとはかぎらず，その読みとり方に注意する必要がある。

　したがって，デモグラフィックな調査は，疫学的調査や病因学的調査と併用されることが望ましい。しかし，官庁統計に依拠したデモグラフィックな調査は，社会病理現象の地域的分布や人びとの属性別分布の診断に役立つし，時系列的に行なえば，時代診断にも役立つ。デモグラフィックな調査の特質は，インテンシヴな調査の標本設計のための資料を提供するということにあり，これまでの問題点は，単なる事実の記述にとどまるものが少なくない，ということにある。

(2) **疫学的調査**

　疫学的調査は，どのような地域，集団，人びとの間でどのような病理現象がみられるか（どのような事象が病理とみなされているか）を明らかにしようとするものであるが，その特質は，リスクを決定し，その所在を明らかにし，そのリスクを減少させることをねらいとする，ということに求められる。そのため，まず病理現象の地域的，集団的，人びとの属性別分布に着目して，これと他の変数との関係を分析することによって，問題をかかえ，危機的状況にある人びとの特性を明らかにする。つぎに，これらの人びとをターゲットとする対策に役立つと考えられる変数を選定する。重要なことは，この変数は主として病理現象（たとえばHIVの感染）が生ずるまでの過程を表示するもの（たとえば，コンドームの不使用，同性愛のような，人びとの行動，生活習慣，社会関係など）から選定され，必ずしも病理現象との因果関係が推測されるものにかぎられない，ということである。この変数と病理現象との関係を分析することによって，リスク減少への指針を見出そうとする。この点で，疫学的調査は病理診断のための調査でもあり，病理解消対策を樹立するための調査でもある。

　強盗（病理現象）に関する疫学的調査を例にとると，まず，「いつ」「どこで」「誰が」強盗の被害に遭っているかを調べる。この結果，人びとの往来のない時間帯や場所で，小規模の金融機関，コンビニ，ガソリンスタンド，パチンコの景品交換所などがよく襲われている，ということが判明したとする。このとき，強盗との関連を分析するために選択される変数としては，被害者は1人でいたか否か，ホットラインや防犯カメラは設置されていたか，多額の現金が容易に取り出せるようになっていたか，などというものが考えられる。この分析結果によって，深夜・早朝には複数の勤務員を配置する，ホットラインやサーヴェイランス・カメラを設置する，キャッシャーを防犯（弾）装置のあるブースのなかに設ける，多額の現金を保管しない（就業員によっては取り出せない）システムをとる，などの指針が得られるようになる。

　疫学的調査とデモグラフィックな調査との差異は，後者が人種，階層，性，

年齢，職業など，人口学的カテゴリーとの関連で病理をとらえようとしてきたのに対して，前者は人びとの行動，生活習慣，意識，相互作用などをも含め，問題をかかえ，危機的状況にある人びとの群(cluster)がどのような要因から構成されているかを明らかにしようとし，また，この要因を，病理との因果関係よりも，病理の減少のための介入に役立つか否かという基準で選定する，ということにある。

また，病因学的調査との違いは，疫学的調査は因果的モデル(causal modeling)に依拠せず，病理現象との因果関係がなくても，それと統計的に関連する要因をとりあげる，という点に求められる。疫学的調査は，病理の原因の解明は必ずしもその解消に結びつかないし，原因やそれを取り除く方法がわからなくても，病理現象の防止は可能である，という立場をとる。たとえば，HIVのウィルスが明らかにされたり，感染を防ぐワクチンやエイズ治療薬が開発されたりしなくても，エイズ患者が，ウィルスに汚染された輸血や血液製剤の投与をうけた人びと，薬物使用者，売春婦やその顧客，同性愛者などに多い，という事実がわかれば，血液や血液製剤のチェック，注射針の使い捨て，コンドームの使用などの予防策をひきだすことができる。

疫学的調査は計量的に行なわれることがふつうである。また，一定の時点で行なわれることが多いが，縦断的に行なわれることもある。これは，何らかの介入の効果を測定する場合のほか，人びとの変化や社会の変化に応じて，リスク要因やそのプロテクティヴ要因がどう変化したか，を知るために行なわれる。

(3) 生態学的調査

社会病理学における生態学的調査は，病理現象の地理的分布と地域社会の諸特性との関係を分析し，病理現象と関連する諸要因を指摘しようとするものであるが，その特質のひとつは，諸要因相互間の関係の分析を通じて，人びとの相互依存的な共生関係や競争的関係が病理現象の生成にどのような影響を及ぼしているかを知ろうとすることにあり，もうひとつは，新しい種(産業，文化，

人びとの集団など)がその地域に侵入し,優勢になり,以前からの種を駆逐する過程,すなわち侵入,支配,代置の過程と病理現象との関係を明らかにしようとすることにある。

生態学的調査を用いた代表的な病理研究の例は,ショウ(Shaw, C.R.)とマッケイ(Mckay, H.D.)の「非行地域の研究」である[2]。彼らは,正常な社会関係と社会組織の崩壊が犯罪と非行をひきおこしており,また,住民の変化にもかかわらず,このことが地域社会の非行副次文化を時代を超えて支持させ,犯罪的行動様式を伝達させている,ということを指摘した。この研究は,コミュニティ・オーガニゼーションによる非行防止計画にみられるように,人びとの相互関係に着目した対策を導いている。

現代では,生態学的調査は「政策的環境調査」ともいうべきものに変化しており,病理現象の発生地,発生源とその立地条件(人びとや車輛の交通量,人口密度,大気や水質の状況,土地利用状況,公園や駐車場などにおける死角の多さ,住宅・その他の建造物の状況,関連する行政機関までの距離,人的資源の状況,衛生状態等々)との関係の調査に焦点が移されてきている。

III 原因,過程分析のための方法

(1) 計量的調査

病因学的調査にもさまざまな手法がある。その第1は計量的調査である。計量的調査は,人びとの行動,態度などの原因を究明し,一般化するために適した方法であり,その手段としては,面接,配票,電話,郵送などによる質問紙法が用いられることが多い。

病理現象の原因を理解するために,大量の標本を対象として行なわれる計量的調査には,クロス・セクショナルな調査(cross sectional survey)と縦断的調査(longitudinal survey)とがある。いずれも病理現象と因果関係をもつと推測される要因(説明・独立変数)を選定し,それらが病理現象(被説明・従属変数)と統

計的な関係をもつかどうかを検討するという手法をとる。

　社会病理学において，病理現象とある要因との因果関係を証明することはむずかしい。一般的には，ある要因がある病理現象の原因であると想定するためには，その要因は少なくとも以下の要件を充たすことが必要であろう。① 病理現象との十分な統計的関係をもつこと。② 病理現象との因果関係を説明するために形成された仮説の文脈のなかに位置づけられ，かつその関係が経験的に了解可能であること。③ コーザル・オーダー(causal order)が成立すること。つまり，その要因の存在や作用が病理現象に先立っていること。④ 病理以外の現象を説明しないこと。たとえば，「富の獲得」という動機は犯罪の動機ともなりうるが，合法的な労働やギャンブルの動機ともなりうる。病理と正常との「分化」を説明できることが要件となる。⑤ 病理現象との関係が見せかけの関係(他の要因の作用によって生じた関係)ではないこと。つまり，他の変数の影響を取り入れたり取り除いたりしても，病理との関係は変化しないこと。

　クロス・セクショナルな調査は，病理現象の一定時点における社会的・文化的あるいは心理的要因を求めるために行なわれることが多い。縦断的な調査デザインに比べて，原因究明の精度に問題をもつものの，地域，文化，集団，階層などの違いに原因を求めようとする場合に適した方法である。パネル調査(調査対象，項目などをかえず，一定期間をおき，2回以上反復して行なう調査)を実施すれば，時代による変化をとらえることもできる。

　また，タビュラー・アナリシス(tabular analysis)にとどまらず，その結果に基づいて多変量解析(multi-variate analysis)を行なえば，ある社会病理現象にどの要因(群)がどれほど強く結びついているかを知りうるし，要因相互間の関係の分析を通じて，見せかけの関係をもつにすぎない要因を除去することもできる。

　縦断的調査は，要因の変化，新たな要因の導入，要因の除去，一定の時期(あるいは人びとの発達段階)における要因の在否などが，病理現象の出現・消滅・変化などにどのように結びつくかを明らかにしたり，ある社会事象が問題(病理)だとして構築される過程を解き明かしたりするのに適した方法である。

逸脱の原因およびその深化過程の究明のための縦断的調査は，コーホート(cohort)の追跡研究(follow-up study)のかたちでなされることが多い[3]。コーホートの追跡は，種々の要因の病理への影響は歴史的な文脈のなかでとらえられるべきだ，という考え方に基づいている。すなわち，各コーホートがそれぞれ同一年齢のとき経験した同一の出来事の意味や影響力は，時代(コーホートの違い)によって異なる，という認識に基づいている。たとえば，10歳のとき，第2次世界大戦中の戦死で父を失った少年と，現代，交通事故で父を失った少年とでは，「父を10歳で失った影響力」は異なるとみるわけである。コーホートの追跡による逸脱の縦断的調査は，したがって，コーホート別の(時代背景と関連づけられた)逸脱要因のほか，ある要因が年齢によって逸脱と結びついたり結びつかなかったりするか，複数のリスク要因が出現する「順序」によって逸脱への影響力が異なるか，プロテクティヴ要因の有無・種類・リスク要因の出現との時期的関係などが，リスク要因の影響力を強化あるいは弱化させるか，などのことを明らかにすることができる。

　また，縦断的調査から得られるデータは，ライフコースと逸脱との関係を分析したり，逸脱の反復過程に寄与する要因をイヴェント・ヒストリー・アナリシス(event history analysis)[4]によって明らかにしたりすることにも用いられる。

　遡及調査は，調査対象者に過去のデータの提供を求めるもので，縦断的調査法のひとつであるが，調査対象者の記憶や主観に頼る面が大きいという点で，追跡調査に比べて正確さと客観性に問題をもつ。しかし，この方法には，調査対象者がこれまでの過程をどのように受けとめているか，という主観的側面をとらえ，それと病理との関係を分析できるという利点を見出すことができる。

　社会病理現象一般に関する縦断的調査の特質のひとつは，社会病理現象の発生，消滅，変化などの「過程」を明らかにしうるということにあり，もうひとつは，ある要因が病理現象に影響を及ぼすまでの「期間」にともなう問題を解決できる，ということにある。クロス・セクショナルな調査には，要因と病理現象に関する同一年度のデータを用い，その相互間の関係を分析すればよいの

か，要因については何年か前のデータを用いることが必要なのか，という問題が残される。

　縦断的調査は，病理現象の診断やその原因の解明のために行なわれるだけではなく，対策の効果測定のためにも行なわれる。しかしながら，多大な手間と経費を必要とするという問題をかかえている。

　なお，計量的調査ではないが，社会史・事例史・生活史調査も縦断的調査であり，これらを通じて病理現象の原因や対策が見出されることも少なくない[5]。

(2) 観察法

　観察法は，社会病理現象が生ずる「過程」を知るためのよい方法である。とくに，ある人が他の人びととの相互作用を通じて，意味世界や自己アイデンティティを変化させ，逸脱的な社会生活を発達させる過程や，ある社会事象が病理(社会問題)として定義づけられていく過程などの分析に適した方法である[6]。観察法の特徴は，調査対象者の表現能力の影響を除去して非言語的行動をとらえうること，社会的条件や病理現象自体の変化とそれに対する人びとの反応の変化とを，同時に，また縦断的に把握できること，病理現象の生成・変化の過程に「人びとの相互作用」がいかに寄与しているかを知りうること，などにある。

　観察法は，観察する条件や方法を統制する統制的観察法と，調査対象をありのままに，自然に観察する非統制観察法に大別される。非統制観察法は，さらに非参与観察と参与観察(participant observation)とに分けられる。複数の観察者からなる調査を行なう場合には，統制観察法がとられることがふつうである。

　なお，フィールド観察(field observation)は「野外」観察と邦訳されているが，フィールドとは，地域社会や近隣社会のほか，警察，刑務所，病院，学校など，観察される社会的「場」(social settings)を意味する。フィールド観察は観察法全体を表わすこともあり，参与観察との対比で用いられることもある。

　非参与観察は，調査対象者に刺激を与えることなく，ありのままの行動をと

らえることに焦点をすえる方法である。他方，参与観察は，調査者が調査対象者の一員として参加しながら観察する方法で，調査対象者に刺激を与え，その行動様式を変化させるおそれがあるところから，これまで観察結果の客観性が問題とされてきた。しかしながら，これは調査対象者の主観的な意味世界にしたがって彼らの行動を理解することを可能にする，という特質をもつ。したがって，現代では，象徴的相互作用論の立場のみからではなく，人間の社会生活を理解する有力な方法として広く用いられるようになっている。

観察法は，① 観察されているということ自体が，調査対象者の行動に影響を及ぼす，② 長期的観察がきわめて困難である，③ 数字のような「共通の客観的言葉」で観察結果を示せず，その客観性や一般化の可能性を証明することがむずかしい，などの問題をかかえている。

(3) 事例調査法

事例調査法は，調査対象のなかからひとつあるいは少数の事例を選定し，それに関する詳細かつ多面的なデータを収集し，それらと病理現象との関係を全体関連的に記述するという方法をとる。調査対象は個人にかぎらず，集団，コミュニティなどさまざまである。

事例調査法では主として質的要因が扱われ，諸要因間の相互関係や諸要因と病理現象との関係が定性的に分析される。具体的な調査手法としては，観察法，参与観察法，面接調査法，生活史記録の分析などがとられることが多いが，地域や集団を調査対象とする場合には，質問紙法もしばしば用いられる。したがって，事例調査法でも定量分析がなされることもある。

事例調査法の特質は，① インテンシヴな調査によって病理現象の要因やその緩和策を見出したり，それによって一般化をねらいとする計量的調査の設計に必要な材料を提供したりする，② 縦断的に調査することを通じて，病理現象の出現・変化・消滅などの過程についての理解を深める，③ 病理現象に関する理論的仮説を形成したりテストしたりする手段となる，などの点に求めら

れる。問題点は，事例が一般化のための代表性をもつかどうか定かではない，調査者の主観が入りこむ余地が大きい，などのことにある。したがって，社会病理学における事例調査では，ケースの個別的側面よりも類型的側面を重視し，ケース研究を積みあげてケースを類型化し，一般化を指向するという姿勢が要求される。

事例史調査は事例調査法のひとつであり，特定の個人，集団，地域などの生活史，社会史などを分析することによって，問題とされている社会病理現象を理解しようとするものである。

このうち生活史調査は，個人の生涯を社会的文脈のなかで詳細に記録したものの調査をいい，個人のライフ・ヒストリー，自伝，伝記，日記，手紙，手記，その他の生活記録などが資料源とされる。観察法，面接調査法などもしばしば併用される。この特質は，病理現象の出現・深化・緩和などの過程を，社会的・文化的背景と全体的に関連させて理解するのに役立つ，ということにある。生活史調査は，これまでにも『欧米におけるポーランド農民』[7]『ジャックローラー』[8]『非行経歴の自然史』[9]などの名著を生みだしている。しかし，この調査法も事例調査法に共通する問題点から免れえていない。

(4) 社会史調査

社会病理学の分野では，1920年頃から「社会史」の語が用いられており，政治史に対比される「社会問題の視点から記述された歴史」の意味に用いられていた。現代では，「社会史」はいろいろな意味に用いられ，① 政治史，経済史などと対比される「人びとの社会生活の歴史」あるいは「生活文化の歴史」，② 家，村，社会の成り立ちの歴史，③ 芸術，宗教，政治など，人間活動の総体を社会的関連において記述する歴史(社会総体の歴史)，などと解されている。

社会病理学における社会史調査は，社会病理現象の歴史を社会全体をみる視点で調査し，記述しようとするものである。たとえば，犯罪現象の歴史的変化を，犯罪や犯罪者の特性，法および法執行，経済的状況などの変化との関係の

みからではなく，社会の構造的・体制的変化，社会的勢力の階層的・空間的配分の変化，人びとの競争・闘争，応化・同化などの社会過程の変化等々との関係から分析しようとする調査が，この一例である。犯罪現象の変化との関連では，人びとの犯罪(者)観，倫理観，犯罪に対する許容度(犯罪および被害通報率)，犯罪への社会的反作用，人びとの相互作用や社会関係などの歴史的変化がとりあげられ，対比されることが多い[10]。資料源としては，法執行諸機関や行政諸機関の資料，新聞，雑誌，ドキュメンタリー，個人の日記や手紙，古老からの聴き取りなど，さまざまなものがある。

社会史調査には，都市の下層社会，スラム，犯罪・非行多発地域などの形成過程の研究[11]のような定性的調査だけではなく，定量的調査も含まれる。たとえば，自殺率の地域差とその歴史的変化についての理解を深めるためには，定性的，定量的な社会史調査が併用されるとよい[12]。

社会史調査の特質は，社会全体をみる眼をもって社会病理現象の移り変わりを眺めることにあり，それだけに具体的な調査手法は全く限定されない。わが国における社会病理学の分野での社会史調査研究の代表例としては，「病理集団の構造」[13]をあげうるであろう。

Ⅳ 対策と効果測定のための調査法

(1) アクション・リサーチ

アクション・リサーチは，調査によるデータ収集，その分析による問題発見，問題解決のための計画，その実践，評価，新たな調査と分析による次の問題の発見，という循環的なプロセスをたどる「問題解決のための調査と実践」をいう。たいていの場合，研究者と実践者(行政)との協働によって進められる。その特質は，現実の問題の解決を第一義的な目的にすえることにある。問題発見や評価のための調査方法は特定されているわけではなく，面接調査法，質問紙法，モニター制度，公聴会，統制・非統制観察法など，さまざまな方法が用い

られる。

　アクション・リサーチは，産業，教育，社会福祉などの分野で行なわれているが，社会病理学の分野では，非行防止のためのコミュニティ・オーガニゼーション[14]，高齢者の生活問題の解決[15]，下流階層地域における貧困・労働・教育対策[16]のためのアクション・リサーチ・プログラムが実施されている。

　アクション・リサーチにおいては，問題をひきおこしている要因の分析，問題解決のための計画の実践可能性の検討，計画から生ずる変化についての予測が重要になる。アクション・リサーチの失敗の多くは，これらを欠くこと，もしくはそれが不十分であることに起因している[17]。

(2) 社会実験

　社会実験は，いろいろな社会的条件をシステマティックに変化させ，その効果を確認しようとする試みをいう。この多くは統制実験であり，あるグループには一定の条件(たとえば，ある種の処遇)を与え，他のグループにはこれを与えず，両群の比較をして，その間の差異をもってその条件がもたらした効果とみなす，という方法をとる。前者は実験群(experimental group)，後者は対照群(control group)とよばれる。この2つの群は，一定の条件の有無という点を除いて，同質的なものであることが必要である。社会病理学の分野での社会実験の代表的な例として，ケンブリッジ・ソマーヴィル実験[18]があげられる。これは，非行をした少年の一方の群にケースワークやその他の治療を行ない，他方の群にはこれらを行なわず，両群の再非行状況を比較して，再非行防止方法としての治療効果を測定しようとしたものである。このような社会実験では，少年たちの家庭環境，労働条件，人間関係などが変化するため，両群を等質的なまま維持することが困難であり，この条件が充たされないかぎり，その成功は期せない。

　対照群を設けず，実験群のみを対象とする社会実験もある。これは，実験群にいろいろな条件をつぎつぎに，あるいは継続して与え，その変化を観察する

という方法をとる。実験群はひとつとはかぎらない。たとえば，ひとつの群に囚人の役割を与え，もうひとつの群に看守の役割を与えて，各群の自己概念の変化をみる，といったような実験が行なわれている[19]。

社会実験には倫理的な問題がともなうことが少なくないので，被験者，関係者に十分な説明を行ない，了解を得ることが必要である。

(3) 無作為実験

無作為実験は，社会病理現象を解消するための「多元的な」介入策の効果をテストする方法として適したもので，統制的社会実験にともなう問題を克服する方法でもある。

社会病理学においては，あるひとつの介入策が有効か否かを，実験群と対照群とを設けてテストすることは事実上きわめて困難である。たとえば，各地域社会では，病理現象を緩和するための複数の介入策がすでにさまざまなかたちで実施されていることがふつうである。したがって，ひとつの地域社会(実験群)ともうひとつの地域社会(対照群)が，人口的，社会・経済的，文化的条件などの点で同質的であっても，前者である介入策をやめさせ，後者では他の介入策をとらせ，2つの地域を介入策の点でも同質的になるようにコントロールし，さらに新たなひとつの介入策を前者に導入してその効果をテストするということは，まず実現できないであろう。

また，統制的社会実験は，常に最善の研究デザインであるともいいがたい。たいていの場合，どのような社会病理現象の解消を目的にするにせよ，ひとつの介入策よりも，複数の介入策を併用するほうが，問題解決のための強力な手段となりうるからである。

無作為実験の特質は，各地域社会で現在実施されている複数の介入策に加えて，それぞれ新たな介入策を導入し，その全体的な(複数の介入策の組合せの)問題解決効果と，その組合せのなかでの個々の介入策の効果(問題解決への寄与の程度)とを測定しようとすることにあり，したがって，実践可能性が大き

いということにもある。複数の地域社会を対象とした無作為実験は，他の地域社会にも，種々の組合せで実施されている介入策のなかから，問題解決のためによいものを選ぶ，ということを可能にする方法でもある。

　夫婦間暴力を例にとると，無作為実験はひとつの介入策のみではその抑制効果はない(たとえば，暴力をふるう夫の逮捕のみでは，暴力の再発を促すことがむしろ多い)ことを明らかにしており[20]，警察の仲裁・警告，夫婦の一時的な引き離し，暴力をふるう配偶者の逮捕，夫婦に対するカウンセリングやサイコセラピー，女性の避難場所の設置，ホットラインの設置など，抑制のための総合的な介入策をとる必要があることを示している。

　無作為実験では，これらの介入策の程度・頻度・普及度などを表示する変数およびコントロールできない社会的・家庭的条件や個人的特性をあらわす変数(説明変数)と，夫婦間暴力の発生量(被説明変数)との関係を縦断的に分析することを通じて，発生量を大きく変化させる操作可能な変数(介入策)および変数群を見出そうとする，という手順がとられる。どの介入策をそれぞれどれほど強化すれば，夫婦間暴力の発生量がどれほど変化するかという推測値は，過去の説明変数と被説明変数のデータからつくられる予測式から求められるが，有効な介入策(の組合せ)を確認するためには，実験を継続して実測値を求め，これと推測値との関係をチェックすることが必要とされる。

(4)　評価研究

　社会病理現象を解決するためのプログラムの実施前後に行なわれる一連の調査であり，プログラムの効果，効率性，費用対効果などの測定を直接的な目的とするが，究極的な目的は病理現象の解決におかれる調査をいう。ここでの評価とは，プログラムの価値，重要性，それがもたらす変化の質・量・程度，その実施に必要とされる諸条件などについて，「テスト」し「判断」することを意味する。

　評価研究においてもっとも重要なことは，「判断」の基準を明確にしておく

ことである。ある地域社会でいくつかの種類の病理現象が問題として意識されるようになったとき，そのすべてを減少させる包括的な対策を導くのか，特定の病理現象のみへの対策をひきだすのか，人びとの社会生活の他の側面への影響を考慮しなくてもよいのか，人びとの自由度を拘束する度合いを無視してもよいのか，病理現象の緩和自体が目的なのか，それとも費用対効果に配慮する必要があるのか，などを明確にしておかないと，調査の枠組みをつくることができない。

社会病理学の分野では，ある対策が一方の利益になる反面，他方の不利益になるということがしばしば起こりうるので，このことはとくに重要である。たとえば，侵入窃盗の防止をねらいとした都市計画(袋小路を多くする)は，大火災の場合の避難路をなくすおそれがある。また犯罪に対する人びとの不安度を抑制し，検挙率を高めるのに有効な対策(交番の増設)[21]は，大量の警察官の増員を必要とするので，国民の税負担を増大させるか，社会生活の他の側面への行政サービスを低下させるおそれがある。

「判断」の基準，すなわち何のために役立つ研究をするか，を定めるにあたっては，研究者と実践者(行政)との協働が必要とされる。そうでなければ，研究者はいくつかの判断基準を用意して調査研究を行ない，それぞれの基準に照らして適正だと考えられる対策を，選択肢として行政側に示す必要がある。「判断」の基準を用意しない調査結果から，政策的含意をただちにひきだすことはむずかしい。社会病理学の研究成果が実践的な問題解決に役立たないことが多いのは，この基準が用意されていないことが多いためである。

評価研究は，「判断」基準を明確にした問題解決対策の効果測定調査といいかえうるであろう。具体的な調査手法は，これまで述べてきたパネル調査，縦断的な計量的調査，アクション・リサーチ，社会実験，無作為実験などのいずれでもよく，またそのいくつかの併用でもよいが，計量的に行なわれることがふつうである。

注）
1) たとえば，大橋薫編『地方中核都市の社会病理』川島書店，1982；内海洋一・大橋薫編『地方大都市の社会病理』垣内出版，1985などがある。
2) Shaw, C.R. and Mckay, H.D., 1942, *Juvenile Delinquency in Urban Areas*, University of Chicago Press.
3) 代表的なものとして，以下の研究があげられる。麦島文夫・松本良夫「昭和17年生れ少年の非行歴　1～4」『科学警察研究所報告』6-2，1965；7-1，1966；7-2，1966；8-1，1967；麦島文夫・松本良夫「1942年生れ少年における非行発生の追跡研究　1～5」『科学警察研究所報告』8-2，1967；9-1，1968；10-1，1969；11-1，1970；麦島文夫・松本良夫「出身階層，教育上の進路と非行発生──2つのコーホートの分析」『科学警察研究所報告』14-1，1973；原田豊「1970年生まれコーホートの非行経歴」『科学警察研究所報告』31-2，1990；米里誠司・原田豊「1977年度生まれコーホートの非行記録の分析」『科学警察研究所報告』38-1，1997；原田豊・米里誠司「非行の縦断的パターンの安定性と変動：2つのコーホートの比較」『科学警察研究所報告』38-2，1997。
4) 原田豊「非行経歴研究へのイベント・ヒストリー・アナリシスの適用に関する諸問題」『科学警察研究所報告』30-1，1989．
5) この研究例としては，星野周弘・増田周二「犯罪現象の社会史的研究」『犯罪と非行』24，1975があげられる。
6) 観察法による逸脱研究の代表的なものとしては，Cohen, A.K., 1955, *Delinquent Boys*, Free Press；Becker, H., 1963, *Outsiders : Studies in the Sociology of Deviance*, Free Press などがあげられる。
7) Thomas, W.I. and Znaniecki, F., 1958, *The Polish Peasant in Europe and America : Behavior Problems and Progress*, Alfred A Knopf.
8) Shaw, C.R., 1966, *The Jack-Roller*, Phoenix.
9) Shaw, C.R., 1931, *The Natural History of a Delinquent Career*, University of Chicago Press.
10) この種の研究として，以下のものがあげられる。
　　那須宗一編『犯罪統制の近代化』ぎょうせい，1976．
　　岩井弘融・所一彦・星野周弘編『犯罪観の研究』大成出版社，1979．
　　鮎川潤『少年犯罪』平凡社新書，2001．
　　間庭充幸『犯罪の社会学：戦後犯罪史』世界思想社，1982．
　　間庭充幸『若者犯罪の社会文化史』有斐閣，1997．
11) 下層社会，スラムについての研究には，大橋薫『都市の下層社会』誠信書房，1962がある。
12) 歴史的観点をもった自殺の定量的研究としては，松本良夫『自殺率の地域差に関する社会病理学的研究』武蔵野女子学院，2003があげられる。

13) 岩井弘融『病理集団の構造』誠信書房, 1963.
14) Kobrin, S., 1959, "The Chicago Area Project — A 25-Year Assessment," *Annals of the American Society of Political and Social Science*, Mar.; Miller, W.B., 1962, "The Impact of a Total-Community Delinquency Control Project," *Social Problems* 10.
15) 星野周弘「農山村地域における生涯学習と世代間交流」青井和夫編『世代間交流の理論と実践』長寿社会開発センター, 1996.
16) Rose, S.M., 1972, *The Betrayals of the Poor : The Transformation of Community Action*, Schenkmann.
17) ジョンソン大統領の「貧困への挑戦」が失敗したのは, 官僚らによる政治的抵抗のためであり(Rose, op.cit.), また, アメリカの荒廃地域における犯罪抑制対策としての居住環境の整備が実効をあげえなかったのは, 従来の住民がそこに定着し, 地域の犯罪的副次文化が改善されなかった(犯罪の要因の分析と予測に失敗した)ためである。ウルフガングとフェラクティは, 地域文化の改善のためには, むしろ住民の多くを拡散させ, 住民を入れ替え, 遵法的な文化に同化させることがよい, としている(Wolfgang, M.E. and Ferracuti, F., 1981, *The Subculture of Violence*, Sage, p.299.)。
18) McCord, W. and McCord, J.A., 1959, "A Follow up Report on the Cambridge-Somerville Youth Study," *Annals of the American Academy of Political and Social Science*, March.
19) Zinbardo, P.G., 1972, "Pathology of Imprisonment," *Society 9*.
20) Reiss, A.J., 1991, "Research as the Core Technology in Crime Prevention," *Crime and Crime Control : Past, Present and Future*, Korean Institute of Criminology.
21) 星野周弘「公共の安全性に対する犯罪の影響の測定とその対策１〜２」『科学警察研究所報告』16-1, 16-2, 1975.

第2部

社会病理の分析視角

第3章　社会病理のミクロ分析

　本章のテーマは、社会病理のミクロ分析である。筆者はじつのところ、このテーマ設定の前提となるミクロ／マクロという分析枠組自体に、問い直しの余地があると考えている。しかし、その点については章の末尾であらためて論じることにして、ここでは、「社会病理のミクロ分析」とは、従来の社会病理学（もしくは社会問題の社会学）の了解によるなら、一般に、何らかの「病理的（もしくは問題的）」とみなされる現象と関わりをもつ個人や集団を、個人や行為や小集団や対面的相互行為場面を分析単位にして研究し、その現象の原因、過程、そして解決策を検討する議論だということを、ひとまず確認しておきたい。

　そうした病理のミクロ分析のなかには、精神医学や心理学に依拠するものもある。しかし、スペースが限られ、また筆者のそうした分野についての知識も十分ではないため、本章では社会学的な研究の系譜に限定して話を進める。一方で、近年の臨床社会学への関心の高まりとともに、「個人レベル」の困難をめぐる社会学的分析の一部に、それと親和的な論理構成をもつ精神医学や心理学の実践（たとえば家族療法や物語療法）と収斂していく動きもみられる[1]。しかし、こうした研究動向についても、同じ理由から、本章では取り扱わない。

　アノミーや社会解体の個人レベルでのあらわれをみるといったように、マクロの「構造的」分析をいわゆるミクロの観察で裏付け、もしくは補完するという調査戦略もある。社会解体という「大きな」現象を移民たちの日常経験のレベルで示そうとした、トーマスとズナニエツキ（Thomas, W. I., and Znanieck, F.）の『ポーランド農民』[2]などは、その古典的な例である。そうした補完的アプローチを脇に置くなら、社会学的な「病理」現象のミクロ分析に固有の理論と目されるのは、文化学習理論（逸脱下位文化理論）とラベリング理論の2つだろ

う。前者の文化学習理論は，以下にみるように，後者の系統の経験的研究としばしばクロスオーヴァーしてきたが，論理的には２つの視点が結びつかなければならないという必然性はなく，事実，文化学習論に特化した研究の系譜もある[3]。しかし，近年ではとりわけ後者のラベリング理論の方が，ミクロ分析の代表とみなされているようである。たとえば，米川は，「微視的(ミクロ的)アプローチとは，研究対象を個人または人格のレベルかせいぜい小集団のレベルで把握しようとするアプローチの仕方のこと」であるとし，「その典型はラベリング理論にみられる」[4]とする。あるいは，ラベリング理論とアメリカ合衆国でのその政策的帰結をリビューし，その限界を論じた徳岡も，「ラベリング理論がミクロな社会心理学的視点に固執しすぎて，マクロな社会構造の分析に弱いとは，おおかたの主張するところである」[5]と指摘する。こうした「おおかたの」理解に応じて，本章では，ラベリング理論(じつはひとつの整合的な命題の体系ではないからラベリング・パースペクティヴとよぶ方がより正確なのだが，ここでは通例にしたがってそうよぶ)と，その発展形態といって差し支えがないと思われるトラブルのエスノグラフィーとを主に取り扱う。以下，① 従来ミクロ分析とみなされてきた研究を簡単にふりかえり，② そこから生まれた「新しい」研究の展開を経験的研究の例を併せて紹介し，そして最後に，③ ミクロ／マクロといった枠組み設定自体について，若干の方法論上のコメントを行なうことにする。

I　従来のミクロ・アプローチ

ミクロ・アプローチの先駆けとなった理論家のひとりとして，まずミード(Mead, G.H.)をあげなければならない。ミードは，自己が相互作用を通して社会的に構成されるという，後年の逸脱的アイデンティティやスティグマについての議論の基盤になる視点を確立した[6]だけでなく，その役割取得(role-taking)の概念は，のちに逸脱(「病理的行為」)の学習理論を提唱した少なからぬ数の論者

の発想の基盤となった。さらに、「[犯罪者を]その門口で，炎の剣によって彼が属する世界から切り離すことができる天使のような」刑事司法の効果について論じた彼の1918年の論文[7]では，かなり明確にラベリングの視点を先取りしている。これが，「札付け(tagging)」や悪循環について論じて，ラベリング理論の先駆けとして評価されているタネンバウムの『犯罪とコミュニティ』[8]に先行するものである点も注目に値する。一方，シカゴ大学でミードから影響をうけたサザランド(Sutherland, E.)は，その著書『犯罪学』[9]において，文化学習理論の最初の学問的な定式化というべき，分化的接触理論を示した。彼の議論は9つの命題からなるが，そのなかでも「法の侵犯を好ましいとする定義が，好ましくないとする定義を上回るがゆえに，人は非行少年となる」という命題が，とくに重要なものとして知られる。この命題にトーマスの「状況の定義」論の影響をみることもできる。

　ラベリング理論の発想の原型を，ミードではなくデュルケム(Durkheim, É.)[10]にみる論者もいる。しかし，デュルケムにはいわゆるミクロの視点，いいかえれば人びとの相互行為的な営みへの感受性(センシティヴィティ)が欠けていたから，このパースペクティヴの十全な始祖とはいえない。この立場をとる経験的研究の道筋を示したのはレマート(Lemert, E.)の『社会病理学』[11]であり，それを具体化したのはベッカー(Becker, H.S.)の『アウトサイダーズ』[12]だというのが，より一般的な理解だろう。

　レマートは，その著書『社会病理学』で，逸脱を第1次的(primary)なものと第2次的(secondary)なものとに区分した。「より限定された社会学的観点からすれば，主観的に組織化され実際の役割となり，地位をわりあてる社会的な規準となるまでは，逸脱は意味をもたない。……合理化されたり社会的に容認される役割の機能として扱われたりしている限り，逸脱は第1次逸脱ないし兆候的なもの，状況的なものにとどまりつづける」。「ひとが結果的に生じた社会的反作用がもたらした問題に順応するため，攻撃や防御のための手段として，逸脱行動やそれに基づく役割を採用し始めたとき，彼の逸脱は二次的なものにな

る」[13]。

　ここでレマートは，2つの論点を示している。その第1は，初発の，あるいは原初的な逸脱は，あまねく存在しているという想定（逸脱の遍在仮説）に基づく。だからこそ，それを逸脱という「社会的事実」として社会的に確立する（2次的逸脱化）営みが重要になる。レマート自身は，この論点を，次のような例をあげて説明する。ひとは，愛するものの死や，仕事上の失敗や，豪快な飲酒グループへの参加といったさまざまな理由から酒を飲み過ぎることがある。そうしたさまざまな理由による過度の飲酒行動が「問題」行動として重要となるのは，所与の時点において，この「社会問題」の規模をアセスメントするという調査目標が立てられたときである。すなわち，ある時点におけるある酔っぱらいAと別の酔っぱらいBを，「同じ」酔っぱらいとして一括りにすることに意味があるのは，それが調査者の特定の目標に適うときのみなのである。第2の論点は，ミードの「役割取得」概念の応用例ともいえる，ひとが逸脱者としての役割の取得によって「プロの逸脱者」になる過程への注目である。レマートはこんな例をあげる。ある生徒が教室でいたずらをし，教師に叱られる。ついで，また別のいたずらをして叱責される。しまいに，彼は彼のしていないことで教師から非難される。「ワル（bad boy）」「いたずらもの」といった札（ラベル）を教師が貼り付けたとき，彼のなかに敵愾心が生まれ，と同時に，彼は彼に期待された役割のなかに閉じこめられていると感じるかもしれない。そのような役割から罰だけではなく，報酬を得ることもあり得ると気づいたとき，彼は教師によって定義づけられた彼の役割を引き受けようという誘惑にかられるかもしれない。

　これらの論点は，ベッカーの『アウトサイダーズ』において，逸脱経歴（キャリア）の経験的研究として精緻化された。同書のマリファナ使用者の研究で，ベッカーは，アメリカ合衆国では，実数は不明だが，多くの人間がマリファナを使用していると述べる。しかし，マリファナによる快楽を得るために，人はマリファナを使用し始めるわけではない。初めての使用で，快楽を得るこ

とができるものはほとんどいない。まず「喫煙法の学習」、ついで「薬物効果を知覚する学習」、そして「効果を楽しむ学習」をしなければならない。すなわち、「逸脱動機が逸脱行動を導くのではなく、まったく逆なのだ。すなわち、逸脱行動がいつの間にか逸脱的動機づけを生みだすのである」(邦訳 p.60)。この過程において初心者は、経験豊富な先達から、「経験の仕方」といった基本的なことまでを含めて、さまざまなことを学ばなければならない。ベッカーはさらに、違法であるマリファナ使用がどのようにして合理化され、可能になるかを、サイクスとマッツア(Sykes, G. and Matza, D.)の中和化の技法論[14]を念頭に置いて考察し、初心者から機会的使用者へ、そして常習的使用者へという逸脱経歴の過程を、分析的帰納法に依拠しながら記述する。こうしたベッカーの分析は、文化学習理論とラベリング理論を組み合わせた研究のひとつの範例(モデルケース)になったといっていいだろう。

しばしばラベリング・パースペクティヴの一翼として扱われながら、そうした位置付けではどこか座りが悪い印象を与えるのが、ゴフマン(Goffman, E.)のスティグマ論[15]である。レマートやベッカーのラベリング理論が逸脱者の経歴の研究を志向したのに対して、ゴフマンは、経歴にも多少の目配りをしつつも、基本的には対面的相互行為場面に焦点を合わせる。「スティグマ」とは、人の評価をいちじるしく下げたり信頼性を失わせたりするようなマイナスの属性である。ただし、スティグマ的な属性は、文化的であると同時に関係的(状況依存的)でもある。たとえば、「大卒」という属性は、企業の管理職の間ではそうでないことがスティグマになるかもしれないが、別の集団(ゴフマン自身はその例としてプロの泥棒仲間をあげる)のなかでは、そうであることのほうが隠さねばならないマイナスの属性であるかもしれない。ゴフマンの関心は、スティグマそのものよりも、そうした属性の指標を相互行為のなかで隠したり(パッシング、passing)開示したりする「スティグマを抱えた人たち」の情報戦略と、そこで使われる種々の自己呈示の技法に向けられる。つまり、ゴフマンのスティグマについての考察は、彼のパフォーマンス論[16]のスペシャル・ケー

スなのであり，それが先に述べた座りが悪い印象の因って来るところでもあろう。ゴフマンのスティグマ概念は，今では社会心理学，文化人類学，社会福祉など多くの分野で流通するようになっているが，それとともに，スティグマ概念のもともとの問題関心から離れたものになってしまっているケースもみられる。しかし，たとえば障害者の生活環境のノーマライゼーションや受刑者の社会復帰といった事柄について考えるとき，ゴフマンが研究の糸口をつけた日常的な表出の技法に対する配慮は，欠くことができないといっていいだろう。

なお，ゴフマンのスティグマやパッシングについての考察を，独自の方向に展開したものに，M to F（男性から女性へ）のトランスセクシュアルがどのようなやり方で「女性であり続けた」のかを記述し考察したガーフィンケル(Garfinkel, H.)の「アグネス」論文[17]がある。

II ラベリング理論をこえて

ラベリングという視点をとる経験的研究群は，必ずしもいわゆる「ミクロ」レベルの研究に終始したわけではない。たとえば，ベッカーのマリファナ税法の研究や，ガスフィールド(Gusfield, J.R.)による禁酒法制定運動[18]，リンドスミス(Lindsmith, A.R.)による麻薬取締法[19]，村上直之による精神衛生法改正[20]の研究のように，逸脱のラベル付与の裏付けとなる制度や言説の形成過程の研究が行なわれてきた。そうした流れの延長線上に1970年代後半に登場したのが，本書の10章で紹介される社会問題への構築主義アプローチ[21]である。

ラベリング理論と従来のいわゆる実証主義的な研究との決定的な違いは，逸脱行動それ自体を研究対象とするのではなく，なんらかの行ないや人や出来事を逸脱と定義づける人びとの活動を研究対象としたことである。あるいは，逸脱者を研究するのではなく，「逸脱者」を成り立たせる人びとの相互作用過程を分析対象にしたと言いかえてもいいだろう。しかし，ラベリング論者の多くは，この視点を徹底させることができなかった。有名なベッカーの逸脱の4類

型図式(邦訳p.31)に示されるように，一方でラベルの付与という人びとの定義活動を研究対象として措定しながら，他方で「実際の逸脱行動」という本質主義的な概念を許容してしまっていた。実証主義陣営は，この点を鋭くついてきた[22]。また，ラベリングの視点をマルクス主義などの批判理論の文脈に取りこんだコンフリクト論者や新犯罪学派は「ラベリング理論には構造的視点が不十分だ」と攻撃し，ラベリング理論はいわば内外からの批判の挟み撃ちに合うことになった。

ラベリング理論をフィードバック・モデルとして洗練させた徳岡[23]や，相互作用論として再定式化した宝月[24]のような進取的な試みもあるが，大勢としてはラベリング理論は実証主義の土俵に引きこまれ，やがて「衰退」してゆく(つまり，流行の理論の座を下りる)ことになった。宝月は，本来ラベリング理論が内包していた視点や発想が，「検証可能な限定された命題に縮小され，本来の理論の意図が十分に展開されないまま放棄されてしまった」と指摘する。すなわち，「ラベルの付与が逸脱を生み出す」という逸脱の原因論としての側面のみが俎上にのせられ，実証主義的な計量研究の枠組みのなかで「検証」され否定された結果，「新しい逸脱ラベルの構成とその制度化のマクロ分析」や「逸脱カテゴリーの付与，とりわけ制度的構造のなかでの法執行の様相を明らかにすること」のような，ラベリング理論が当初内包していた課題が見失われてしまったというのである[25]。

きわめて大まかな言い方をすれば，この2つの課題のうち，前者は社会問題の構築主義的研究(とくに初期のそれ)が，後者はサドナウ(Sudnow, D.)，シクレル(Cicourel, A.V.)，エマーソン(Emerson, R.M.)らエスノメソドロジー系統の研究者による法執行過程のエスノグラフィー[26]からエマーソンとメシンジャー(Messinger, S.L.)が定式化したトラブルの研究へという流れが，それぞれラベリング理論の限界を「こえる」形で担ってきたといっていいだろう。どちらの系列の研究も，行為やパーソナリティ，出来事，集団，活動，さらには社会の状態の「逸脱」的，「病理」的，あるいは「問題」的な属性が，人びとの相互行

為とコミュニケーションから独立して存在するとは考えないという点で，ラベリング理論の革新的な要素を純化した立場をとる。この立場に立つなら，「逸脱」や「病理」は，さまざまな社会的文脈のなかでの，さまざまな人びとによる，さまざまな言語的資源(ラベリング論者が「ラベル」とよんだものに代表されるような「意味付けの道具」)を用いた具体的・経験的な定義活動の産物なのである。「野球においては，審判が(ストライクかボールかを)コールするまでは『何も起こっていない』」[27]。つまり，レマートが「一次的な逸脱」とよんだものも含めて，誰か(これはときには社会学者や心理学者といった「当事者ではない」研究者であることもある)の定義活動を抜きにしては，あらゆる逸脱行動や病理現象はありえない。したがって，イデオロギー的な啓蒙や介入を任務としないエンピリカルな社会学者にとっては，そうした人びとの定義をめぐる活動こそが研究の対象となる。

「問題」や「病理」は人びとの活動から独立して(いわゆる「客観的」に)存在するわけではなく，人びとの活動のなかで構成されるのだということを分かりやすく例証するのが，エマーソンとメシンジャーが口火を切った[28]トラブルの自然史的研究の知見である。ラベリング理論には，レマートの「二次的逸脱」についての議論以来，ラベリング過程における公的社会統制機関の役割を重視する傾向があった。戯画化していえば，「権力を持った社会統制のエージェントが，ちょっとした規則違反をしたふつうの人の首根っこを押さえて逸脱のラベルを貼りつけると，そのラベルがくっついて剥がれなくなる」というのが，そのイメージである。シクレルやエマーソンらの法執行過程のエスノグラフィーは，現実はそれほど単純なものではなく，ラベリング(逸脱カテゴリー化)はそれが行なわれる個々の制度的場面での実践的関心や組織的資源に制約され，協働的な意味構成と交渉とに媒介された複雑な過程であることを示した。しかし，そうした知見だけではまだ足りない。

多くの場合，いわゆるラベリング過程の最初から，公的統制のエージェントが登場するわけではない。警察への通報や役所への苦情申し立て，精神科医の

診察や児童相談所への相談といったことは往々にして「最後の手段」であり，そこに立ち至る前に，トラブル（放っておけない困り事やもめ事）をめぐって，その解決策を探索する「当事者」のインフォーマルな活動（これは同時にトラブルの定義活動でもある）の長い連なり（シークエンス）があることが少なくない。たとえば，友人や親族に話したときには「夫婦げんか」や「妻のわがまま」，「共稼ぎによる家庭のひずみ」などといわれた事態が，ラジオの身上相談番組では妻の「マタニティ・ブルー」が原因だと定義され，その後，臨床心理士にカウンセリングをうけても事態が好転したと思えない妻が知り合いの弁護士に相談すると，「あなたは悪質な精神的虐待の被害者であり，夫が態度を改めなければ離婚訴訟も視野に入れたほうがいい」という答が返ってくるかもしれない。その相談のなかで，夫が自分に手を上げたことを「思い出した」妻に，弁護士は「それは明瞭な DV だから，今度そんなことがあれば警察に通報するか，自分に知らせるように」と助言するかもしれない。

　トラブルは，その解決を求めるいとなみが行なわれる個々の場面で，常識知と，そして医学や精神医学，法律，行政，ソーシャルワークなどの多種多様な専門知識とを使って，さまざまな形で定義され，その定義にそった対応が試みられる。それは，関係上のトラブル（不仲やけんか等）として定義されることもあるし，逸脱，つまり当事者中の誰かの「望ましくない」意図や属性に起因するトラブル（犯罪・非行や精神疾患等）として定義されることもある。ある「トラブル」についての複数の定義のうち，どれが正しいのかを問うことは，社会学的にはあまり意味がない。そうした問いを脇に置き，ラベリング理論では1次的逸脱としてブラックボックスに入れられていた部分を含めて，トラブルの解決活動のシークエンスを丸ごと取り上げて，そこで人びとがどんなやり方でどのような活動をしているのかを明かにしていこうというのが，エマーソンとメシンジャーのトラブルの自然史アプローチの提案である。

Ⅲ　トラブルのエスノグラフィー

　こうしたエスノグラフィックなトラブルの研究は，アメリカ合衆国では一定の経験的知見を蓄積したあと[29]，ホルスタイン（Holstein, J.A.）らによって社会問題のワーク研究として再定式化されることになった[30]。わが国でも，樫村の行き届いた紹介[31]のあと，最近になって，このアプローチを応用した土井[32]と山本の事例研究が登場している。そこでここでは，経験的研究の具体例として土井による教育現場での「生徒による暴力事件」の研究を紹介しながら，エマーソンらのアプローチの輪郭をもう少し詳しくみてみることにしよう。

　土井は，暴力はそれほど自明な現象ではないと指摘する。ある出来事は「暴力事件」かもしれないし，「事故」や単なる「教育熱心さ」の発露，あるいは「体罰」という犯罪的行為であるかもしれない。「暴力の暴力たる所以は，私たちがある状況を暴力的だと考え，そう語るところにある。手術の過程で外科医が患者の肉体を切り開いても，私たちはそれを暴力とは呼ばない。暴力は，経験世界に所与のものとして存在するのではなく，経験世界についての私たちの語り口に由来する。その意味において，暴力は，ある種の言葉の用法であり，人びとの構築する言説のなかにこそ宿っている」（同書 p.135）。土井のモノグラフは，ある中学校で起こったトラブルが，付添人つきの少年審判へと移行してゆく過程を，その過程に関与した専門家の聞き取りと文書記録に依拠して記述する。

　学校は当初，そのトラブルを「対教師反抗暴力行為（傷害）」，つまり，当事者の間の対称的な関係上のトラブルではなく，被害者と加害者が存在する非対称的な逸脱行動として類型化した。それによって，問題の原因は関与する一方の側に付与され，その逸脱者に対して治療や処罰や矯正といった解決策がとられることになる。しかし，当該の生徒と小学生のころから関わりをもっていた地元の福祉施設のケースワーカーは，そうした出来事の類型化に違和感を覚え，

その出来事に関わった少年たちから聞き取りを行ない，学校の定義に対する異議申し立て活動を開始した．

エマーソンとメシンジャーは，トラブルの処理を任務にする第三者，すなわちトラブル処理屋(trouble-shooter)が関与するときが，問題解決活動のひとつの転機だとする．トラブル処理屋は，それぞれの専門的知識によって出来事の性格を方向付け，しばしば当事者の代理として問題解決活動にたずさわる．さらに，彼らがもつ回付のネットワーク(referral network)は，問題解決活動がたどる道筋に一定の制約を加える．この事例の場合，学校外から登場した福祉施設のケースワーカーが，そのトラブル処理屋にあたる．「Mワーカーをはじめとする福祉施設サイドは，当事者らを加害者と被害者の関係とみなすのは妥当ではないと考えた．［中略］結果的にX教諭がうけた被害は，双方の争いからたまたま運悪く派生した現象にすぎないと理解した」(同書 p.142)．ワーカーは，教師と生徒の対称的な「話し合い」のなかでの偶発的な「事故」が，学校側の「少年の社会的背景についての無理解」によって非教育的な形で逸脱化(「暴力事件」化)されたという対抗的なトラブルの定義を構築し，当該の福祉施設はこの定義に沿って教育委員会に申し入れを行なった．教育委員会は中立的な立場を保持し，中学校側と福祉施設側の意見調整のために何度か会合を開くが，両者の見解は最後までかみ合わずに決裂した．

やがて少年たちは家庭裁判所へ送致され，このトラブルの処理の場は，教育や福祉のアリーナから司法のアリーナへと移行した．このワーカーのイニシアティヴで(つまり専門家である彼のネットワークを通じて)少年審判のために弁護士の付添人が用意されると，弁護士という新たなトラブル処理屋によって，出来事はまた別の形で定義されることになる．弁護士の助言をうけて，福祉施設から家庭裁判所の調査官にあてて出された意見書は法的な配慮を軸にして構成され，そこでは初めて学校の「拙劣な生徒指導」の責任が追及されることになった．「トラブル発生からこれまでの間，福祉施設は，事件後の中学校の対応を批判する言説は構築してきたが，そもそも事件が発生した原因を中学校に

求める言説を構築することはなかった。［中略］しかし，トラブル処理に弁護士が介在しはじめたことによって，対抗クレイムのレトリックは，ここで大きな質的転換を迎えることになる。司法アリーナにおいて有意味な言説とは，責任に関する言説である」（同書 p.146）。少年は，ソーシャルワークの推論枠組みのなかでは，その生育歴を参照して「社会環境の犠牲者」として定義されたが，「傷害事件」の法的責任の問題をより直接の焦点にした意見書のなかでは，「加害者であるが，事件の真の原因が不行き届きな生徒指導にある以上，じつは学校の生徒指導の被害者」だと定義された。

　以上のような土井のモノグラフの分析的記述を注意深くたどるだけで，トラブルの自然史的研究の主要なリサーチ・クエッションがいくつも浮かび上がってくる。それは，たとえばつぎのようなものである。① トラブルは誰によって，どんなやり方で，どんなトラブル処理屋のところへもちこまれるのか。② そのトラブル処理屋はトラブルについてのどのような「理論」や背景知識や作業手順や「解決」のための資源をもち，それによって，トラブルはどんな形で定義され（「争い」か「逸脱」か？），「被害者」や「加害者」がどのように構築されるのか。③ そうした「理論」や知識や手順や資源を使って，トラブル処理屋は，インテイクの段階で，どのようなやり方でトラブルやそれを抱えた人をカテゴリー化し，受け入れたり，拒んだり，他のトラブル処理屋へ回付したりするのか。④ 必ずしも「理論」を共有するとはかぎらない当事者とトラブル処理屋の間，および，複数のトラブル処理屋間で，どのような協働や交渉が行なわれるのか。⑤ トラブルの「解決」のために，誰のイニシアティヴでどのようなアリーナ（制度化されたトラブル解決の場）が選びとられ，そのアリーナはどんな「理論」やどんな言説の形式，当事者性や専門性をめぐるどのような資格と親和性をもつのか。⑥ トラブルをめぐる活動がアリーナを渡るとき（たとえば，マリッジ・カウンセラーから家裁の離婚調停へとか，アルコール依存症の病院での治療から断酒会へといったように），何が起こるのか。

　とくに，最後の問いは，これまであまり注目されなかった，新しい調査研究

の領域の所在を指し示している。アリーナがかわることによって，利用可能なトラブル処理屋や「理論」や解決およびそのための活動の形が大きくかわる。が，しかし，当事者が活動を継続するためには，それは基本的には「同じ」トラブルについての活動でなければならないだろう。この条件をクリアーするために，トラブル(をめぐる定義活動)のアリーナ間での「翻訳」という実践的課題が立ち現れる[33]。たとえば，山本[34]の「火災の類焼をめぐって起きた隣人間のトラブル」についてのモノグラフでは，トラブルが当事者同士のやりとりでおさまらず，村落コミュニティのなかでの「本家」の調停による「ムラのルール」を用いた解決が試みられたが，それが失敗し，法のアリーナに入る(損害賠償裁判が提訴される)ことになる。このようにしてトラブルがアリーナを渡ったとき，「相手に頭を下げさせる」という類焼にあった家族側が求めてきた「家どうし」の解決は，個人(失火責任者)に対する責任追及と損害賠償の請求に「翻訳」されざるをえない。こうした「翻訳」がどのようなやり方で実践的に達成されるのかというのは，トラブルをめぐる種々の研究課題のうちでも，きわめて興味深いもののひとつである。

Ⅳ 「ミクロ」とは何か

さて，最後に，ラベリング理論からトラブルの研究に至る流れを「ミクロ」とよぶことに，筆者がなぜ違和感を抱くかを手短に述べよう。ミクロ／マクロの区分は，現在の社会学の主流派内で共有される概念である。19世紀的な個人／社会の2項対立を無造作にそれに重ね合わせる議論はさておくとしても，相互行為やコミュニケーションや言語を社会を考える起点にする洗練された理論家の間でさえ，ミクロ／マクロの区分やその間の「リンク」が，理論上のテーマとしてしばしば語られる。したがって，それに論駁を加えようとすれば，本当はとても長い議論を繰り広げなければいけない。

しかしここでは，それをはしょって，ラベリング系統の経験的研究が扱って

きた病理現象の「ミクロ」過程(「病理」の個別のケース構築)と「マクロ」過程(ケース構築の材料となる法や専門知識，常識といったリソースの構築)とは，別々の事柄ではなく，同じ人びとの活動を別の視点から切り取っただけにすぎないと指摘しておくだけにしたい。そのそれぞれを本来的な根拠がある研究対象の領域として実体視したのちに，その「リンク」(や中間のレベル？)について考えるというのはエコノミーではない。なぜなら，どちらの過程の研究も，経験的であろうとするなら，人びとの具体的なやりとりとコミュニケーションという本来的に同じ種類の事柄を調べる以外にすべがないからだ。この点を方法論的に裏付けるために，ここでは，「ミクロ」の研究という誤解にみちたラベルを貼られているエスノメソドロジーではなく，コミュニケーション概念によってパーソンズをのりこえたとされるルーマンのシステム理論を援用することにしたい。

「システムという全体のなかにコミュニケーションという要素があるのではない。コミュニケーションが生起するとき，システムが存在するのである。コミュニケーションの生起(という要素)がコミュニケーションのネットワーク(というシステム)を再生産しているのであり，要素とシステムの間に［全体／部分］のヒエラルヒーはない。このような意味での，要素(コミュニケーション)による要素の回帰的・循環的再生産がシステムの自己産出につながっている」[35]。このように考えるとき，マクロ／ミクロや，相互行為／社会構造，言語の使用／言語の構造といった二分法による対象領域の分離はメリットを失う。そして，私たちは，人びとがやっていること(games people play)を調べるというシカゴ学派がはじめた仕事へ，より確かな足どりで立ち戻ることができるのである。

注
1) たとえば，野口裕二『物語としてのケア——ナラティヴ・アプローチの世界へ』医学書院，2002，マクナミー, S, ガーゲン, K.J.編(野口裕二・野村直樹訳)

『ナラティブ・セラピー——社会構成主義の実践』金剛出版, 1997, 浅野智彦『自己への物語論的接近——家族療法から社会学へ』勁草書房, 2001など.
2) Thomas, W.I., and F. Znaniecki, 1918-1920, *The Polish Peasant in Europe and America*, New York : Dover.(桜井厚抄訳『生活史の社会学』お茶の水書房, 1983)
3) たとえば, Akers, R.L., 1977, *Deviant Behavior : A Social Learning Approach*, 2nd. Ed., Belmont, California : Wadsworth. 参照。なお, 文化学習理論を「構造的」説明とつないだものに, Cohen,A.K., 1955, *Delinquent Boys : The Culture of the Gang*, New York: Free Press. がある。
4) 米川茂信『現代社会病理学』学文社, 1991, pp.35-39
5) 徳岡秀雄『社会病理の分析視角——ラベリング論・再考』東京大学出版会 1987, pp.251-252
6) Mead, G.H., 1934, *Mind, Self and Society*, Chicago : University of Chicago Press.(稲葉三千男ほか訳『精神・自我・社会』青木書店, 1973)
7) Mead, G.H., 1918, "The Psychology of Punitive Justice," *American Journal of Sociology* 23, pp.577-602.
8) Tannenbaum, F., 1938, *Crime and the Community*, Boston: Ginn.
9) Sutherland, E., 1947, (1924), *Criminology, 4th.* ed., Philadelphia, Lippincott.
10) Durkheim, É., 1960, (1895), *Les Regles de la methode sociologique*, Paris: Presses Universitaires.(宮島喬訳『社会学的方法の規準』岩波書店, 1978)；Erikson, K.T., 1966, *Wayward Puritans*, New York : Wiley, も参照のこと。
11) Lemert, E., 1951, *Social Pathology*, New York : McGraw-Hill, pp.75-76.
12) Becker, H.S., 1963, *Outsiders : Studies in the Sociology of Deviance*, New York: Free Press.(村上直之訳『アウトサイダーズ——ラベリング理論とはなにか』新泉社, 1978). 同書と, Kitsuse, J.I., 1962. "Societal Reaction to Deviant Behavior: Problems of Theory and Method," *Social Problems* 6: pp.24-5.；Erikson, op.cit. の3つがしばしばラベリング理論を確立した文献とされる。
13) Lemert, E., 1951, pp.75-76.
14) Sykes, G. and Matza, D., 1957, "Techniques of Neutralization: A Theory of Delinquency," *American Sociological Review* 22, pp.167-170.
15) Goffman, E., 1963, *Stigma : Notes on the Management of Spoiled Identity*, Englewood Cliffs, New Jersey : Prentice-Hall.(石黒毅訳『スティグマの社会学——烙印を押されたアイデンティティ』せりか書房, 2001)
16) Goffman, E., 1959, *The Presentation of Self in Everyday Life*, New York : Doubleday.(石黒毅訳『行為と演技——日常生活における自己呈示』誠信書房, 1974)
17) Garfinkel, H., 1967, "Passing and the Managed Achievement of Sex Status

inan 'Intersexed' Person Part 1, an Abridged Version," in *Studies in Ethnomethodology*, Englewood Cliffs, New Jersey: Prentice-Hall, pp.116-185.(山田富秋ほか訳「アグネス、彼女はいかにして女であり続けたか」『エスノメソドロジー社会学的思考の解体』せりか書房, 1987, pp.213-295)

18) Gusfield, J.R., 1966 (1980) *Symbolic Crusade: Status Politics and the American Temperance Movement*, Urbana, Illinois: University of Illinois Press.

19) Lindsmith, A.R., 1965, *The Addict and the Law*, Bloomington: Indiana University Press, 1965.

20) 村上直之「法の社会的形成――精神衛生法改正の事例研究」日本犯罪社会学会編『犯罪社会学研究』7, 立花書房, 1982, pp.110-134。

21) Spector, M. and Kitsuse, J.I., 1977, *Constructing Social Problems*. Menlo Park, California: Cummings (2001. New Brunswick, New Jersey: Transactions).(村上直之ほか訳『社会問題の構築――ラベリング理論をこえて』マルジュ社, 1990), および、中河伸俊『社会問題の社会学――構築主義アプローチの新展開』世界思想社, 1999.

22) たとえば、Gibbs, J., 1966, "Conceptions of Deviant Behavior: Old and New," *Pacific Sociological Review* 9: 9-14.

23) 徳岡秀雄『社会病理を考える』世界思想社, 1997.

24) 宝月誠『逸脱論の研究――ラベリング論から社会的相互作用論へ』恒星社厚生閣, 1990.

25) 宝月誠「逸脱理論における実証主義支配」北川隆吉・宮島喬編『20世紀社会学理論の検証』有信堂, 1996, pp.137-156.

26) Sudnow, D., 1965, "Normal Crimes," *Social Problems* 12: pp.257-276.; Cicourel, A.V., 1968, *The Social Organization and Juvenile Justice*, New York: John Wiley. Emerson, R.M., 1969, *Judging Delinquents: Context and Process in Juvenile Justice*, Chicago: Aldine.

27) Sarbin, T.R. and Kitsuse, J.I., 1994, "A Prologue to Constructing the Social," pp.1-18 in *Constructing the Social*, edited by Sarbin, T.R. and Kitsuse, J.I., Thousand Oaks, CA: Sage.

28) Emerson, R.M. and Messinger, S.L., 1977, "The Micro Politics of Trouble," *Social Problems 25* pp.121-134.

29) たとえば、Kahne, M.J., and Scwartz, C.G., 1978, "Negotiating Trouble: The Social Construction and Management of Trouble in a College Psychiatric Context," *Social Problems* 25, pp.461-475; Emerson, R.M., 1980, "On Last Resorts," *American Journal of Sociology* 87, pp.1-22; Miller, G., 1986, "Depicting Family Trouble: A Micro-Political Analysis of the Therapeutic Interview," *Journal of Strategic and Systemic Therapies* 5, pp.1-16; Warren, C.A.B., and

Messinger, S.L., 1988, "Sad Tales in Institutions: A Study in the Microsociology of Knowledge," *Journal of Contemporary Ethnography* 17, pp. 164-184; Emerson, R.M., 1991, "Case Processing and Interorganizational Knowledge: Detecting the 'Real Reason' for Referrals," *Social Problems* 38, pp. 198-212; Spencer, J.W., 1993, "Making Suitable Referrals': Social Workers Construction and Use of Informal Referral Networks," *Sociological Perspectives* 36, pp. 272-285; Spencer, J.W., and McKinney, J.L., 1997, "'We Don't Pay for Bus Tickets, But We Can Help Find Work': The Micropolitics of Trouble in Human Service Encounter," *The Sociological Quarterly* 38, pp. 185-203.

30) Miller, G. and Holstein, J.A.(eds.), 1997, *Social Problems in Everyday Life: Studies of Social Problems Work*, Greenwich, Connecticut: JAI Press.
31) 樫村志郎『「もめごと」の法社会学』弘文堂，1989。なお，直接エマーソンらに拠っていないが，先駆的モノグラフに，宝月誠『暴力の社会学』世界思想社，1980，II章がある。
32) 土井隆義「ある『暴力事件』をめぐる記述のミクロポリティクス」中河伸俊・北澤毅・土井隆義編著『社会構築主義のスペクトラムパースペクティブの現在と可能性』ナカニシヤ出版，2001，pp. 133-155.
33) 中河伸俊「『翻訳』と法的現実のモザイク――クレイム申し立てアプローチの立場から」『法社会学』58，2003，pp. 1-19.
34) 山本功「隣人訴訟がはじまるまで――被害者カテゴリーをめぐって」『現代社会理論研究』11，人間の科学社，2001，pp. 122-137.
35) 三上剛史「ルーマンのシステム理論」荻野昌弘ほか『社会学の世界』八千代出版，1995，pp. 191-216中の pp. 212-213.

第4章　社会病理のメゾ分析

I　メゾ分析の意義と必要性

　病理現象に限らず一般に社会現象を理解しようとすれば，目の位置をどこにおくかによってみえてくるものも異なる。しかし，目の位置をどこにおくかはけっして偶然なことではなく，対象となる現象の何をどのように明らかにしたいかによって，用いるメゾ分析の形態も意義も異なる。そこでまずは，筆者が日頃から明らかにしたいと考えている点を整理しておきたい。ただし，ここでは病理現象のうち，犯罪・非行を中心に進めるが，それ以外についても言及する。

　警察庁の外郭団体「社会安全研究財団」が2002年に実施した世論調査（全国の男女2,000人）によると，4割の人が犯罪の被害にあう不安をかかえて暮らしている[1]。不安の根拠は，部分的には犯罪の増加・検挙率の低下に求められるが，それだけではない。「犯罪・非行の動機・原因の不可解さ」にもあるように思われる。「理由なき犯行」は，多くの人をして他人に対する不信感を生むだけでなく，社会全体に対する信頼感を損ねることにもなる。メディアはあの手この手で原因探しをするが，正直いってわからないことの方が多い。

　一方，犯罪に対する不安が大きくなりつつあるなかで，人びとが抱く「犯罪観」が多様化し，その結果あいまいになってきたのではないかという思いを抱くのである。それは人びとの犯罪に対する受け止め方が鈍くなってきたことと重なるように思う。2つのこと（治安に対する過度の反応と個別の犯罪に対する鈍い反応）は一見したところ矛盾するようにみえるが，実は重なっているようにも感じられる。人がひとつの犯罪を受け止める場合，それが犯罪者の側で

あれ，被害者の側であれ，あるいは身近にいる人たちの側であれ，「人間としての苦しみ」として感じているであろうか。

ノルウェイの犯罪学者であるクリスティは，犯罪とは「人と人との間の紛争である」と明言した[2]が，ここに多くのことを考えさせるヒントがあるように思う。

II 犯罪研究のメゾ分析
——犯罪原因に関する統合理論

犯罪研究のなかで行なわれているメゾ分析は，まずは原因論においてみられる。原因を求める研究は，従来の犯罪学のなかで中核を占めてきた。犯罪が起きる以上は，そこに必ず原因があるのだと考えてきた。その際に，原因を個人レベルに求めるもの（ミクロ分析）と原因を社会の構造的要素にもとめるもの（マクロ分析）に分けてきたが，この点については第4章と第6章において取り上げられている。両者は犯罪の原因を主としてどちらに求めるかということで，説明をする際の切り口に過ぎず，実際の犯罪を説明しようとすれば両者を分けて論じることはあまり意味がなく，むしろ両者は複雑に絡んでいることから，実際の原因解明により有効な原因論の形態が求められる。そこに登場したのが第3の分析レベル（メゾ分析）であり，犯罪原因の統合理論である。それは，ミクロからマクロにいたる多くの要素を取り入れ，体系的に整理したものであり，時には折衷理論とも呼ばれるが，一般には統合理論と考えられる。しかし統合理論といっても完全なものではなく，提唱する研究者がそれぞれの関心にそっていくつかの要因や仮説を選択的に結びつけたものであり，その意味においては目的志向的（aim-oriented）な理論構成である。目的は，その多くは当面する犯罪・非行の解明であることは共通であるが，それに加えて「犯罪認識」を問うものもある。それはこれまでの犯罪研究において，とりわけ原因論の研究（要因選定—仮説設定—検証—仮説修正—検証……）は伝統的な犯罪（殺人，強盗，窃盗，薬物など）に多く向けられてきたが，近年これまでの犯罪観，犯罪者観

を揺るがすような「権力者の犯罪」に目を向けたときに，これまでの理論のなかで何が足りて何が足りないか，を明らかにする機会がえられた。統合理論の意義も，単に従来の個別理論を合体させるといった学問的な関心にとどまるだけではなく，現実の要請(目的)に応じた形での複数理論の合体，さらには整合性のあるものへの構築をはかることが求められる。伝統的な犯罪に向けられた統合理論としてはエリオットの研究が代表的なものである[3]。かれは，主に生態学理論，社会的学習論，社会統制理論，下位文化理論の諸要素を結びつけて非行行動(薬物依存)を説明するための統合理論を提案した。ここでは，統合理論の積極的な意味を評価するために，伝統的な犯罪ではなく権力者の犯罪に適用した理論を3つ紹介する。

(1) **ボックスの統合理論**

ボックスは企業犯罪に目を向けたのであるが，それは某企業が先の読めない不確定な社会情勢(経済競争，政府の施策，従業員，消費者など)のなかで，不確実性を克服するために可能な限りの手段(詐欺，賄賂，価格操作など)を用いて生き残りをはかった結果である。ボックスは，これを説明するためにアノミー理論(緊張の概念，動機付けの源)と下位文化理論(動機付けの緊張が違法行為につながるメカニズム)を適用した。企業のエリート層は，「自分たちには法律は及ばない」といった考え方をもっているために，法律は抑止力にはならないし，発覚や可罰の危険性についての認識はきわめて低い。さらに，かれらは法違反への道義的責任を麻痺させるための中和化の技術を学習するような企業文化に支えられているだけでなく，企業をとりまく民・官の態度も違法行為に対して寛大であるように，まさに企業犯罪をしやすくさせる内外の環境(機会)がある(機会構造論)ことも見逃せないと分析した[4]。

(2) **ブレイスウェイトの統合理論**

ブレイスウェイトは，ラベリング論を用いて伝統的な犯罪だけでなく権力者の犯罪の解明にも関心を向けた。主概念は「恥じ付け」(shaming)であるが，それには，正負の2つの方向があり，それが政策(介入)を検討する上で重要で

図表4－1　再統合的恥じ付け理論の概要

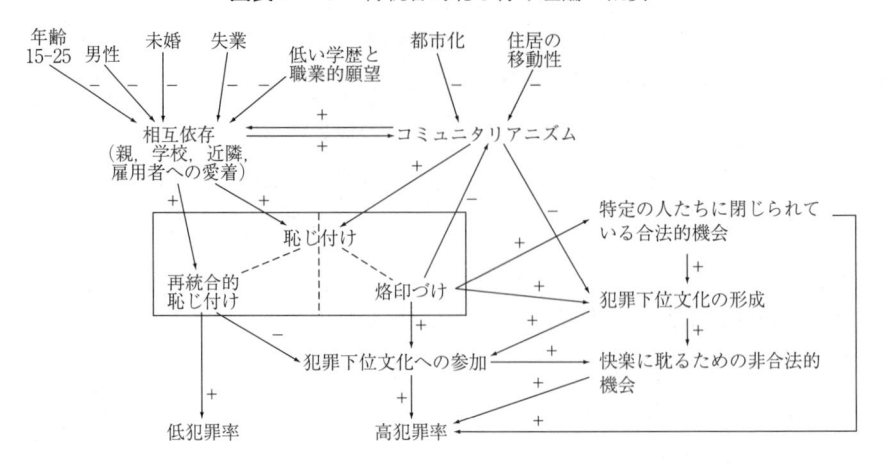

年齢15-25　男性　未婚　失業　低い学歴と職業的願望　都市化　住居の移動性

相互依存（親，学校，近隣，雇用者への愛着）

コミュニタリアニズム

恥じ付け

再統合的恥じ付け　　烙印づけ

特定の人たちに閉じられている合法的機会

犯罪下位文化の形成

犯罪下位文化への参加　　快楽に耽るための非合法的機会

低犯罪率　　高犯罪率

あることも提示した。どの段階でどのような介入を計ることが，さらなる犯罪を防止することになるか，介入のタイミングに加えて介入の仕方（様式）についても問題提起した。ブレイスウェイトは，現行の司法制度（対審構造）においては負の恥付けがなされ，その結果犯罪を抑止する上では十分ではなく，逆に対話型の介入（家族型モデル）は正の恥じ付けがなされ，犯罪を抑止する方向にいく（この点については後述する）のではないか，との仮説を提示した（図表4－1）[5]。

(3) コールマンの統合理論

　コールマンは，企業犯罪と職業犯罪を明らかにすることを目指した。彼の理論の中心をなす概念は，「動機付け」と「機会」である。一般に企業に勤める職業人は常識もあり精神的にも安定していると思われている。一方，企業人のなかには「利己主義」や「無謀な言動」が目立つこともある。この2つの特性をどのように説明するか。競争文化の存在がかれらの倫理的基準をつくるが，それに付けられるレッテルにはかれらはきわめて敏感であるために，それを交わすための「中和化の技術」が求められる。それを，どのように習得するかが犯罪への道に踏み出せるかの分岐点になる。コールマンは，中和化の技術の習得を比較的容易にさせるものがあることを認め，それは企業（組織）における官

僚制組織であり，組織に忠実な人間を育て，徐々に学習の成果を高めていくと考えた。命令に服従する教育は，その命令の善悪を超えてしまうほどの威力を発揮する。

機会については合法的なものと非合法的なものがあるが，クロワード＝オーリンの機会構造論とは若干異なり，非合法的な機会が開かれているかどうかというよりも，非合法的な機会（犯罪）へ接近できるように後押しをする力（プッシュの原理）がどの程度強いか否かで説明しようとした。合理化（中和化の技術の習得），許容文化（下位文化），企業目標の過度の強調などが説明変数として用いられた[6]。

III　もうひとつのメゾ分析
——原因論を超えて

メゾ分析にこだわってきたが，それが統合理論として原因究明に何らかの貢献を果たしえたとするならば，それなりの意義は認められるかもしれない。しかし，犯罪の原因を個人に求めようと，社会構造に求めようと，あるいはそれらを合体させた諸要素に求めようと，犯罪という客体をゆるぎない存在として考えるという姿勢には変わりない。犯罪とは個々人の外にあって（外在性），人びとを外から縛り（拘束性），個々人の生涯を超えたもの（超越性）と考えることができるだろうか。ところで犯罪とは何か，それを規定する法律はどうあるべきか。犯罪とは法益に触れる行為であるとする定義で十分であろうか。多くの人は生涯において犯罪をしない。それは国家法で定めた規則（当為）があるためであろうか，あるいはそれに違反して罰則を受けることをおそれるからであろうか。それもあるだろう。しかし，自分が犯罪をすることは，それによって他人が傷つくとか悲しむかもしれないといった人間性の面（自分と他人との関係）はまったく考えないものであろうか。メゾ分析に求められているもうひとつの課題が，この点である。

原因論をみてわかるように犯罪を従属変数とし，それを説明する変数として

個人と社会を別々に，あるいは合体して論じるという構造は，犯罪と個人と社会をそれぞれに別個のものとして考えていることである。研究者も市民の一人であるが，原因論の研究に携わっているなかで自らの存在を外に置いていることに気づく。現行の犯罪の概念を明確にし，他人をそれに当てはめ，その状況を冷静に説明し，時には介入の戦略を語ることは，現在の枠組みをきわめて固定的にとらえていることになる。何が犯罪であるかは，それほど明確なものであろうか。むしろ犯罪は人間（行為主体）および社会と密接につながっているのではないだろうか。犯罪は人間の行為であり，また犯罪は社会の一部であると考えた方が，理解しやすいように思われる。確かに人は何が犯罪で何が順法行為であるか，両者を明確に区別することを求めるが，犯罪が人間の行為であるとすれば，それはその行為が生じる社会的な文脈から切り離して考えることはできない。社会的な文脈は，その多くが権力関係のなかにあるとすれば，それを前提としてしか犯罪の定義はできないということになる[7]。

　マッツァは，「漂流」の概念を用いて行為主体としての人間が「選択と拘束」の間で揺れ動いていることを見事に描いた[8]。非行少年は選択と拘束の間を往来しながら，往々にして決定や責任ある行動を先延ばしにする。さらにこれまでなされてきた非行少年・犯罪者の研究からも明らかなように，人は他人を殴打したとしても，日常的には勤勉な会社員であることがある。1日の実働時間を10時間とみても，そのなかで逸脱とみなされる行為を行なったと思えば，その直後に地域の仲間と年少者を相手に野球をやったり，帰宅して親の仕事を手伝うなど，意識の面だけでなく客観的な行為においても漂流しているのである。選択と拘束は意識レベルを問うものであるが，「ソフト・ディターミニズム」と呼ばれるように，拘束されつつも自らの選択で逸脱行動を行なう。実在する人間は，その繰り返しである。盗品故売人は盗品と知りつつ買うが，一方ビジネスマンは盗品でないものを買っていることになっているが，果たして実態はどうなのだろうか。かれは会社の利益をあげるために少しでも安いものを手にしたいと思い，会社からの圧力を受けるなかで，盗品に手を出さないとの

保証はない。

　一般に他人の行為に対する介入は，それが警察であろうと，ケースワーカーや精神分析家であろうと，複雑で連続している一連の行為に対してある瞬時に対して行なわれるものである。確かに殺人といった行為は，連続体から切り離されるほど重いものと考えられる。しかし多くの行為はこれが順法的な行為で，これが犯罪行為であると明確に線引きできるのであろうか。たとえ線引きできたとしてもどれほどの意味があるのであろうか。これまで犯罪の研究においては，順法行為と犯罪行為を二分することに対しては十分な議論をしてこなかったように思う。人間の問題を扱う場合に，瞬時をとらえて白黒の判定をし，一方でその原因を探り，他方でその人を処遇することに，どれほど意味があるだろうか。犯罪者と被害者を悪人と善人に置き換え，それを前提にして犯罪者の犯罪にいたる軌跡を明らかにしてきた。ゆえに，犯罪者がどのようにして立ち直っていったかについてはあまり関心がもたれなかった。それを説明する理論は皆無といってもよい。

　何が犯罪であるかについて，法律的な定義とは別に考えるべきであるとして，これまでいくつかの研究がなされてきた[9]。これまでの研究のなかであまり取り上げられなかったものは，1回の「行為の重大性」よりも，繰り返される「行為の反復性」に目を向けさせてくれた点においてである。重大性と反復性は相反するものではないが，法律学の認定は前者に重点を置き，後者は量刑の際に考慮される程度であった。しかし，人間に焦点をおいて考えたときに，反復性の重みがみえてくるのである。犯罪には最低2人の人間がかかわる。加害者と被害者である。確かにある犯罪が生じた場合に，「害を加えた人」と「害を受けた人」が選別され，加害者と被害者が登場するが，両者の関係は一回限りのものであるとの前提で事が進むことが多い。犯罪のなかでも，侵入盗やひったくり，道すがらの殺人などにおいては両者がまったく面識がなく，突然の犯行であり，両者の関係は一回限りと考えられる(その場合でも，犯罪が生じたことにより，加害者と被害者が一回限りの関係に終わらず，その後の害を回復していくなか

図表4－2　被害者と加害者の面識の有無・罪名別検挙件数構成比

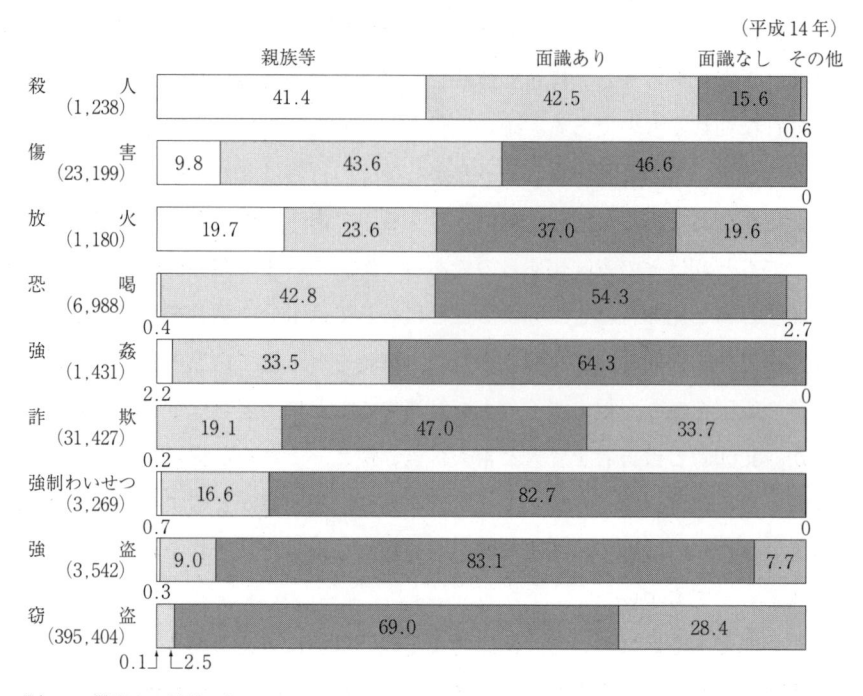

（平成14年）

罪名（件数）	親族等	面識あり	面識なし	その他
殺人（1,238）	41.4	42.5	15.6	0.6
傷害（23,199）	9.8	43.6	46.6	0
放火（1,180）	19.7	23.6	37.0	19.6
恐喝（6,988）	0.4	42.8	54.3	2.7
強姦（1,431）	2.2	33.5	64.3	0
詐欺（31,427）	0.2	19.1	47.0	33.7
強制わいせつ（3,269）	0.7	16.6	82.7	0
強盗（3,542）	0.3	9.0	83.1	7.7
窃盗（395,404）	0.1	2.5	69.0	28.4

注）　1　警察庁の統計による。
　　2　刑事責任無能力者の行為であること等の理由により犯罪が成立しないこと又は刑事裁判を行う条件を欠くことが確認された事件を除く。
　　3　「その他」は，被害者が法人や団体である場合及び被害者なしである。
　　4　（　）内は，実数である。

で，両者の関係が重要になるし，それへの関与（介入）が求められるのであるが，この点については後述する）。しかし，現実には加害者と被害者が面識ある場合が多い。図表4－2は平成14年度のわが国の犯罪について被害者と加害者の関係性を示したものであるが，罪種によって異なるものの，殺人や傷害といった生命・身体に関わる犯罪はその半数が面識あるものである。犯罪の加害者・被害者は，日常生活では逆転している場合もあるし，また時間的な経過のなかで，時には5年，10年という時間軸のなかで加害性・被害性がカウントされれば，違った判定がなされるかもしれない。しかしそのことを法律学に期待することはできな

い。犯罪者が法的な手続きにとって公正に扱われてきたとしても，いずれは地域社会に戻るのである。その時には社会学的な定義を持ち出さざるを得ない。社会学的定義には「時間性」と「反復性」が加えられ，さらに何よりも「人間性の回復」が視野に入れられなければならない。

犯罪研究のなかに新しい視点を投入するためのヒントのひとつをミードの研究に求めることができる(Mead, 1990)。ミードは，自我(self)を主我(I)と客我(me)に分けた。主我は予測できない不安定なもの，客我は安定したそれであるが，その後何人かの研究者がこれを用いて人間のもつ多面性・変容性を明らかにした。人間は同一化によって自我を固定させようとするが，他方では絶えずそれを壊し新たな自我を生成しようと挑戦する。言い換えれば，他者との差異は決して絶対的なものではなく，きわめて関係的なものである[10]。そのように考えると，人間を固定的にとらえ，他者と明確に区別できるものとして理解することの重要性を認めつつも，他方において人間は他者との関係において絶えず変革していくものとしてとらえる必要があるように思う。

犯罪は単に物や出来事，要因などによって惹き起こされるものではなく，人間の散漫な過程に内在するものである。ある事象を犯罪とすることは，複雑な人間関係をいくつかのカテゴリに分け，序列や権威関係に責任を分け，ある主体を他の主体の過度の働きかけに弱いものにする散漫なプロセスのイデオロギーであり，願いなのである。人はこれが犯罪で，これが道徳に反する行為で，……と異論をさしはさむ余地がないような線引きを期待するが，それは状況という文脈のなかで成り立つものであり，それは権力関係とは切り離せないもので，法の制定，適用，執行，その正当性までもそのなかに置かれるおそれは常に存在するのである。

以上のことから，やや冒険的ではあるが，犯罪とは現実に経験された害であり，それはあらたな関係のなかで十分に調整していくことができるものであるが，その関係は法的な関係のなかに埋められないように注意をしなければならない。

IV　メゾ分析によるによる新たな犯罪研究
　　——加害者・被害者・身近な人たちによる対話の試み

　社会学的に考えて，犯罪の定義ほどあいまいで不確かなものはないとしたウィルキンスは，その最大の理由として犯罪の定義のなかに「循環性」がないことをあげる[11]。人間の日常的な行為の連続体のなかに犯罪性を孕む要素はいくつもあるが，誰であろうとある人のある行動を犯罪と認定する場合には，行為の瞬時がとらえられ，それまでの行為の連続性は断たれ，しかもある一定の観点（文化的，政治的）から恣意的に切り取られることが多い。法律的な定義は，その代表であるといえる。しかし，それも絶対的なものではなく，社会の他の要素と密接にかかわっているものであり，固定して考える必要はないのであるが，その力が大きいためにそれに引きずられやすい。しかし，すでにみたように，犯罪を「人間が現実に経験した害」であり，それを軽減することによって安心できる社会がもたらされるとすれば，犯罪の研究は経験する主体である人間が中心に設定されなければならない。

　犯罪に限らず社会病理一般の研究において，主体である人間を中心に考える試みはそれほど多くなかったように思う。今日のように異なる価値観をもち，複数の価値観が共存しているなかで，絶対的な価値基準などはない。相対的にしろ絶対的にしろ，人間はその価値基準に拘束されっぱなしで生きているわけではない。一方で価値基準を受け入れ，他方ではそれを超えて「逸脱体験」をくりかえす。その際に，それが社会のなかでどのような意味をもつかはまさに日常的な関係をもっている自分と他人との関係で判断される。それが他者にとって害（人間性の無視）であるならば，その逸脱は陶冶されなければならない。法律に触れるから犯罪であるという定義から，他人が苦しみ，悲しみ，その人のためにならないことがここで考える犯罪である。

　研究という営みのなかで，これまでわたしたちはどちらかというと他人に害を加える犯罪者（加害者）の側に立ってきたように思う。犯罪研究が，犯罪原因

の研究につながり，さらには犯罪者の研究に発展していったのは，まさにそのことを物語っている。しかし，他人から害を加えられる被害者の側に立って考えることも必要であり，最近では被害者学として関心を浴びているのである。本稿の立場は，繰り返すが，一人の人間が常に加害者であるか，常に被害者であるかというように考えるのではなく，人は生涯のなかで，また日常生活のなかで被害経験・加害経験を繰り返している，と認識した上で，それではその犯罪性からくる人びとの害(不安)をどのように減少させるか，ということを考えなければならない。

　近年，犯罪の原因の真相がつかめないなかで，研究者をも含めた人びとの犯罪への関心は二極分解されている。ひとつは犯罪を起こさせないようにハード・ソフトの両面(防犯カメラの設置，街灯の点検，パトロール，声かけ運動，ガーディアンエンジェルスのような活動)から，市民として，友人として，近隣住民として何ができるかを考え，それを自ら実践すると同時に，関係する当局(警察，教育委員会，市区町村)への要望(防犯)である。犯罪が起きない街づくりや犯罪の発生状態を情報として市民に還元するなど，種種の取り組みがなされている。そこに研究者も積極的に関わり，まさに民・官・学が一体となり成果をあげている。

　もうひとつは，犯罪が発生してからの対応である。犯罪が起きない社会などはないわけで，規則がある以上，それに違反する行為はあるし，それをやる人もいる。大事なことはそれをいかに少なくするかである。その戦略のひとつで，ここで取り上げるのは，発生した犯罪および犯罪者から学び，2度と同じような犯罪が繰り返しおきないように努め，さらに関係する当局(警察，法務省，裁判所)にそれを望む(再犯防止)ことである。防犯と再犯防止は一見したところまったく別のこととして考えられるが，実は両者は密接につながっているのである。その際に本稿で強調したいことは，「防犯→再犯防止」と考えるのではなく，行為主体(人間)を中心に考える以上は「再犯防止→防犯」といった循環を考えることである。近年，被害者に関心が向けられるようになったが，被害

者自身も周囲の人たちの温かい目線を受けて一人の人間として被害経験を「苦しい，なぜ，なんとかして……」と声をだすようになってきた。それも単に告発・告訴といった犯人探しを前提としたり，犯人を攻め立てる形での異議申し立てではなく，「二度とこのような思いはしたくない，この苦しみは自分だけで終わらせたい，加害者がどういう気持ちで犯行におよんだのか知りたい」など，加害者との関係性を求める気持ちの表明も出されるようになってきた。一方，加害者(犯罪者)は，国家による刑罰(処遇)を適正に受けることで，与えた害に対して責任を果たしたわけであるが，そこには犯罪者の孤立した姿があるだけである。犯罪者はもちろんのこと，犯罪者の家族，近隣の住民，元の職場の同僚は，かれの帰還を歓迎しながらも，多くは関わりたくない気持ちをあらわにし，地域社会のなかで「刑務所・少年院帰り」とのレッテルを貼られ，肩身の狭い生活を強いられる。ブレイスウェイトの「負の恥じ付け」であり，地域社会からの疎外を経験する。それでも更生保護の領域で保護観察所の保護観察官や保護司の力によって更生をはかり，地域社会のなかで新たな生活を運良くはじめられた人もいるが，地域社会のなかで人の目を気にしながら再起をはかっていくことは大変である。地域のなかで，とりわけ被害者はどのように思っているかについては，加害者がもっとも気にすることのひとつであり，また恐れることでもある。

　法務省では，平成12年度に被害者に関わる法の整備をはかり，さらに平成13年に受刑者の出所について被害者に通知する出所情報通知制度や被害者の再被害防止制度を施行し，わが国においても諸外国に遅れはしたものの被害者に配慮した法制度上の施策が漸く全国規模で実施された[12]。それを受けて，地域社会のなかに加害者を迎え入れる体制が整い始めた。もっとも更生保護の分野において，それ以前においても地域社会の受け入れ体制はあったのであるが，やはり被害者に配慮した法制度が整備されるなかで，地域社会のなかで被害者の加害者への関心は目にみえる形で増大してきた。法務省保護局の調査によると，平成11年4月からどう12年5月までの間に地方更生保護委員会および保護観察

所に寄せられた被害者からの問い合わせは69件であった[13]が，平成13年3月から同14年7月までの間では辻の研究によれば，188名の被害者から問い合わせがなされたという。被害者からの要望はさまざまであるが，「二度と害を加えないように指導してほしい」といった再被害防止に関するもの，「被害弁償をしてほしい」，「反省させてほしい」，「謝罪させてほしい」といった加害者との関係を求めるものが目立つ。なかには「加害者と会わせてほしい」と求めるものもある[14]。これまでは犯罪者と被害者の関係は，地域社会のなかで地域住民の問題として積極的に考えられることはなかったが，近年そのような取り組みがみられるようになってきたことは望ましいことのように思われる。犯罪を人間の問題として考え，具体的に取り上げることによって，住民は犯罪の問題を自分たちの問題として考え，そのことによる不安は一時的には高まるものの，それに対して「何かをする」手立ても見出せることによって，ただいたずらに不安を募らせるだけでなく，住民間で共同して対処していく見通しを確認することができる。一方，被害者を支える民間支援の動きも警察主導であるとの批判もあるなかで，徐々に広がり始めている。犯罪者が真に更生できるか否かは，何よりもまずは本人の反省と自覚であるが，それと同時に被害者を含めた周囲の人たちの理解が必要である。先に触れたブレイスウェイトの「再統合恥じ付け理論」（reintegrative shaming）は，犯罪者が家族を含めた周囲の人たちの前で恥をかくことによって「自我の再生」をはかるという自律・他律両面からの社会復帰を促しうるとしたものである。もっともこれはひとつの仮説であり，今後検証の作業が必要であるが，考え方としてはこれまでも多くの賛同をえているものである。

今，世界の各地では「修復的司法」という実践が行なわれている[15]。ブレイスウェイトはその考え方を推進する理論家の一人であり，かれは市民社会における安心できる安全な社会の構築を図るためのひとつの装置として提案する。筆者も1999年に6ヶ月オーストラリアの首都キャンベラに滞在し，ブレイスウェイトの指導をうけながら，ほぼ毎日営まれていた実践のプログラムを参与

観察する機会をえた。警察の片隅で開かれるミーティングには，毎回被害者，その家族，加害者，その家族，隣人（地域の代表者として），友人，同僚など，平均して14, 5人が集まっていた。進行役の警察官（事件を捜査する警察官とは別で，一定の研修を受けたベテランが務める）の事前の周到な準備の下で進められ，1時間30分ほどの時間のなかで，それぞれが犯罪という「出来事」をめぐって「感じたこと」を出し合うものであった。ここでは厳密な筋書きはなく，参加者が対等な立場で話し合うなかで，それでは「自分としてはどうしたいのか」「相手にどうしてほしいのか」を各人が表明することで，一定の「合意」がみえ，それの履行計画を確認して終わるのであるが，筆者がそこで得たことは，ひとつはミードの言葉をかりると，ミーティングという場のなかで各自の主我・客我の対話が自然になされていくこと，感情と理性の融合がはかられること，犯罪者・被害者は共に二度と同じ害を経験したくないと認識し，表明したこと，他の参加者も自身がそのような害を経験しないように意識し，さらには地域社会のなかに起きないようにしたいと思ったこと，など，人間同士の対話のなかで，各自がいろいろなことを学べたように思う。もっともこのようなプログラムが見せ掛けだけの成果でなく再犯率や地域の犯罪・非行発生率，さらには検挙率にどのような影響をおよぼしているかといった客観的な究明も求められるところであり，それらについてもオーストラリア国立大学において実施されている[16]。

　修復的司法については課題も多い。しかし，犯罪の当事者（被害者・加害者）が中心となり，出来事の回復と人間性の再生を図り，それを側面から地域社会が，そして官（関係当局）が支えていこうとする方向性に対しては，今日では多くの人たちの理解を得ているように思う。問題は，そのような理念が，それぞれの国や地域においてどのように具体的に進められていくかにある。わが国においても遅ればせながら，それに関する議論は漸く開始されたところである。

第4章　社会病理のメゾ分析

V　メゾ分析とテーマの限定

　本稿の課題は,「社会病理のメゾ分析」であったが,筆者の裁量で次のようにテーマを限定した。
(1)　メゾ分析に限らず一定の分析レベルを採択する場合に,社会病理の何を明らかにするのか,その目的を明確にする必要がある。
(2)　議論の展開を明確にするために,社会病理のなかでも犯罪・非行に焦点をあてた。
(3)　メゾ分析を行なう意義として2つの目的をあげた。ひとつは原因論で2つは「犯罪研究における人間論」である。
(4)　とくに後者の人間論を展開する上で,メゾ分析(ミクロ・マクロ・リンク)の重要性を指摘した。
(5)　冒頭の警察庁の調査によるまでもなく,人びとの犯罪に対する不安は年々大きくなりつつある。その中で時代のニーズに応える犯罪研究が求められている。社会学においてそれに応えるとすれば,それは人間を中心にした研究であり,それを行う上でメゾ分析が妥当であるように思う。
(6)　犯罪学研究におけるメゾ分析のひとつの具体的な例として,今注目されている修復的司法について紹介した。

　最後に,オーストラリアのNSW(シドニー)で,1995年に起きた強盗殺人事件(ピザ店の売上金をねらった4人の男子加害少年による犯行,被害者はアルバイトの高校生男子)について,4年後の1999年に「受刑中の2人の少年」と被害者の両親,友人,同僚による対話プログラムが実施され,全豪に放映されたが,そのなかで受刑者の一人が語ったことについて紹介する。
　「……あの時はお金が欲しかっただけで,誰かの命を奪おうというつもりは本当になかったのです。……何を言っても,そのときどんな精神状態にあったといっても許されることではありません。……皆さんと僕は違う人間だったの

です。皆さんの目をみれば，皆さんはとても高い道徳心をもっていらっしゃるのがわかります。そういう生き方をしてきた皆さんに，僕のような人間のことを理解できるはずもありません。僕が何を考えていたか理解してもらえる手立ては何もないのです。皆さんが僕自身でなければわかるはずがないのです。僕の人生を最初から生きて見なくてはわからないんです。自分を正当化しようとしているんではないのです。同じように，どんなに僕が皆さんの苦しみをわかろうとしても，本当にわかるはずもないということなんです。なぜなら自分はここにいる皆さんと同じ経験をしていないから。……」

ビデオが放映された後，さまざまな反響があった。アメリカ合衆国で開催された学会の席でも繰り返し放映されたものである。ここから2つのことを引き出したい。ひとつは，普遍性・標準性とは何かということ，2つは法廷という場ではこの種の会話はもちろんのこと，犯罪者による感情が吐露されることはなかったということ，参加者はこのような対話の場において彼の話を聞き，人間としての彼の苦しみを知ることができたことである[17]。

注）
1）「犯罪に対する不安感などに関する世論調査」『社会安全研究財団研究報告書』2002年3月.
2）Chiristie, N., 1977, "Conflicts as Property," *British Journal of Criminology*, 17 (1): 1-15, 田口守一「『財産としての紛争』という考え方について」『愛知学院大学法学部同窓会創立30周年記念法学論集』1巻, 1991, 93-113.
3）Elliott, D.S., Ageton, S.S., and Canter, R.J., 1979, "An Integrated Theoretical Perspective on Delinquent Behavior," *Journal of Research in Crime and delinquency*, 1979, 16, pp.3-27.
　Elliott, D.S., Huzinga, D., and Ageton, S.S., 1985, *Explaining Delinquency and Drug Use*, Beverly Hills : Sage.
4）Box, S., Deviance, 1981, *Reality and Society*, London: Holt, Linehart and Winston.
5）Braithwaite, J., 1989, *Crime, Shame and Reintegration*, Cambridge : Cambridge University Press, pp.98-107.
6）Coleman, J.W., 1987, "Toward an Integrated Theory of White-collar Crime,"

American Journal of Sociology, 93：406-439.

　　Coleman, J.W., *The Criminal Elite*, New York: St Martin's Press, pp. 195-197, 202-205, 206-212, 212-217, 217-228.
7) このような考え方は，ヤングらの「批判的犯罪学」によって示されてきた。犯罪を規定する定義(法律)，定義の適用主体，その執行のすべてが権力関係の上に成り立っていることを主張した。Young, T.R., 1992, "Chaos Theoryand Human Agency：humanist sociology in a postmodern era," *Humanity and Society*, 1992, 16(4)：pp.441-460.
8) Matza, D., 1964, *Delinquency and Drift*, New York：Wiley.
9) それはタッパンやデュルケムらの古典的な研究にはじまり，クゥイニーやシュウェンディンガー夫婦らの批判的犯罪学にいたるまで多くの研究がなされてきたが，それらは法律的な犯罪と社会的な犯罪を連続体としてとらえ，一般的には逸脱研究として展開されてきた。
10) Harris, K.M., 1991, "Moving into the New Millennium — toward a feminist view of justice," in H.E. Pepinsky and R. Quinney (eds.), *Criminology as Peacemaking. Bloomington*, IN：Indiana University Press, pp.83-97.
11) Wilkins, L.T., 1968, "Offence Patterns," *International Encyclopedia of the Social Sciences*, 3：pp.476-483.
12) 髙橋則夫ほか『わかりやすい犯罪被害者保護制度』有斐閣，2001.
13) 松田慎一「更生保護行政における犯罪被害者への配慮について」2002,『家庭裁判月報』第54巻5号，56.
14) 辻裕子「被害者の視点を取り入れた保護観察について：平成14年度『法務研究』より」,『更生保護と犯罪予防』No.141, pp.5-23.
15) 修復的司法については諸外国の動向を紹介する段階であるが，ここ1，2年の間にわが国においても実践の試みがなされている。諸外国の動向については，『罪と罰』(2002〜2004：日本刑事政策研究会)153号〜161号に連載されている。国内の取り組みについては,『犯罪の被害とその修復 - 西村春夫先生古希祝賀』(2003：敬文堂)に所収の論文を参照せよ。
16) Strang, 2003, H., Repair or Revenge：Victims and Retorative Justice, Oxford.
17)「Facing the Demons」オーストラリア放送局によるビデオ．

第5章　社会病理のマクロ分析

I　社会病理研究におけるマクロ分析

(1) ミクロ分析とマクロ分析

　ミクロ分析とマクロ分析という概念の用法は大きく次の2つに整理できる。一つは研究対象のレベルの区分であり，他の一つは研究視点の相違からくる区分である。研究対象のレベルからいえば，マクロとミクロの関係はシステムと要素とのレベルの関係といえる。一般にマクロレベルの考察の主要な焦点は，社会構造や社会変動，社会システムの機能などであり，ミクロレベルの考察の主要な焦点は個人行為者や，行為者間での相互作用や社会過程にあるといえる。また家族，地域社会，組織などの社会集団の分析は，ミクロ・マクロの双方からなされるが，それらは境界的で中間的なメゾレベルの焦点的な分析対象ということもできる。

　他方，研究視点からみれば，社会現象の分析に当たり，その現象に先立つマクロレベルの構造や状況から出発して当該の社会現象を説明しようとする立場がマクロ分析であり，他方，社会を構成する個々の行為者の行為選択というミクロレベルから出発して，その集合的な帰結として社会現象を説明しようとする立場がミクロ分析である。前者は方法論的集合主義の立場であり，後者は方法論的個人主義の立場ということができる。マクロ分析（方法論的集合主義）はデュルケム(Durkheim, É.)の集合主義に代表されるが，パーソンズ(Parsons, T.)やマートン(Merton, R.K.)の構造＝機能分析や，マルクス主義的社会分析はマクロ分析的な性格が強いといえる。他方，ミクロ分析（方法論的個人主義）は，現象

学的社会学，シンボリック相互作用論，エスノメソドロジー，合理的選択理論などが代表的である。

ところで，研究視点からみれば，ミクロ分析とマクロ分析の研究視点はそれぞれ，ミクロレベル及びマクロレベルの社会事象を研究対象として取り扱うことも可能である。たとえば，マクロ分析は方法論的集合主義に基礎をおき，全体社会レベルでの社会変動の趨勢や，社会構造の特性の分析を中心としつつも，それにとどまらず，家族，地域社会，組織などの部分社会の分析や，個人的レベルでの社会的行為や相互作用を分析することも可能である。同様に，ミクロ分析は方法論的個人主義に基礎をおき，個人行為者や，行為者間での相互作用や社会過程の分析を中心としながらも，また部分社会レベルや全体社会レベルの社会事象を分析することも可能である。

本章では，社会病理現象についてマクロレベルでの分析視角からなされた研究の理論的特徴について論及することにしたい。すなわち，個々の社会病理現象の説明にあたり，その現象に先立つマクロレベルの構造や状況から出発して当該病理現象を説明していく理論的立場である。なお本章では，社会病理の概念を，欧米の研究の初期の段階に限定された，いわゆる社会有機体説に立脚した狭義の病理概念としてではなく，逸脱行動，社会解体，社会問題等を含む広義の社会学的な病理概念として用いることにしたい。

(2) **均衡モデルと葛藤モデル**

人間観や社会の本質認識の基本的視角の相違から，社会理論を均衡・合意モデルに基づく均衡理論と，葛藤モデルに基づく闘争理論とに二分することができる。均衡理論は，均衡概念を軸とし，システムを構成する諸変数の相互関連分析によって，システムの状態の記述や説明を行なう理論であり，パーソンズの社会システム論や構造＝機能主義の理論に代表される。パーソンズの理論に代表される均衡モデルを批判した，ダーレンドルフ(Dahrendorf, R.)によれば，均衡モデルは社会の安定と統合，各構成要素のシステム存続のための機能的貢

献，成員間での価値の合意を仮定し，変動や闘争を例外的な逸脱現象としかみないところにその特色があると指摘している[1]。

　他方，コンフリクトこそ社会の常態であるとして，コンフリクトに重点をおく社会理論が闘争理論である。闘争モデルでは，社会は常に変動し続け，闘争はいたるところに遍在している。社会は合意によってではなく強制と支配にもとづいて成立しているとみなすものである。闘争理論に含まれる理論家や理論的系譜は多様であるがそこには次のような視点が含まれると指摘される。① 闘争を全体社会レベルで取り扱い，闘争を焦点として，全体社会の構造分析を行なう。② 社会の成員間の利害の相違を前提とし，特に階級や階層間の利害の対立が前提とされる。③ 権力の稀少性と，その不平等配分が仮定される。④ 社会の秩序の成立を，価値の内面化による合意の契機にではなく，支配と強制の契機に求める。⑤ 闘争の社会的機能を積極的に評価する，などである[2]。

　これまでの社会病理学の理論的展開をみると，19世紀後半の初期の研究では，リリエンフェルト(Lilienfeld, P. V.)の社会有機体説にもとづく社会病理学やデュルケムの病理理論は，いずれも，均衡モデルの社会観に立脚したマクロな研究視角からなされた業績であるといえよう。一方，マルクス主義の社会理論による社会問題研究は典型的な葛藤モデル（闘争理論）にもとづくマクロな研究視角にたった業績であるといえる。また，20世紀初頭のアメリカ社会病理学の特徴は，ミルズ(Mills, C. W.)が「社会病理学者の職業的イデオロギー」で指摘したように，「要素間の調和的バランスを強調する自由主義的有機体志向」[3]の（均衡モデル）社会観に立脚したものであった。

　ところで，ラビントン(Rubington, E.)とウエインバーグ(Weinberg, M.S.)は，『社会問題研究―7つのパースペクティブ』(1995年)においてアメリカの社会問題研究の理論的展開を5段階に区分し，それぞれの時期に中心をなした理論的パースペクティブを次のように整理している。すなわち，第1期(1905~1918)では「社会病理学」(Social pathology)，第2期(1918~1935)では「社会解体」(Social disorganization），第3期(1935〜1954)では「価値葛藤」(Value conflict)，第4期(1954〜1970)では「逸脱行動」(Deviant behavior)，及び「ラベリング」(Labeling)，第5期(1970〜)では「クリティカル」(Critical)，及び「社会構築主義」(Social constructionism)である[4]。これらの理論的パースペクティブの社会観を，均衡モデルか，葛藤モデルかのいずれにより近似的であるかによって概略区分するとすれば，「社会病理学」，「社会解体」，「逸脱行動」の各パースペクティブは均衡モデル（合意モデル）の特色が強いのに対して，「価値葛藤」，「ラベリング」，「クリティカル」，「社会構築主義」の各パースペクティブは葛藤モデルとしての特色が濃厚である。次の図は，これまで述べてきた研究視角（ミクロ視角とマクロ視角）及び社会理論モデル（均衡モデルと葛藤モデル）とをクロスさせて現れた，4つの各象限にこれまでの社会病理学（社会問題研究）の各理論（またはパースペクティブ）を位置づけたものである。

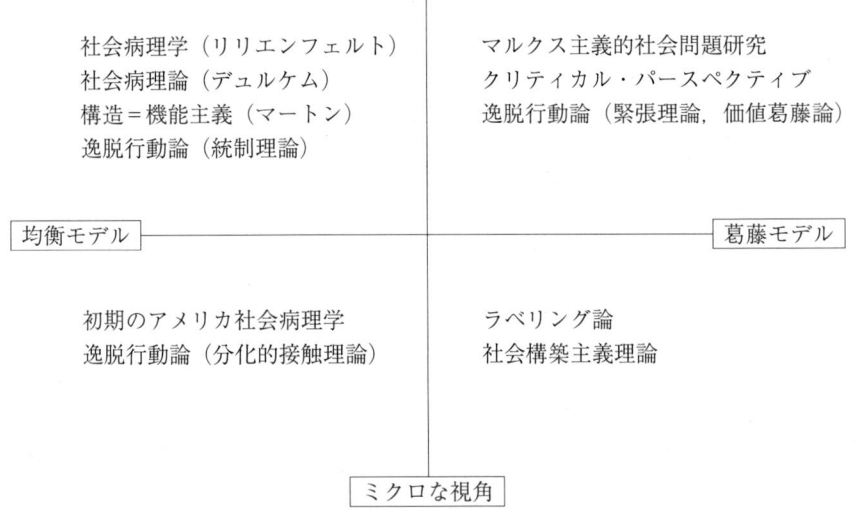

```
                    マクロな視角
                         │
社会病理学（リリエンフェルト）     │  マルクス主義的社会問題研究
社会病理論（デュルケム）         │  クリティカル・パースペクティブ
構造＝機能主義（マートン）        │  逸脱行動論（緊張理論，価値葛藤論）
逸脱行動論（統制理論）           │
                         │
均衡モデル ──────────────────┼────────────────── 葛藤モデル
                         │
初期のアメリカ社会病理学         │  ラベリング論
逸脱行動論（分化的接触理論）      │  社会構築主義理論
                         │
                         │
                    ミクロな視角
```

本章では，以下マクロの研究視角に位置づけられる社会病理理論を均衡モデルと葛藤モデルに区分し，それぞれいくつかの代表的分析理論をとりあげ，その特徴を述べていくことにしたい。

Ⅱ　均衡モデルに立つ社会病理のマクロ分析

(1) 近代化の社会変動と社会病理学の成立

　18世紀後半から19世紀中葉にかけて急激に進展した西欧資本主義は，一方では社会的富を増大させるとともに，他方では失業，貧困，スラムなどその社会に必然的に内在する諸矛盾を露呈していった。ブルジョワジーとプロレタリアートが対立し，社会秩序は混乱し，社会統制は衰退した。社会には貧困，犯罪，病苦が蔓延し，自殺，アルコール・薬物中毒，売春などの社会問題が多発した。19世紀中葉以降，資本主義がもたらすさまざまな社会問題に関する科学的解明がなされた。後述するマルクス(Marx, K.)とエンゲルス(Engels, F.)の業績を始め，ル・プレイ(Le Play, P.G.F.)やブース(Booth, C.)，ロウントリー(Rowntree, B.S.)らの貧困と労働者の生活実態に関する実証的研究が続いた。

　こうした時代背景のなか，リリエンフェルトはフランスにおいてはじめて『社会病理学』(1896年)を公刊したが，その新しい学問の趣旨は，19世紀末における時代の診断学であり，時代を批判し，そこに発生する病理的諸問題に対する処方箋を得ようとするものであった。マクロな視角から社会とその抱える諸問題を科学的に解明しようとし，問題解決を図らんとするものであった。しかしながら，彼の社会病理学は，社会を生物有機体(人体)とのアナロジーで説明する社会有機体説にもとづくものであった。すなわち，社会病理学は，「社会有機体の進化の過程で現れる社会的異常を帰納的に研究する学問」であり，社会病理とは，「社会有機体の正常な進化から逸脱した状態であり，経済，法，政治の領域に出現する異常状況」である。身体が病むのと同様に社会もまた病むと考えられ，経済領域における富の偏在や失業，貧困，法律領域における犯罪，暴力，権利侵害，さらに政治領域における汚職からクーデターまでもが社会的異常現象，すなわち，社会の病として説明されたのである。しかしリリエ

ンフェルトにあっては、この「社会的病」の根源は「病める細胞個人」(個々人の活力の退化と異常行為)にあると診断され、その処方箋はキリスト教信仰と原罪の自覚に基づく「知性と道徳の融合」に求められた[5]。

したがってリリエンフェルトの社会病理学は、マクロな全体社会(有機体)レベルから社会の病がとらえられ、また人体組織の病(機能障害)は人体の有機的統合(均衡)を妨げるものと同様に、社会組織の病(機能的不調整)も社会の有機的統合(均衡)を阻む病として把握される均衡モデルの社会観に根ざすものである。しかしながら彼の病理概念は、生物有機体のモデルから直接演繹されたものであり、社会科学としての固有の理論的視角はまだ脆弱であった。また資本主義社会の構造的矛盾として現れる社会問題の原因を、「病める細胞個人」に求める視角は、社会的利害の対立や価値の葛藤にまでその目を向かわせることのない視野の狭さをうかがわせるものであった。

(2) デュルケムの集合主義と社会病理

逸脱研究や社会病理理論の研究にあたって、その理論的視点の原点は先述のリリエンフェルトよりはむしろデュルケムに求められるべきであろう。宝月誠が指摘するように、「自殺、犯罪、法規範、刑罰の論議はデュルケムの社会理論抜きでは適切に捉えることはできない」[6]のである。ところで、デュルケムの社会概念は、中久郎の整理するところを参考にすれば、広義には「有機的全体の存続のために機能する相互関連的な諸部分のシステム」であり、狭義には「集合体」ないし「集合意識の状態」である[7]。つまり、全体的な社会はある意味で生物有機体に類比しうる統一体であるが、社会は集合的な意識や心性を備えていることで生物有機体とは明確に峻別される。この二つの社会概念はもちろん分析的概念であり、現実の社会は、両者が重層していることはいうまでもないが、これを手がかりにデュルケムの社会病理理論の特色を考察することが可能であろう。すなわち、広義の社会概念からは、社会についての全体論的な有機体的―構造的社会モデルと機能主義的社会理論の展開を読み取ることが

でき，他方，狭義の社会概念からは，個々人は個人に外在する社会力ないし潮流に拘束されているとみる集合主義的社会理論の展開を読み取ることができる。以下，デュルケムの社会病理理論に関連の深い「分業の異常形態」「犯罪」「自殺」を取り上げ，「マクロ」視角で「均衡モデル」社会観に立つデュルケムの分析の特色を考察してみたい。

周知のようにデュルケムは『社会分業論』（1893年）において，社会の歴史的変遷を「機械的連帯」の支配する「環節社会」から「有機的連帯」の支配する「分業社会」へと描いた。本書は近代社会の連帯組織と統合原理の発見をめざしたものである。近代社会における分業の発達は，諸個人の相補的，共生的な専門分化をもたらし，この成員間の機能的な相互依存を通して社会の凝集性，統合性が高められることになる。分業は経済的効率の観点からではなく，諸個人間の有機的連帯を強化し，社会統合に貢献する機能的観点から論じられ，その意義が強調された。「各人がその真価をそれぞれ発揮できる地位を占め，その真価に相当する報酬を受け，したがって，すべての人々が全体と各人の善のために自発的に協力し合う」[8]ような形態をすべての分業システムがもつことによって，近代分業社会の有機的連帯に基づく統合が可能となるのである。

しかしながら有機的連帯を伴わない分業は「分業の異常形態」であり，近代社会において分業の異常形態が蔓延する社会状態は病理的である。分業の機能的相互関係を規制する明確な基準を欠いた「アノミー的分業」は人びとに有機的連帯をもたらすことのできない異常形態である。このアノミー的分業の蔓延は「社会のすべての構成部門がもつさまざまな機能が改善と発展をとげそれらの間に調和と均衡をもたらしている社会状態を平常と想定する」[9]デュルケムの機能主義的社会理論からみれば，明らかに社会統合を衰退させる病理現象なのである。

デュルケムの「犯罪」理論は，彼の集合主義的社会理論と密接な関係にある。前述のように，デュルケムは，個々人は個人に外在する社会力ないし潮流に拘束されているとみる。この社会力は，「集合意識」とよばれ，「集合意識は各自

の意識に外在した客観性を帯びた社会意識で，各自の意識を拘束する力を発揮し，諸々の対象を認知的・感情的・道徳的に意味づける観念の体系」[10]である。この集合意識は一定の社会のメンバーに共有された信念や感情の総体でもある。デュルケムによれば，犯罪とはこの集合意識を侵害する行為と定義される。行為自体に内在する特性(有害性の質や程度)によって犯罪が定義されるのではなく，集合意識を冒涜した者への人びとの感情的反発と非難によって犯罪が生み出されるのである。ところで，いかなる社会においても何らかの集合意識は存在するわけで，それを侵害する行為は常に発生し，その意味では犯罪は社会の不可欠な一要素でもある。このように，一定量を超えない犯罪は，社会において正常な現象であり，むしろ人びとの犯罪に対する非難・反作用は傷ついた集合意識や弛緩した道徳意識を再強化する機能を果たしていることをデュルケムは強調する。しかしながら犯罪が社会の一定量を越え，社会に蔓延し，なおかつ犯罪への非難・反作用が十分に発揮されないような社会は異常な病的社会である。近代化への急激な社会変動に伴うアノミー状況のもとで多発する犯罪は明らかに異常な病理現象としてとらえられることになる。

　アノミーと自殺との関係はデュルケムの『自殺論』(1897年)のなかで解明される。デュルケムにとって自殺も犯罪と同様，社会の一定量を超えない範囲においては正常な現象であるが，一定量を超え異常に高い自殺率を示す場合は病理現象として捉えられることになる。19世紀末の西欧(特にフランス)における自殺率の急増は明らかに異常であり，彼はいくつかの社会や集団のレベルで自殺率の差異を統計的に確かめることで，自殺の社会的原因の解明を試み，自殺をもたらす社会構造や文化の危機(病理性)を明らかにした。

　周知のように，デュルケムは自殺をその社会的原因別に，自己本位的自殺，アノミー的自殺，集団本位的自殺，宿命的自殺の4類型に整理したが，前2者はとくに近代西欧社会とのかかわりが深いタイプである。自己本位的自殺は，「社会の統合や連帯が弱まり，個人が集団生活から切り離されて孤立する結果として生じる自殺」であり，アノミー的自殺は，「社会の規範が弛緩したり，

崩壊したりして,個人の欲求への適切なコントロールが働かなくなる結果,無際限の欲求に駆り立てられる個人における幻滅,むなしさによる自殺」[11]である。これらの自殺の背後には,過度な個人主義化と社会関係の希薄化,規範の弛緩に伴う各自の分限の喪失と欲望の肥大といった近代社会の危機的な潮流が横たわっている。デュルケムによれば,自殺はこうした「自殺の社会的潮流」に拘束されて発生するといった集合論的視点から説明される。

　以上みてきたデュルケムの視点は,マクロな社会構造や文化的状況の中に病理現象をもたらす要因を求め,その要因とのかかわりで病理現象を説明していくマクロ分析視角のひとつの源流をなすものである。たとえば,図式的に示すと,近代化に伴う急激な社会変動→伝統的規範の崩壊→社会的統制の弛緩→欲望の無規制→アノミー→犯罪・自殺の急増といった因果論的論理展開は,後の統制理論(逸脱行動論)の理論的源流をなしている。

(3) 構造＝機能分析と社会問題

　ヨーロッパに遅れて発達したアメリカ資本主義は,19世紀後半には経済的繁栄を迎えるが同時にまた,失業,貧困,犯罪など深刻な社会問題を噴出した。20世紀に入り社会病理研究の中心はヨーロッパからアメリカへと移行した。アメリカにおける初期の社会病理学(1920年頃まで)は社会有機体説に依拠し,個人の適応障害を社会病理とみなす「社会的不適応論」などを中心に展開し,先述のミルズ批判のように,日常的な諸問題を断片的にとりあげ,それらを「より大きな成層構造や社会構造の全体と関連させて分析する」マクロな視角を欠いた研究となりがちであった。やがて,社会学理論の発展と相俟って,社会学的概念や分析枠組を用いた社会問題研究が進展し,「社会解体論」や「アノミー論」のような社会構造論的アプローチが登場した。社会解体論とアノミー論については他章で詳細に論じられるので,本章では以下,均衡モデルに立ったマクロ分析として,パーソンズ・マートンの構造＝機能分析をとりあげ,社会問題研究との関係について考察したい。

「各部分の機能がシステム全体との関連のもとで位置づけられ，各機能がある整合的な原則のもとで体系的に説明される」ことを機能分析とよべば，その発想はプリミティブな社会有機体説にもみられたが，デュルケムの機能主義的社会理論を経てパーソンズとマートンによって理論的に体系づけられた。一般に，構造＝機能主義とよばれる彼らの理論は，前述のように均衡モデルに立った，マクロの分析視角をもった社会理論である。しかしながら，その理論構成の仕方にパーソンズとマートンとの間には差異がある。重要な差異は，部分と全体との関連性における，機能分析の焦点の置き方における差異である。パーソンズは全体そのものに分析の焦点を当て，部分は全体を構成する単なる要素として，全体への貢献という視点から分析を進めるのに対して，マートンは部分に焦点を当て，一定の社会現象を，そのなかに組み込まれている構造（全体）に対する関わりあいの分析からとらえようとする。

パーソンズにとっては，全体としての社会システムの均衡がどのようにして維持されるのかに関心が向けられる。社会システムの均衡は，社会化と社会統制のメカニズムが作用することによって維持されるが，これがうまく作用しなければそこに逸脱や変動が生じ均衡が崩れることになる。したがって，パーソンズにあっては逸脱や社会病理は社会の均衡を撹乱するものであり，システムの均衡保持のために制御さるべき対象としてとらえられ，より典型的な均衡モデルでそれらは説明される[12]。

パーソンズの機能分析は，抽象的・理論的な志向性が強いのに対して，マートンの場合はより具体的・経験的な志向性が強い。マートンは制度，慣習，活動など具体的な社会現象を，それが組み込まれている全体の構造に対する関わりあいのなかで分析する。マートンは，「機能の概念は観察者の見地を含み，必ずしも当事者の見地を含まない。社会的機能とは観察しうる客観的結果をさすものであって，主観的意向をさすものではない」としたうえで，機能の概念を，「一定のシステムの適応ないし調整をうながす観察結果である」と定義し，また逆に，「一定のシステムの適応ないし調整を減少せしめるような観察結

果」を逆機能と定義した。また現代社会では，ある項目がある集団にとっては機能的であっても，別の集団に対しては逆機能的であることもある（キャリアウーマンの職場での残業は，企業にとっては機能的であるが，子育てに多忙な家族にとっては逆機能的であるかもしれない）ように，「すべての項目が全体としての社会に対して機能的であり，そこに生活する人々に対して一様に機能的であるというような高度の統合をもつとは限らない」としている。したがってある項目が機能的だという場合，それがどの制度や集団に対して機能的なのか，その単位を明確にする必要性があるとした[13]。

またマートンは，機能分析にあたり「顕在的機能」と「潜在的機能」とを区別した。これは先にみた，観察しうる客観的結果と主観的意向を区別する視点からなされたもので，顕在的機能とは「一定のシステムの調整ないし適応に貢献する客観的結果であって，しかもこのシステムの参与者にとって意図され認知されたもの」であり，「同様な貢献を呈しながらも，その参与者によって意図されず，認知されもしないもの」を潜在的機能とした。特にマートンは後者の潜在的機能の分析を重視した。「ホピ族の雨乞いの儀式」や，「政治的ボス組織」などの事例を通して，一般には見過ごされがちな「予期しない結果」を分析した[14]。これらの機能分析の概念を駆使することによって，社会生活の多様な側面が明らかにされる。たとえば，一般的には逆機能的とされる逸脱の潜在的機能の分析（犯罪の集合意識に対する連帯性のチェックなど，システムに対する貢献的機能）や，逆に逸脱対策の潜在的逆機能（禁酒法制定によるギャング集団の横行）などが鮮やかに分析される。マートンの機能分析はパーソンズの分析ほどには，均衡モデルを前提にするものではないが，基本的には均衡モデルに立ったマクロな分析視角とみてよいであろう。またマートンの「アノミー論」はきわめて重要な構造論的分析視角であるが，その論及は他章でなされる。

111

Ⅲ 葛藤モデルに立つ社会病理のマクロ分析

(1) マルクスの闘争理論と社会病理

　周知のようにマルクスは，貧困，労働苦，奴隷状態，無知，粗暴，道徳的堕落といった人びとの生活の苦難や悲惨を，近代資本主義社会の構造的矛盾としてとらえ，きわめてマクロな視角から分析した。すなわち，マルクスは『資本論』(第23章第5節)において，資本主義的蓄積の一般的法則の例解として，19世紀中葉のイギリス労働者階級の生活実態，たとえば，食生活と栄養状態の窮状，劣悪で非衛生的な住宅環境，子どもの教育環境の欠如などを詳細に分析し，かかる物質的窮乏状態は人間から人間的なものを剥奪することを論及している[15]。そして，同書(第23章第4節)において，こうした労働者階級の窮状は，労働者個々の個別的諸要因からもたらされるものではなく，資本主義的蓄積過程から客観的に生み出されてくるものと規定し，失業・貧困を運命づけられた相対的過剰人口の存在形態とその産出のメカニズムを分析した。またマルクスは，相対的過剰人口の存在は，富の資本主義的生産及び発展のひとつの存在条件であることを示し，かくて，「一方の極における富の蓄積は，同時に他方の極における貧困，労働苦，奴隷状態，無知，粗暴，道徳的堕落の蓄積となる」という「資本主義的蓄積の敵対的性格」を明らかにした[16]。マルクスはこのように，近代資本主義社会における社会問題の存在を，マクロな視点に立ち，かつ葛藤モデル(資本家と労働者との階級的利害の対立のなかに社会問題は生じる)の視点に立って分析した代表的な古典的学者である。

　また，マルクスの僚友であり，共同研究者であったエンゲルス(Engels, F.)は『イギリスにおける労働者階級の状態』(1845年)において，労働者のおかれた悲惨な生活は，彼らの肉体的，知能的，道徳的荒廃と堕落をもたらさずにはおかないと述べた後で，労働者階級の貧困と犯罪・自殺等との関係を次のように述

べている。「貧しさのために，労働者には，次第に餓死に追いこまれるか，ひと思いに自殺するか，あるいは彼が必要とするものを見つけ次第手に入れるか，つまりはっきりいえば盗むかという選択しかない。そしてその場合，多くの者が餓死や自殺よりは盗みを選ぶとしても，何も驚くことはない。もちろん，労働者のなかにも，最悪のところまで追いつめられても，盗みをしないという道徳的な者もいくらかはいる。そしてこういう者は餓死するか自殺するのである」[17] と。また，1805年から1842年までの37年間にイギリスでは犯罪が7倍に増加し，そのほとんどすべての犯罪がプロレタリアによるものであるとした上で，「労働者を堕落させる原因が，普通以上に強烈に，集中的に作用すれば，水が列氏寒暖計80度で液体から気体に変わるのと同じくらい確実に，労働者は犯罪者になる」[18] と述べ，資本主義社会の罪悪を糾弾している。

そして，マルクスとエンゲルスは，資本主義社会が生み出したこうした社会問題の解決は，資本主義社会の諸矛盾を一方的に強いられた労働者の階級的自覚と資本家に対する階級闘争によってのみ，すなわち，社会主義革命を実現することによってのみ達成しうるものとした。

(2)　**1970年代以降のクリティカル・パースペクティブ**

先述のラビントンとウエインバーグは，前掲書で，1970年代以降のアメリカ社会問題研究の新しい動向（マクロ理論の再現）のひとつとしてクリティカル・パースペクティブをとりあげている。著者によると，1960年代後半から70年代における，戦争問題，高度インフレ，失業と貧困の拡大，石油危機，人種差別，犯罪の激増などの社会的危機に対し，既存の社会問題のパースペクティブでは，問題のトータールな説明や有効な対処策を得ることができないという不満と疑問がこの新しいクリティカル・パースペクティブを生み出したとしている[19]。このパースペクティブはクリティカルセオリー，クリティカルクリミノロジー，ニュークリミノロジー，ラディカルクリミノロジー，ラディカル社会学，ネオマルキシズム等々の総称であり，各々研究領域や方向性にバリエーションがあ

るが,共通していることは思想や理論形成の源泉をマルクスに求めていることである。すなわち,マルクス主義の立場から現代の社会問題を批判的にとらえてゆこうとする「葛藤モデル」によるマクロなパースペクティブである。以下,本書から「クリティカル・パースペクティブ」の理論的特徴を要約してみたい。

このパースペクティブでは,社会問題を,「資本家階級による,労働者階級の搾取から展開する社会状況」と定義する。また,社会問題の研究にあたっては,研究者は,社会システムのどの特殊な局面よりもその全体を研究することが重要だとし,資本主義社会が生み出す社会組織の諸形態が,広範で特殊な社会問題を引き起こすとみる。また社会問題の核心は,「階級支配と利害のコンフリクト」にあり,「これらの階級の一方のメンバーが自らの階級的利害に立って行動するとき,彼らは他の階級とコンフリクトを起こす。双方の利害はまったく反することになる」とし,社会問題の発生について次のように述べている。すなわち,「資本主義的経済システムは,市場競争と私的利益の追求に基づいている。かくて,各企業家は最小限のコストで最大限の利益を得るために生産しようとする。結果として,労働者階級は,貧困,失業,平均余命の低さ,身体や精神面での病弱,アルコール中毒,人や財産や公共秩序に対する犯罪率の高さといった悲惨を経験する」と[20]。

また犯罪の社会問題については,「犯罪を創り出しそれを維持するのは支配階級のシステムである。たとえば資本家は,彼ら自身の利益のために規則を作り施行する」と述べている。このことはかつてボンガー(Bonger, W.)が『犯罪と経済状況』(1916年)において次のように述べていたことを想起させる。「資本主義経済体制はすべての人々を貪欲に,かつ利己的にさせ,仲間の福祉を考えずに自己の利益のみを追求させるようにしている。」「犯罪は下層階級に集中している。というのは司法制度が金持ちに対しては彼らの利己的欲望を追求する合法的機会を認めながら,他方では貧困者の貪欲を犯罪化しているからである」[21]と。このように,マルクス主義的な犯罪の社会問題では,「法の制定と執行は支配階級の利益を反映するもの」であり,「犯罪行為は抑圧と搾取の状態への

政治的反応である」とみることが基本的視角である（ただし近年では，マルクス主義犯罪学は，階級理論を基礎としながらも，「緊張理論」，「統制理論」，あるいは「学習理論」などが提示した理論内容との類似性を示すものや，それらとの融合といった新しい試みも少なくないことが報告されている[22]）。

このように，クリティカル・パースペクティブでは，社会問題を，社会的不平等にもとづく社会システムに特有の問題としてとらえ，社会問題の根本的原因は，階級支配と階級的コンフリクトのなかにあるとみる。そして「階級的コンフリクトは，「社会的不平等を永続させるための階級支配のシステムから生じる」ものとし，結局，「高度な資本主義社会に共通する様々な社会問題の唯一の解決策は，労働者階級が階級闘争に勝利を収め，真の社会主義に案内することである。そこでは階級なき社会が導かれるであろう。」[23]と結論づけ，古典的マルクス主義との強いイデオロギーの共有性をうかがわせるものになっている。

Ⅳ　ミクロ・マクロ統合理論の必要性

本章では社会病理のマクロ分析の理論について，均衡モデルによる理論と葛藤モデルによる理論を区分して論じてきた。すなわち，それぞれのモデルに含まれる社会病理や社会問題研究の中心的研究者の学説を要約するかたちで論及してきた。

ところで近年では，現象学的社会学やシンボリック相互作用論，エスノメソドロジーなどミクロ分析を中心にする社会問題研究が活性化し，社会病理や社会問題一般を社会の仕組みと関連づけて包括的に説明する理論，つまり「マクロ理論」の展開は，相対的にみてやや低調であるように思われる。とくに1990年代後半のソビエト崩壊を始めとする社会主義体制の凋落により，マルクス主義的社会問題アプローチの有効性が問われるようになったのもその一因かもしれない。しかしながら，よりグローバルレベルでの環境問題や貧困・不平等問

題をはじめ，豊かな社会における犯罪，自殺，薬物乱用の増大などマクロな社会的連関のなかで解明さるべき社会問題も現代では依然深刻である。ポストモダンがいわれる今日，社会病理研究においてもミクロ・マクロリンクを視野に入れた統合的な理論の形成が必要とされる。

注）
1）森岡清美他編『新社会学辞典』有斐閣，1993，p.1068.
2）同上書，p.1068.
3）ミルズ，W.(青井和夫他監訳)『権力・政治・民衆』みすず書房，1989，p.415.
4）Rubington, E., Weinburg, M. S., 1995, *The Study of Social Problems : Seven Perspectives*, Oxford University Press, p.356.
5）望月崇編著『新社会病理学』学文社，1984，p.186.
6）宝月誠『逸脱行動の統合理論の構築』科学研究費補助金研究成果報告書，2002，p.3.
7）中久郎『デュルケームの社会理論』創元社，1989，p.8，p.19参照．
8）デュルケーム，É.(田原音和訳)『社会分業論』青木書店，1971，p.390.
9）松下武志「デュルケームの社会病理学」日本社会病理学会編『現代の社会病理』垣内出版，1986，p.64.
10）宝月誠，前掲書，p.3.
11）宮島喬『デュルケム自殺論』有斐閣新書，1979，p.13.
12）中野正大「機能分析」新睦人他編『社会学のあゆみパートⅡ』有斐閣新書，1979，pp.20-21.
13）マートン，R.K.(森東吾ほか訳)『社会理論と社会構造』みすず書房，1961，p.46.
14）同上書，pp.46-74.
15）マルクス，K.(向坂逸郎訳)『資本論(三)』岩波書店，1969，p.250-253.
16）同上書，p.232.
17）エンゲルス，F.(浜林正夫訳)『イギリスにおける労働者階級の状態　上』新日本出版社，2000，p.177.
18）同上書，p.197.
19）Rubington, E., Weinburg, M. S., 前掲書，p.233.
20）Rubington, E., Weinburg, M. S., 前掲書，pp.233-239.
21）ヴォルド，G.B., バーナード，T.J.(平野龍一ほか監訳)『犯罪学　理論的考察』東京大学出版会，1990，p.355.
22）同上　pp.357-361.
23）Rubington, E., Weinburg, M. S., 前掲書，p.239.

第3部

社会病理研究の理論

第6章　アノミー論

I　デュルケムのアノミー論

　長らく使用されていなかった古代ギリシャの「法の不在」(anomos)にさかのぼるアノミーの語が社会学の世界で復活するのは，デュルケム(Durkheim, É.)が一連の議論を行った19世紀末である。デュルケムは，アノミーを，産業化によって「機械的連帯」にもとづく伝統社会が「有機的連帯」にもとづく現代社会へと変貌を遂げる過程で起こる「社会規範による影響力の相対的低下」とした[1]。

　デュルケムによれば，分業は，人びとをより自立的にまた相互を有機的に結びつけるが，それに反して，個人の自発性や正当な評価を妨げる「拘束的分業」とともに「アノミー的分業」が逸脱の形態としてあらわれる。当時，生産者と消費者，雇用者と被用者との間で頻繁に生じた倒産や労働争議などはその適例である。急激な産業化で旧来の規範は弱まるがそれに代わる新しい規範が形成されていない状況下では，無計画な生産や露骨な利害衝突がおこりやすい。デュルケムの目にこうした分業は連帯を生まない「異常な」事態と映ったのである。

　デュルケムは，その4年後の『自殺論』[2]で，今度はアノミーの社会心理的影響を論じる。アノミーは，ここでは，自殺を促す集合意識のタイプとして登場する。どんな社会にも「自己犠牲」「個人化」「進歩」を重んじる傾向があるが，このうちひとつが過度に強調されると「集団的自殺」「自己本位的自殺」「アノミー的自殺」が生じやすくなる。デュルケムは経済生活を例にアノミー的自殺を生む社会変化を3つあげている。第1は，経済破綻による急激な地位

119

低下である。第2は，第1とは逆に，勢力や富の突然の増大による急激な地位向上である。これらはいずれも一時的な社会変化によるものである。それに対して，第3は，デュルケムが『自殺論』のなかで現代社会の特徴として最も関心を寄せていた慢性的アノミーである。慢性的アノミーは，商工業の世界で顕著にあらわれる。現代社会では，人びとに「相応の」生活を課してきた宗教などによる規制力は弱まり，進歩を追求する産業活動の論理が社会の中心的位置を占める。人びとは，物質的欲求を満たすことが何より価値のあることと教え込まれる一方で，それに対する歯止めを失った状態に置かれることになる。欲求は実現されることでさらに加熱するため充足感が得られない。たえざる焦りはやがて疲労や幻滅に変わり，ついに人びとは自殺に追い込まれるのである。

　デュルケムは，アノミーが家族生活に及ぼす影響についても論じているが，経済的アノミーと逸脱に関するこの指摘は，その後のアノミー論の展開により影響を与えた。

II　マートンのアノミー論

　デュルケムの議論を批判的に継承して，アノミー論を一躍時代の寵児にしたのは，マートン(Merton, R.K.)である。デュルケムがアノミーを社会の文化としたのに対して，マートンは，社会構造という変数を導入し，文化と社会という2つの構造の間の不均衡としてアノミーを描く。

　マートンのアノミー論は，最初の論文「社会構造とアノミー」(1938年)[3]以降，拡張し修正されている[4]が，基本的な骨子はほとんど変わらない。マートンは，まず，逸脱行動を特有の文化への適応の結果とする。つぎに，逸脱行動の頻度を，社会構造における逸脱者の位置によって説明する。

　第1に，マートンは，分析上，社会を，成功・権力など，誰もが望ましいと認める「文化的目標」と，学歴や職業など，目標を達成する上で広く承認されている「制度的手段」の2側面に分ける。社会は，これらがそれぞれどの程度

第6章 アノミー論

図表6-1 マートンによる5つの適応様式

適応様式	文化的目標	制度的手段
同調	＋	＋
革新	＋	－
儀礼主義	－	＋
逃避主義	－	－
反抗	±	±

注) ＋：受容　　－：拒否　　±：既存の目標・手段を別の目標・手段で代替する。

重視されるかによってさまざまなタイプが描ける。2つが適度に尊重されていれば、人びとは目標に到達することと望ましい手段を遂行することに満足できる。だが、両者のバランスがとれていない社会もある。手段としての活動が目的化した伝統固執型社会がその一方の極にあるとすれば、現代のアメリカは、他方の極にあって、金銭的成功を過度に強調するがそのためにどういった手段が望ましいかをほとんど指図しない不安定な社会である(「文化構造」)。

第2に、現代のアメリカでは、金銭的成功という文化的目標は社会で等しく浸透しているが、教育や職業など、それを実現するための手段は不平等に配分されている(「社会構造」)。では、目標と手段との間のこうしたギャップをめぐって、人びとはどのような適応を示すのか。マートンは、これを、目標と手段のそれぞれに対する「受容」「拒否」「代替提示」という反応の違いによって5つに分ける。第1は、目標と手段をともに受容する、最も一般的なタイプである(「同調」)。第2は、目標は受容するが、手段は拒否するタイプである(「革新」)。第3は、第2とは逆で、目標は拒否するが、手段は受容する(「儀礼主義」)。第4は、目標と手段をともに拒否するタイプである(「逃避主義」)。最後に第5は、従来の目標と手段の両方を、別の新しい目標と手段で代替しようとする(「反抗」)(図表6-1)。マートンは、こうした反応の規定要因として経済階層を例にあげる。「革新」は、合法的手段への道が閉ざされがちな、貧困階層に多い。一方、出世への夢を捨てており、手段を習慣的に遵守している「儀

礼主義」は，中流低階層に典型的にみられる。

　マートンのアノミー論は，後の研究に大きな影響を与えた。それは，つぎの2つの理由による。第1は，マートンが社会の文化的影響を重視した点である。デュルケムは，他の生物が有機体として欲求を内的に制御できるのに対して，人間は外在的な社会の統制がなければ無限に肥大する非生物学的で社会的な欲求ももつとみた。それに対して，マートンは，議論をさらに進めて「人間は生得的に衝動を自由に表現する存在，社会構造は人間の衝動を抑制する存在」と，社会と個人を対置する「フロイト」的な考え方に反対し，文化構造という概念を用いて行動動機の文化的形成に注目する。このような発想は，逸脱者への帰属社会の影響に対する関心につながる。こうして，マートンのアノミー論は，下位文化論や分化的接触論，準拠集団論などと関連づけて考察されていく。

　第2は，逸脱主体が心理的に正常であるという考え方にマートンが立脚していた点である。逸脱行動に対する説明を，心的異常という心理学的・精神分析学的要因ではなく，社会構造上の差異という社会学的要因に求める。このような発想は，逸脱と社会階層の関係に関する経験的研究の基盤を与え，逸脱問題の解決策を機会提供や社会構造の変革に求める当時の社会政策と連動しながら，支持を得るようになっていく。

III　シカゴ学派を継承する理論との出会い

　マートンのアノミー論は，主に，シカゴ学派の伝統を受け継ぐ下位文化論や分化的接触論と出会い，拡張し発展していく。マートンのアノミー論は，構造的緊張とそれへの適応の結果としての逸脱行動に光をあてたが，構造的緊張から逸脱行動がどのように出現するかということについては詳しく論じていない。一方，シカゴ学派の伝統を継承する理論は，文化の伝達すなわち逸脱行動の学習過程の解明に力を注いだが，文化がどのように発生するかについてはほとんど扱っていない。こうした2つの理論を相補的に結びつけたのが，コーエン

第6章 アノミー論

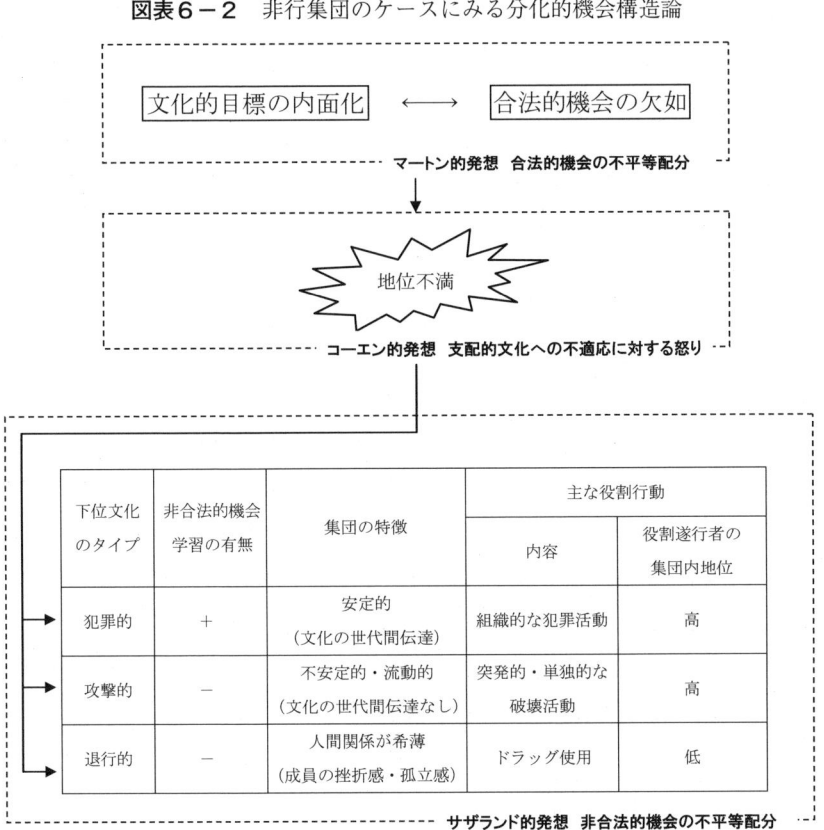

図表6－2 非行集団のケースにみる分化的機会構造論

```
┌─────────────────────────────────────────────────────┐
│   文化的目標の内面化  ⟷  合法的機会の欠如            │
│                                                     │
└─────────────────────────────────────────────────────┘
            マートン的発想　合法的機会の不平等配分
                        ↓
┌─────────────────────────────────────────────────────┐
│                    地位不満                         │
└─────────────────────────────────────────────────────┘
         コーエン的発想　支配的文化への不適応に対する怒り
```

下位文化のタイプ	非合法的機会学習の有無	集団の特徴	主な役割行動	
			内容	役割遂行者の集団内地位
犯罪的	＋	安定的（文化の世代間伝達）	組織的な犯罪活動	高
攻撃的	－	不安定的・流動的（文化の世代間伝達なし）	突発的・単独的な破壊活動	高
退行的	－	人間関係が希薄（成員の挫折感・孤立感）	ドラッグ使用	低

サザランド的発想　非合法的機会の不平等配分

(Cohen, A.K.)や，クロワード(Cloward, R.A.)とオーリン(Ohlin, L.E.)である。

コーエンは，1955年，労働者階級の子どもによる非功利的で破壊的な行動について考察した『非行少年たち』[5]を発表する。コーエンによれば，労働者階級の子どもは，自由競争による成功を尊ぶ支配的な中流階層の文化を内面化する一方で，勉学より遊びを優先する労働者階層的な価値観に親しんできたことにより，学校では低い地位に置かれ傷つく。非行少年とは，こうした地位への不満を，中流階層の文化に対する敵対感情を共通基盤に集団を形成し，それへの参与を通じて解消しているとコーエンはみた。つまり，コーエンは，「支配

的な目標達成の規定要因を経済階層(中流階層対労働者階層)に求める発想」「スラッシャー(Thrasher, F.M.)やショウ(Shaw, C.R.)とマッケイ(McKay, H.D.)らによる非行文化の伝達(集団内での地位獲得)に関する従来の議論[6]」「文化発生に関する自らの知見(感情の共有)」を結びつけたのである。

　「不平等配分」という考え方を合法的手段だけでなく非合法的手段にまで拡げたクロワード[7]は、オーリンと著書『非行と機会』[8]を発表し、マートン・サザランド・コーエンの議論を総括する。そして、「逸脱の押し出し要因を合法的手段の不平等配分に求める発想」「異なる逸脱形態の規定要因を非合法的手段の不平等配分に求める発想」「低階層特有の非行文化の起源は中流文化への不適応に対する怒りとする発想」の3つを統合した「分化的機会構造論」を提唱した(図表7-2)。

　アノミー論は、シカゴ学派の伝統を継承する思想と出会い逸脱現象を総合的に扱える理論となりえた結果、社会政策に影響を及ぼしはじめる。分化的機会構造論は、「青少年動員計画」「貧困との戦い」など、機会提供によって非行防止を試みる当時の社会政策を下支えした[9]。一例をあげれば、「経済機会法」の制定により、若者に住居つきの職業訓練センター、失業中の若者に就業機会を与える事業が実施された。

Ⅳ　マートンによる修正

　こうした一連の研究をうけて、マートンもアノミー論を修正する。1975年、マートンの業績に対する記念論文集『社会構造の考え方』がコーザー(Coser, L.A.)の編集によってだされる。そのなかで、コール(Cole, S.)は、文献の引用パターンから学界の社会構造を探る「引用分析」の手法をアノミー論の評価に用いるが、その際、マートンのアノミー論を「30年にわたって発展させてきた研究事業」[10]とみた。実際、マートンは、専門職論や組織論など、研究領域を開拓する一方で、長年アノミー論の発展に関わってきた[11]。とりわけ大きな修正

点は，相互作用論的視点を取り入れたことで，「構造的緊張」から「逸脱行動」があらわれるまでの過程に「逸脱者をとりまく人びと」の影響を反映させた点である。ただし，マートンの議論は，一般的な相互作用論者と異なる。理論的には体系性，方法的には量的把握を目指しており，理論と調査の関係について独自の見解(いわゆる「中範囲理論」)を示す。

　マートンは，「アノミー概念」「アノミーと逸脱の関係」を再検討する。第1に，すでにアノミーという言葉が社会で広く使われていた時期にあって，マートンは，アノミーが，社会の状態であって個人の心的状態を指すものではないことを強調する。そして，個人の心的状態，すなわち，「社会と自らの社会的位置に関する個人の知覚」を尺度化したスロール(Srole, L.)の調査[12]を好例として紹介し，「主観的に経験されたアノミー」と「集団生活の客観的状態としてのアノミー」を分析上区別し，これらの相互関係を調査する必要性を説く。こうした主張は，社会構造の指標とそこに含まれる個人の行動指標を別個に扱い，それらの指標を組み合わせて分析するという自らの準拠集団論的手法の応用といえよう[13]。第2に，マートンは，アノミーと逸脱を動態的に結びつけ，逸脱に及ぼすアノミーの影響だけでなく，逸脱がアノミーの程度に及ぼす影響にも目を配る。その際，逸脱者と影響関係にある「人びと」の働きを考慮に入れる。一例をあげると，現行のアノミーにより生じた逸脱は，周囲の人びとによる新たな逸脱を誘発するかもしれない。すると，それによってアノミーの程度もまた変化するとみるのである。

　こうした議論は，やがて，1964年に発表された論文「アノミー，アノミア，社会的相互作用」[14]へと結実する。ここでは，「成功のアノミー」という新たな概念も加わって，より系統的でおかつ具体的な提言がなされる。マートンは，デュルケムが描いたアノミーに注目する。すなわち，アノミーは，目標達成上の機会欠如だけでなく，機会は保証されていて目標水準が際限なく上昇する状況においても生じる。従来マートンが関心を寄せてきたアノミーを「喪失のアノミー」とすると，こうしたアノミーは「成功のアノミー」とよぶことが

図表6-3 個人の状態・社会の状態・交際のパターンにみる逸脱率

		社会（集団）の状態（各集団ともN=1000）					
		「高アノミー」集団		「中アノミー」集団		「低アノミー」集団	
		逸脱率(%)	該当総数	逸脱率(%)	該当総数	逸脱率(%)	該当総数
交際のパターン	Aと交際するA	90	675	40	240	15	116
	Bと交際するA	45	75	15	160	3	34
	（Aの総数）	(85)	(750)	(30)	(400)	(12)	(150)
	Aと交際するB	60	75	20	160	6	34
	Bと交際するB	25	175	6	440	0.8	816
	（Bの総数）	(35)	(250)	(10)	(600)	(1)	(850)

注）表中の数値はすべて架空のものである。Aタイプとは「アノミアの状態にある人」、Bタイプとは「アノミアの状態でない人」を指している。
出所）Merton, 1964, 237.

できる。この2つのアノミーに呼応して、個人の心的状態すなわち「アノミア」も2つあげることができる。都会という大規模で現代的な社会環境においては、少数のエリートと少数の底辺に置かれた人びと、さらにその間にあって名声も悪名も享受しない多数の人びと、という紡錘体型の社会階層が形成され、この階層の上下両端には、それぞれ、「成功者のアノミア」「敗北者のアノミア」が集約的にあらわれる。マートンは、このように社会と個人の各状態に関する概念を整理した上で、「アノミー」「アノミア」「社会的相互作用」という3変数と逸脱率の影響関係を「同時になおかつ体系的に」分析するための方法の提示に移る。まず、分析上、アノミアな傾向を示す人びとの割合をアノミーの指標とみなし、アノミアの割合の高低をアノミーの程度とする。つぎに、「社会的相互作用」を「交際のパターン」とみなし、個々人がそれぞれアノミアな状態にあるか否かを基準に交際のパターンを4つに分類する。このようにして、「アノミーという社会状態」「アノミアという心的状態」「交際のパターン」が逸脱率にどのような影響を及ぼしているかを数値的に明らかにできる（3重クロス表）（図表7-3）。ただし、このような体系的で量的な調査はかな

りの手間がかかることから，現実にはコーエンの研究に代表される印象的で質的な調査に先を越されている。だが，調査とそのはるか先で展開している理論との溝を埋めるための努力を怠ってはいけない。マートンはこのような提言をもってほぼ30年にわたる「研究事業」を実質的に終了した。

V アノミー論への批判

アノミー論は，多くの研究者を魅了したが，同時に多くの批判もうけた。主な論点は6つあげられる[15]。

第1は，「文化・社会構造」概念に対するもので，社会の文化は多元的であり，競合する下位文化の集まりとみなす人びとからの批判である。貧困地域の非行は，その地域に特徴的な社会状況に呼応して形成された独自の文化への適応結果なのであって，コーエンがいうような支配的文化への敵対感情からではない，行動や態度は究極的な目標だけでなく具体的な社会状況との関係においてもみるべきである，マートンは，支配的文化の受容が機会欠如を介して逸脱可能性の増大をもたらすとみるが，支配的文化の受容はむしろ逸脱の抑止をもたらすのではないか，マートンの記述は，貧しい人びとに対する偏見を助長する恐れがある，といった反論である[16]。これに対して，マートンは，文化構造については，分析上，文化的目標を金銭的成功に限定していたのであるが，後に，金銭的成功はアメリカ社会で支配的な価値の「ひとつ」にすぎないと補足する。また，経済階層に関する当初の議論に対しては，「アノミーの社会地誌」を明らかにするためには，経済階層だけでなく，異なる地域や集団における「目標の浸透と受容の程度」「機会構造の実態」「目標と手段の矛盾の範囲」「アノミーの程度」「各成層における逸脱率」を丹念に検討すべきだと述べる。さらに，先にみたように，「成功のアノミー」を提唱し，対象の階層を広げた。

第2は，「逸脱類型の検討」である。逸脱の5類型の基準となった目標と手段の間に「規範への態度」という変数を導入し，より詳細な類型化を目指した

議論，ドラッグ使用者などの事例研究に基づく類型の妥当性に関する検証などがある[17]。マートンはこうした試みに対しても目を配っているが，「目標―手段の不一致と逸脱との関係」「逸脱率と手段の不平等配分との関係」の解明に貢献しうる類型論の発展により関心があった[18]。

第3は，「適応の過程」に関するもので，逸脱類型の規定要因が明らかでないという批判である。マートンは，逸脱類型の規定要因を部分的に示す程度で，「構造的緊張というマクロな条件に対するミクロな社会心理的反応」「他者の思考・言動・期待の及ぼす影響」などの検討が不十分なため，逸脱者は社会において孤立的で，また，緊張から逸脱までの過程は唐突な印象を与えている，というものである[19]。これに対して，マートンは，すでにみたように，「個人の心的状態」「社会の状態」「交際のパターン」が逸脱率に及ぼす影響の分析を提唱した。

第4は，「時代や社会による制約」に関するもので，マートンのアノミー論は地位の達成を求める社会にはあてはまるが，豊かな社会や階層構造が安定し地位が帰属的な社会ではあまりあてはまらない，といった意見である[20]。マートンは，自らの準拠集団論では，当該社会における移動性の高低によって「社会化の先取り」の社会的意味が異なることを指摘している[21]が，こうした視点をアノミー論に持ち込んではいない。

第5は，「ジェンダー的視点の欠如」である。金銭的成功は，男性文化では重要かもしれないが，結婚と家族の獲得のため社会化されてきた女性にとってはそうではないかもしれない[22]。この点に関連して，マートンは，女性の非行に関する事例研究をとりあげ紹介しているが，関心を示すにとどまっている[23]。

第6は，「機能主義」的な見方への批判である。マートンの逸脱類型によれば，人びとは，目標と手段を前に「受容」「拒否」「代替提示」という反応しか示さず，目標と手段の起源に関する考察がない，といった指摘である[24]。こうした静的なイメージを起こさせる従来の議論に対して，マートンは，後に，「文化と社会の構造的緊張は当該社会の変動要因となりうる」と逸脱の逆機能

的側面を視野に入れた[25]。

　だが，こうした努力にもかかわらず，その後しばらくすると，マートンのアノミー論は影響力を失っていく。理由のひとつには，マートン自身，この「研究事業」を終えていたことがあるかもしれない。マートンは，その後もアノミー論に関する論文を発表しているが[26]，それらは，アノミー論を題材とした科学・知識社会学的議論であり，アノミー論の新たな展開を目的としたものではない。その他の理由としては，「逸脱行動を文化的学習論・ラベリング論など社会過程から説明する視座の登場によって，アノミー論の勢力が相対的に低下した」「経済発展と裏腹に街頭犯罪率が増加したことにより，機会提供の有効性が疑問視されるようになった」「研究者の関心が，アノミー論と親和的な少年非行からアノミー論による説明が難しい"被害者なき犯罪"に移行した」「アノミー論に依拠した自由主義的政策は，政治的抵抗に遭って実現されず，研究を支える熱意と資金援助の規模は縮小した」「社会学において半ば常識化したアノミー論は，研究の新鮮さを印象づけるために使われなくなった」ことなどがあげられる。

Ⅵ　現在の研究状況

　ところが，1980年代後半から，犯罪学の領域を中心にアノミー論への関心が再燃する。その担い手は，もはやマートンでなく，多様な関心をもった複数の研究者である。データは質的・量的の双方にまたがり，扱う素材も街頭犯罪からホワイトカラー犯罪まで多岐にわたる。理論的には従来の議論の発掘だけでなく，準拠集団論・相対的剥奪論・社会的資本論などが取り入れられ，新たな広がりがみられる[27]。そこで，本章の最後に，近年のその代表作として，アグニュー(Agnew, R.)による「総合的緊張論」[28]，メスナー(Messner, S.F.)とローゼンフェルド(Rosenfeld, R.)による「制度的アノミー論」[29]を紹介したい。

　これまでの議論から示されるように，アノミー論には「(環境・状況がもた

らす)緊張への適応結果としての逸脱行動に関するミクロ的考察」(いわゆる「緊張論」)と「逸脱源泉としての社会的文化的環境に関するマクロ的考察」という2つの視点が含まれている。以下の研究は，ジェンダーと逸脱，地域社会，経済のグローバル化といったより現代的な社会現象に迫るため，アノミー論のこうした視点を継承しつつ修正し，独自の理論的再生をはかっている。今後，アノミー論はどのように展開していくのか。それは，アノミー論のもつこれらの視点をどう継承し再構成するかによる。さらに，それは，どういった社会現象を解明しようとするのか，その際，従来のアノミー論をどう評価するかにかかっているといえる。

Ⅶ 「総合的緊張論」〜ミクロ分析

　総合的緊張論は，「逸脱行動を緊張への適応結果」とするアノミー論の先の一方の視点(緊張論)を受け継ぎながら，修正も行う。というのは，従来の緊張論は，分析的に，緊張の源泉を「望ましい価値(金銭的成功)が得られないこと」，緊張への対処を「行動レベル(非／合法的行動)」に限定することで現代社会と逸脱行動の全体像を描いたが，こうした戦略のために，より具体的な社会状況下でなぜ一方が逸脱行動を，他方が同調行動をとるかをうまく説明することができないからである。そこで，たとえば，アグニューは，緊張の源泉については，「望ましい価値が得られないこと」だけでなく，恋人との別れなどの「望ましい価値の喪失」や病気や虐待などの「否定的な出来事との遭遇」も考察の対象としてはどうか，また，緊張から個人的適応までの全過程を明らかにするために「緊張の程度」「緊張の種類」「緊張への対処法」「逸脱選択の規定要因」を調べるなど，多様な変数を包括的に検討してみてはどうか，と提案する。総合的緊張論は，このように，緊張に対する社会心理的反応のメカニズムに経験的にまた包括的にアプローチすることによって従来の限界を乗り越えようとする。一例として，「一般に，男性の犯罪率は女性を上回る」という事

第6章　アノミー論

実に対するアグニューの説明をみてみよう。犯罪率の男女間差異は，経験する緊張の量・種類や緊張への認知・対処の仕方に影響を及ぼす社会状況が男女で異なることによると考えられる。公的領域で過ごすことが多い男性は，「仕事や金銭面などの経済的事柄」「さまざまな〈結果〉に対する不公平感」「個人間での競争・衝突・嫉妬」をめぐる緊張が多く，財産犯や暴力犯はそれへの対処として行われる。一方，私的領域で過ごすことが多い女性は，「家族や友人などの身近な人とのトラブル」「さまざまな〈手続き〉に対する不公平感」をめぐる緊張が多いが，身近な人とのつながりが強くまた犯罪機会も限られていることから，男性のように深刻な財産犯や暴力犯ではなく，ドラッグ使用や摂食障害などの自己破壊的・逃避的行動にはしる[30]。

　総合的緊張論では，社会的属性などの諸変数は緊張をめぐる社会状況の指標として扱われており，社会変動による状況変化が逸脱行動にもたらす影響についても視野に収めているといえる。上の例でいえば，女性の犯罪率は，女性が雇用市場に参入し公的で競争的な環境にさらされれば，それにともなって高くなると考えられよう。総合的緊張論は，このように，緊張に対する社会心理的反応の全容解明をはかるだけでなく，学校・家族・非行・地域社会の諸問題を，緊張をめぐる問題ととらえ，逸脱の防止・減少に向けた緊張の軽減と緊張へのよりよい対処法の提示といった理論の応用にも関心がある。

Ⅷ　「制度的アノミー論」〜マクロ分析

　メスナーらは，マートンによる社会的文化的不均衡の発想とデュルケムによる分業論の発想を受け継ぎ，「金銭的成功を強調する一方で制度的手段を問わない"アメリカン・ドリーム"という文化規範(文化構造)」「経済拡張が社会全体に及ぼす影響(社会構造)」「逸脱現象(とくにマクロな犯罪動向)」の関係を見定めるため，社会構造に焦点を定めた制度分析を行う。社会を，緊張や衝突をはらんだ諸制度の相互依存関係とみるメスナーらは，社会の制度を，効率

性が重んじられる「経済制度」と，それへの道徳的抑止力としての家族・教育・政治などの「非経済制度」に二分し，両者の勢力関係に注目する(「制度の勢力バランス」)。伝統社会のように，非経済制度の勢力が強いと，経済制度は道徳的な社会関係のなかで形成・制御されるだけでなく，人びとが行動を選択する際に社会的な望ましさが重視される。一方，現代は，経済制度の勢力支配を特徴とする市場社会である。経済支配は，主に，「非経済制度の価値が失われること(価値低下)」「非経済制度が経済規範に従属し安定すること(応化)」「経済的基準が非経済制度内にまで及ぶこと(侵入)」を通じて進行しており，このような状況下では，社会的行動は効率性に対する道徳的抑止力を失った状態になる。このことは，目標の追求において自らの富や地位の確保を第一に考えてもよいという規範(アノミー的倫理)の社会的浸透を許し，犯罪はさまざまな目標の実現において道徳的なためらいをともなわない「まっとうな」選択肢になる。その結果，犯罪率は増加する。

　従来の逸脱論との関係は次のとおりである。まず，アノミー論，とりわけマートンのアノミー論との違いについては，第1に，マートンが不満や緊張の個人的経験を逸脱条件としていたのに対し，制度的アノミー論は，心的状態を逸脱条件に含めず，制度的抑止力の不在という社会構造を重視する。第2に，マートンは社会制度のうち経済階層に最大の関心を寄せていたのに対して，制度的アノミー論にとって経済階層は社会制度の1つにすぎず，多元的な制度間関係に注目する。つぎに，制度的アノミー論は，社会的絆の強弱の点から逸脱行動を説明するコントロール論を，「人間は周囲との絆がなければ本来的に自己利益を追求するものとする見方をとったために動機の文化的要因が軽視されている」と批判し，かわりに，社会階層差のような「絆」に先行する社会的・組織的条件を重視する。制度的アノミー論は，このように，従来のアノミー論とコントロール論の修正と接合をはかるだけでなく，実践面においては，たとえば，経済のグローバル化のなかで生じる諸問題を制度間関係の問題ととらえ，福祉政策などの非経済制度が果たす社会的意義を見直し，経済制度をめぐる社

第6章　アノミー論

会的コントロールの再構築を提唱する。

注）

1) Durkheim, É., 1983, *De la division du travail social.*（田原音和訳『社会分業論』青木書店，1971）
2) Durkheim, É., 1897, *Le Suicide.*（宮島喬訳『自殺論』中央公論社，1985）
3) Merton, R.K., 1938, "Social Structure and Anomie," *American Sociological Review,* 3, pp.672-82.
4) 主なものは，次のとおりである。
　　Merton, R.K., 1949, "Social Structure and Anomie : Revisions and Extensions," Anshen, R.N. ed., *The Family : Its Functions and Destiny,* Harper & Brothers, pp.226-57. ; "The Socio-Cultural Environment and Anomie," Witmer, H.L. and Kotinsky, R. eds., *New Perspectives for Research on Juvenile Delinquency,* U.S. Government Printing Office, 1956, pp.24-50. ; "Continuities in the Theory of Social Structure and Anomie," *Social Theory and Social Structure : Toward the Codification of Theory and Research, Revised Edition,* Free Press, [1949] 1957.（「社会構造とアノミー（続き）」森東吾ほか訳『社会理論と社会構造』みすず書房, 1961, pp.149-178.）; "Social Conformity, Deviation, and Opportunity-Structures," *American Sociological Review,* 24, 1959, pp.177-189. ; "Anomie, Anomia, and Social Interaction: Contexts of Deviant Behavior," Clinard, M.B. ed., *Anomie and Deviant Behavior,* Free Press, 1964, pp.213-242. ; "Opportunity Structure: The Emergence, Diffusion and Differentiation of a Sociological Concept, 1930s-1950s," Adler, F. & Laufer, W.S. eds., *The Legacy of Anomie Theory,* Transaction, 1995, pp.3-90. ; "Foreword," Passas, N. and Agnew, R. eds., *The Future of Anomie Theory,* Northeastern University Press, 1997a, pp.ix-xii. ; "On the Evolving Synthesis of Differential Association and Anomie Theory : A Perspective from the Sociology of Science," *Criminology,* 35, 1997b, pp.517-525.
5) Cohen, A.K., 1955, *Delinquent Boys : The Culture of the Gang,* Free Press.
6) Thrasher, F.M., 1927, *The Gang : A Study of 1313 Gangs in Chicago,* University of Chicago Press. ; Shaw, C.R. and McKay, H.D., 1931, *Social Factors in Juvenile Delinquency,* U.S. Government Printing Office. など。
7) Cloward, R.A., 1959, "Illegitimate Means, Anomie, and Deviant Behavior," *American Sociological Review,* 24, pp.164-176.
8) Cloward, R.A. and Ohlin, L.E., 1960, *Delinquency and Opportunity,* Free Press.
9) 詳細は，徳岡秀雄『少年司法政策の社会学』東京大学出版会，1993. を参照のこと。

10) Cole, S., 1975, "The Growth of Scientific Knowledge : Theories of Deviance as a Case Study," Coser, L.A. ed., *The Idea of Social Structure: Papers in Honor of Robert K. Merton*, Harcourt Brace Jovanovich, p.185.
11) マートンは，サザランドが分化的接触論の発展に「絶え間なく」寄与してきた「ハリネズミ」型(一元論的)研究者であるのに対して，自分はさまざまな研究を行いながらアノミー論の発展に「断続的に」関わってきた「キツネ」型(多元論的)研究者だと語っている(Merton, 1997b.)。
12) Srole, L., 1956, "Social Integration and Certain Corollaries : An Exploratory Study," *American Sociological Review*, 21, pp.709-716. この論文で，スロールは，個人の心的状態にアノミアという用語をあてている。一方，マートンは，1957年の時点では，個人と社会の状態をともにアノミーとよんでいる。これは，マートンがスロールの発表をアメリカ社会学会で聞いた当時は，まだスロールがアノミアという用語を使用していなかったためである(Merton, 1964, p.228n.)。
13) cf. Merton [1949] 1957＝1961, pp.238-240.
14) Merton, 1964.
15) アノミー論に対する批判点をまとめたものとして，次の文献が参考になる。Crothers, C., 1987, *Robert K. Merton*, Ellis Horwood Limited & Tavistock Publications Limited.(中野正大・金子雅彦訳『マートンの社会学』世界思想社，1993, pp.169-180.); Vold, G.B. and Bernard, T.J., [1958] 1985. *Theoretical Criminology, Third Edition*, Oxford University Press, (平野龍一・岩井弘融監訳『犯罪学：理論的考察』東京大学出版会，1990, pp.226-232); Liska, A.E. and Messner, S.F. [1981] 1999, *Perspectives on Crime and Deviance, Third Edition*, Prentice Hall, pp.51-54.; Pfohl, S., [1985] 1994, *Images of Deviance and Social Control: A Sociological History, Second Edition*, McGraw-Hill, Inc., pp.284-289.
16) Lemert, E.M., 1964, "Social Structure, Social Control, and Deviation," Clinard ed., pp.57-97.; Miller, W.B., 1958, "Lower Class Culture as a Generating Milieu of Gang Delinquency," *Journal of Social Issues*, 14, pp.5-19.; Short, J.F.Jr., 1964, "Gang Delinquency and Anomie," Clinard, ed., pp.98-127.; Hirschi, T., 1969, *Causes of Delinquency*, University of California Press. (森田洋司・清水新二監訳『非行の原因』文化書房博文社，1995); Kornhauser, R.R., 1978, *Social Sources of Delinquency*, University of Chicago Press.; Thio, A., 1975, "A Critical Look at Merton's Anomie Theory," *Pacific Sociological Review*, 18, pp.139-158. など。
17) Dubin, R., 1959, "Deviant Behavior and Social Structure: Continuities in Social Theory," *American Sociological Review*, 24, pp.147-164.; Lindesmith, A.R. and Gagnon, J.H. 1964, "Anomie and Drug Addiction," Clinard ed., pp.158-188. など。
18) cf. Merton, 1959.
19) Cohen, A.K., 1965, "The Sociology of the Deviant Act : Anomie Theory and

Beyond," *American Sociological Review*, 30, pp. 5-14. ; Bernard, T. J., 1995, "Merton versus Hirschi : Who is Faithful to Durkheim's Heritage?," Adler & Laufer eds., pp. 81-90. ; Messner, S. F., 1988, "Merton's 'Social Structure and Anomie': The Road Not Taken," *Deviant Behavior*, 9, pp. 33-53. など.
20) Simon, W. & Gagnon, J. H., 1976, "The Anomie of Affluence: A Post-Mertonian Conception," *American Journal of Sociology*, 82, pp. 356-78. ; 大村英昭・宝月誠『逸脱の社会学』新曜社, 1979, pp. 214-212. ; 大村英昭『新版非行の社会学』世界思想社, [1980] 1989, pp. 32-47. など.
21) Merton [1949] 1957 = 1961, pp. 240-252, pp. 266-271.
22) Leonard, E. B., 1982, *Women, Crime and Society : A Critique of Criminology Theory*, Kongman. など.
23) Merton, S., 1961, "Delinquent Girls : An Exploratory Study of Sociological Factors in Female Delinquency,". (not in print) in Merton 1997a : xi.
24) Taylor, I., Walton, P. and Young, J., 1973, *The New Criminology : For a Social Theory of Deviance*, Harper & Row, p. 101. ; Taylor, L., 1971, *Deviance and Society*, Michael Joseph, p. 148. など.
25) Merton [1949] 1957 = 1961, pp. 112-178.; 1964.
26) Merton, 1995 ; 1997b.
27) Adler and Laufer eds. 1995.; Passas and Agnew eds. 1997.
28) Agnew, R., 1985, "A Revised Strain Theory of Delinquency," *Social Forces*, 64, pp. 151-167. ; 1992, "Foundation for a General Strain Theory of Crime and Delinquency," *Criminology*, 30, pp. 47-87. ; 1995, "Controlling Delinquency : Recommendations from General Strain Theory," Barlow, Hugh D., ed., *Crime and Public Policy*, Westview Press, pp. 43-70.
29) Messner, S. F. and Rosenfeld, R., [1994] 2001, *Crime and the American Dream*, Third Edition, Wadsworth. ; 1995, "Crime and the American Dream: An Institutional Analysis," Adler & Laufer, pp. 159-181. ; 1997, "Market, Morality, and an Institutional-Anomie Theory of Crime," Passas and Agnew, pp. 207-224.
30) Broidy, L. and Agnew, R., 1997, "Gender and Crime: A General Strain Perspective," *Journal of Research in Crime and Delinquency*, 34, pp. 275-306.

第7章　社会解体論

I　逸脱原因の考え方

　逸脱研究はその誕生以来，逸脱の原因を，概して2つの観点から求めてきた。第1は個人に原因を求めようとするもの，第2は社会に原因を求めようとするものである。前者のなかでも，生物学的に原因を求める理論は非常に古い歴史をもつ。19世紀に注目を集めたロンブローゾ(Lombroso, C.)の著作に代表されるように，生物学的に原因を求める理論は，犯罪の原因を知能の低さや染色体異常等と結びつける。この流れをくむ研究はその後も脈々と続けられている。

　他方社会学では，逸脱の原因を社会的要因に求める。周知のように多くの社会学者は，非行や犯罪を発生させる要因が社会に内在していることを論じてきた。その代表的研究者であるショウ(Shaw, C.R.)とマッケイ(McKay, H.D.)は，後に詳しくみるように，地域コミュニティ別にみた場合に出生国・民族別人口構成が永続的に変化していたにもかかわらず，都市における非行発生率の地域分布パターンが，長年にわたってほとんど変化していないことを20世紀半ばに実証した。この研究は，逸脱が社会構造上生み出されることを説得的に論じた画期的な研究成果である。

　何らかの個人的資質に逸脱の原因を求める考え方は，近年ではさまざまな研究によって，その学問的有効性を否定されるようになっている。たとえばラフリー(LaFree, G.)は，アメリカにおける犯罪発生率が1960年から1970年の10年間で2倍に，また1960年から80年の20年間で3倍にものぼっていることを示し，生物学的犯罪理論では，この急激な犯罪の増加を説明することができないとして，逸脱の原因を個人の側に見出そうとする考え方の限界を明快に論じた[1]。

さて本論の目的は，逸脱が社会的要因によることを説明する理論のなかでも，近年再び注目を集めている社会解体論に焦点をあて，その中でも特にこの理論の古典として再評価されているショウとマッケイの理論を検討することにある。ショウとマッケイの社会解体論は，従来よりさまざまな研究において紹介されてきた。だが多くの場合，それぞれの研究者がもつ関心部分に議論が集中しており，理論の全体像を理解する試みは必ずしも充分に行なわれていない。この問題意識が，ここで改めてショウとマッケイの社会解体論を網羅的にとらえ，その本質を示そうとする本論の動機づけとなっている。

Ⅱ　ショウとマッケイの社会解体論

(1)　ショウとマッケイによる社会解体の定義

　社会解体の定義は，次のものが一般的である。「コミュニティの構造が，共通する価値を住民に理解させたり，効果的に社会統制を維持することが不可能になっていること」[2]。つまり「社会解体」とは「社会統制力の弱体化」を指すのである。この見方には，「社会解体とは，ローカルコミュニティにおいて，その住民が価値を共有したり，共通して経験する問題を解決することが不可能になることを意味する」[3] としたバーシク(Bursik, R.J.)の定義や，「社会解体とは，共通する価値を理解できないこと」[4] とするコーンハウザー(Kornhauser, R. R.)の定義などにも同様にみられる。このように論者によりさまざまに表現されているが，「社会解体」は「社会統制力の弱体化」と定義されており，その原点は，社会解体の概念を逸脱とおそらく初めて関連づけたトマス(Thomas, W. I.)とズナニエツキ(Znaniecki, F.)の定義にある。トマスとズナニエツキは社会解体について次のように述べた。「既存の社会的な行動規則が集団の個々の成員への影響力を喪失する(こと)」であると。

　先のいずれの定義も，ショウとマッケイの社会解体が意味するところと矛盾するものではない。だがショウとマッケイの社会解体の概念はより広いもので

あり，フォーマルな社会統制の弱体化に留まるのではなく，その後に生じるコミュニティレベルの社会現象に注目する。つまり，ショウとマッケイの社会解体論は，社会統制の弱体化によって生じる，インフォーマルな「統制力」の存在を重視するのである。集団的逸脱行動に目をむけると，その集団内ではある価値規範が共有されている。それは単に，ある一集団に共有される特異なものではなく，コミュニティ内に社会構造的に生み出され存続し，非行を常習とさせるような社会化を促す「統制力」の源となっている。したがってコーンハウザーに代表されるように，社会解体を社会的真空状態，すなわち「無規範状態」とするわけではない。

このように考えてくるならば，改めて社会解体をつぎのように整理することができる。すなわちコーンハウザーらは，フォーマルな社会統制とインフォーマルな社会統制との価値基準が一致していることを前提とし，両者の弱体化を社会解体というのに対し，ショウとマッケイは，インフォーマルな社会統制には2種類あるとみなし，ひとつはフォーマルな社会統制と一致する統制，もうひとつはフォーマルなそれとは相反する統制であり，フォーマルな社会統制の弱体化に伴ってそれに競合する，後者のインフォーマルな社会統制が機能することを社会解体として論じている。この後者の社会統制こそ，高い非行発生率を生み出す「統制力(the controlling forces)」である。

(2) 逸脱を促すインフォーマルな社会統制とは

逸脱を促すインフォーマルな「統制力」を，ショウとマッケイは「下位文化」ではなく，「コミュニティの伝統」という言葉で示した。これはコミュニティ内に社会構造上生み出され，維持されることを意味している。それは子どもが逸脱行為に手を染め，逸脱を深化し，やがては犯罪者をモデルとして自己の将来像を描くよう，子どもたちに強く作用する。ショウとマッケイによれば，これこそ非行の原因なのである。

さて今日広範に用いられているコミュニティという言葉には，しばしば異

なった意味が含められている。そこで改めて，社会解体論におけるコミュニティの概念を明確にしておくことにしたい。初期シカゴ学派でいうコミュニティの基本的な意味とは，個人が何らかの社会的役割を担って生きる環境をさす。パーク(Park. R.E.)はコミュニティについて幾つかの定義を行なっているが，逸脱を考える場合には次のものがふさわしい。「コミュニティは‥私たち自身や家族，近隣の外部にあり，そのなかで個人は個人として存在し続けるだけでなく，役割を身にまとった人格として生活を営む社会環境なのである」[5]。ショウとマッケイもまた，コミュニティを，その内部で何らかの役割を個人が身にまとう環境ととらえる。とするなら個人がコミュニティを移動するとき，かつて身にまとっていた役割を脱ぎ捨て，新たな役割を身につけることが暗示されているといえよう。

　ところで，ショウとマッケイが非行の個人的要因を完全に無視していたかといえば，必ずしもそうではない。「コミュニティの伝統」があるからといって，そのコミュニティで生まれ育つ子どものすべてが逸脱者になるわけではない。このことは，彼らが示した統計データによっても明らかにされている。ショウとマッケイは個人的要因と逸脱行為との関係について，「個人的特性やパーソナリティにより，逸脱行為に参加するか否かが左右されるのは間違いない」と明確に論ずる。そのようにことわった上で，伝統の及ぼす影響力の重大性を指摘しているのだ。すなわち「コミュニティに生まれた伝統が，そのコミュニティで暮らす子どもたちに大きく影響を及ぼすからこそ，子どもたちは犯罪に手を染める」のであり，「もしその伝統が子どもたちの目の前に存在しておらず，子どもたちがその伝統に身をさらすことがなければ，都市の低所得地域で非行少年になっている者達のほとんどは，非行とは異なる活動に満足を見出すだろう」と[6]。

　さて地域コミュニティの伝統とされるこの統制力について，さらに掘り下げてみて行くことにする。以下では次の2点に注目する。第1はその統制力がどのようなものであるのか，第2はいかに子どもたちに作用するかである。

第7章 社会解体論

① 統制力とは

ショウとマッケイのいう「統制力」とは，ある地域コミュニティではその多数派の青少年に作用し，逸脱キャリアを形成させるように方向づける影響力を指す[7]。

むろんいずれのコミュニティにおいても，逸脱行為はフォーマルには処罰の対象となるが，あるコミュニティのインフォーマルな基準では，容認されるばかりか賞賛されることさえある。その理由は，生活を営む上でさまざまな制約を受ける環境におかれているにもかかわらず，子どもや若者は贅沢を求めるアメリカ文化の価値や成功パターンにさらされるからだ。したがって非行は，ひとつの確立された生き方となっているというのである。

このようにアメリカ社会における目標と，それを達成するための利用可能な機会との乖離が，非行の動機づけになることをショウとマッケイは論じていた。だがショウとマッケイの社会解体論を理解する上で肝要であるのは，それを個人に帰するのではなく，あくまで社会構造との関係でとらえていることである。それは次の指摘からも明らかであろう。すなわち，「どれほど非行がそのコミュニティのなかで確立された生き方として根付いているかの度合いは，都市中心部により強くみられ，郊外に向けてグラデーションを描いて弱まっていく」というのである[8]。

この指摘は，次項でみる非行発生率の分布パターン，すなわち都市中心部に非行発生率が高く，中心部を離れるにともなってグラデーションを描いて低くなっている様子や，住民の経済背景の分布パターン，すなわち貧困が都市中心部に深刻で，郊外に向けて次第に豊かになっている様子を想起させる。生活上の制約は，都市全体を視野におくならば概して，都市の中心部に向かうほど重圧として住民にのしかかっている。すでに生活状況が苦しい上に，さらにある特定の地域で暮らすことが，住民にとってさまざまな機会の制限をもたらす。それは，ショウとマッケイがあげる次の具体例から容易に類推できよう。「よ

り外延に住む富裕な人々からみれば，非行発生率の高いコミュニティに暮らしていることそれ自体，低い社会的地位の刻印(indication)として目に映る」[9]という。私たちは逸脱が伝統としてコミュニティに根ざす理由を理解する上で，このことを強く認識する必要がある。すなわち非行多発地域で暮らす青少年は，「まっとう」に生きる展望を描く上で非常に困難な状況におかれているのである。ショウとマッケイはこの点について，次の重要な指摘を行なっている。「この刻印は職さがしをする上でハンディキャップになるし，また職に就けたとしても昇進する上でハンディキャップになるのである」[10]と。

② いかにして「統制力」は子どもたちに作用するのか

それでは子どもたちを逸脱行動に方向づける「統制力」は，どのように子どもたちに作用するのであろうか。この「統制力」という，コミュニティの生活と切り離すことのできない伝統は，さまざまな形で生活のなかに姿をあらわすとされる。

子どもたちがその統制力を感知し，逸脱に手を染め，深化させていく過程の初まりは，ショウとマッケイによれば非行集団に属する者たちとの接触によってもたらされるという。非行多発地域では子どもたちが非行集団のメンバーと接触する機会は，犯罪発生率の低い地域と比べ相対的に多いことは想像するにかたくない。この接触により子どもたちはこの「統制力」を意識するようになるとされる。「子どもたちは非行集団のメンバーが行うふるまいや，話すこと，物腰を見聞きするうち，伝統としての「統制力」が有意味なものとなり，自然と非行集団の逸脱的行為に参加するようになる」[11]というのである。

ショウとマッケイが特に重視するのは，ギャング集団等の組織と親密な関わりをもつことである。なぜならその接触から，［１］犯罪行為への参加へと発展し，［２］子どもが窃盗の技術を学習し，［３］ギャング集団と拘束力の伴った人間関係に巻き込まれてしまい，［４］さらにはギャング集団の一員としてふさわしい態度を獲得する，という段階的深化をもたらすからである。

この過程において逸脱行為を常習とするような価値基準が，子どもたち一人ひとりがおかれたそれぞれの状況に応じて内面化されてゆく。この点について，ショウとマッケイはタンネンバウム（Tannenbaum, F.）を引用し，次のように述べた。「生活様式を整え，活力を与え，栄誉や仲間関係を報酬として与えるのは犯罪者集団である。この集団はまた，保護や忠誠を与え，そして多くの場合，犯罪者の生活にその倫理的真意を伝えるのである。そしてその倫理上の意義なしに，その犯罪者集団は存続することはできないのである」[12] と。

「統制力」が子どもの将来にまで影響を及ぼすことを，ショウとマッケイは重視する。それはこの価値基準が子ども達に内面化されたならば，その当然の帰結として，「逸脱者キャリアや犯罪キャリアが，子ども達自身がその後目指す将来の選択肢のうちのひとつとなる」[13] からなのである。

III シカゴの都市全体でみた非行発生率および他の地域的諸特徴

ショウとマッケイの社会解体論が説得力をもつのは，多大な精力を傾けてさまざまな手法を駆使し，都市全体を視野に入れた地域別の諸特徴を，時間的にも空間的にも広い範囲にわたって明らかにしているからである。以下では，まず彼らが計量的手法により明らかにした，シカゴにおける非行発生率の地理的分布を示し，次に住民のおかれていた諸状況を地域別にみてゆくことにする。

(1) **シカゴにおける非行発生率の地域的分布**

ショウとマッケイが非行発生率の分布というとき，それはシカゴで検挙された非行少年の住所をもとに地域別に算定した割合を意味する。また非行少年とは，① 年齢においては17歳未満であり，② 公的処遇の対象となっており，③ その逸脱の程度は，不登校等，公的に禁じられた何らかの行為を行なった者である。これらのことから，同じ行為をしても，検挙されるか否かの線引きは明確ではない。データは便宜上公式記録に基づいて試算されている。した

がってショウとマッケイも断っているように，非行発生率の基礎データは公的処遇の対象者に限定された「指標(index)」[14] である。

先の指標をもとにし，長期にわたる非行発生率の地域的分布がとらえられている。ここではその代表的な3つ，① ドットマップ，② レートマップ，③ ゾーンマップに目を向ける。

① ドットマップ

ドットマップとは，クック群青少年裁判所に出廷した少年の住所の位置を，それぞれひとつずつシカゴの地図上に点で示したものである。比較を目的として，1900年から1940年までを7年ごとに集計したドットマップが，計4つ示されている。

これらのいずれのマップをみても，都市中心部のループ(商業地域)に点が集中し，都市中心部を離れるにしたがって漸次散逸してゆき，郊外ではまばらになっている。また，都市中心部ほど集中度は高くないものの，都市中心部から少し離れた「畜舎裏」や「サウスシカゴ鋼工業地区」にも非行少年の集住がみられることも共通している。したがって1900年から1940年にわたり，先にみたような非行少年が暮らす地理的分布のパターンは変化していなかったことがわかる。

② レートマップ

全部で3つ示されているレートマップは，1900年から1933年までを7年ごとに区切り，それぞれの青少年裁判所出廷者が同年代人口全体のうちに占める割合を，一マイル平方(スクエアマイル)ごとにマッピングしたものである。割合を示す数値のみならず，比率の高さにより5段階に色分けされているのが特徴的である。たとえば5つの段階のうち最も高い比率のスクエアマイルは黒く塗られる一方，最も低い比率のそれは白い。

3つのレートマップはほぼ共通した非行分布を示している。すなわちいずれも，ループに近接する都市中心部に非常に高い割合を示す地域がみられ，そこから離れるにしたがって割合は低くなってゆき，都市の周辺部では概して非常

に低い割合となっている。レートマップはドットマップでみた非行分布を追認するものであり，1900年から1933年にわたって，非行者の割合の分布パターンがほぼ一定していることが確かめられているのである。

③ ゾーンマップ

ゾーンマップは，バージェスの同心円モデルを下敷きとしている。すなわち中央商業地区をコンパスの中心点として，シカゴを2マイルごとの同心円を描き，中央から郊外に向けてゾーンⅠからゾーンⅤとそれぞれ名づけた環状地帯ごとに非行発生率が示されているのである。

少年非行に関するゾーンマップは全部で3つある。1900年から1933年までを等分し，それぞれ7年ごとにみた非行少年（クック群の少年裁判所の裁定によって矯正施設に送致された非行少年）の住所をもとにして，ゾーンごとの割合が示されている。彼らの大半がより重罪を犯した常習者である点で，これまで扱われたデータと異なっている[15]。

だがこのゾーンマップによっても，非行少年の住所は都市中心部に集中し，郊外に向かってまばらになってゆくという分布パターンには変わりがないという重要な点を確認することができる。さらにゾーン間の差異を示す数値が，それぞれのマップごとに集計されているのであるが，この集計から，20世紀当初よりもいっそう都市化が進んだ1930年代へと時が進むにつれ，ますます中心と外延との差が広がっていることがわかるのである。

(2) 非行発生率と関連する地域の特徴

つぎに，シカゴの地域別の諸特徴をみることにしたい。ショウとマッケイによって明らかにされた諸データから，先の非行分布と相関をなすように，都市中心部からグラデーションを描いて変化をみせる地域の諸特徴をとらえることができる。その中でも特に次の3つの地域環境が，非行に関連していると考えられる。それは① 住民の流動性，② 経済的背景，③ 民族と人種の分布状況である。

① 住民の流動性

人口の増減は，1マイル平方ごとに示したレートマップにより明らかにされている。このマップは，シカゴにおける住民の流動が最も際だった傾向をみせた1920年と1930年の人口調査に基づいている。この10年間は都市全体に人口の急激な増加がみられ，シカゴにおける人口分布に大きな変化が生じている。その変化とは，都市の中央ビジネス地区一帯で人口の減少が生じた一方，都市の周辺部では急激に増加したことであった。こうした住民の流動が生じたのは，ショウとマッケイの指摘によれば，都市中心部の荒廃した危険な建造物が放置されたままであったので，居住に適さなかったからであった。

レートマップは5段階に色分けされており，急激に減少した地域は白く，また急激に増加した地域は黒く塗られているが，113に区切られたスクエアマイルのうち中心部の10の地域は白いものの，郊外にむけて白っぽいグレー，グレー，濃いグレー，黒とグラデーションを描いている。要するに極端な両者の地域の間では，ほぼ連続的に人口の上昇をみせているのである。ショウとマッケイはこの現象こそ，「都市の成長過程の本質的特性」であると述べている。

② 経済的背景

経済的背景をみるための指標として，つぎの2つが用いられている。第1は生活保護を受ける世帯数の割合であり，第2はひと月あたりの家賃の中央値である。これら2つがそれぞれスクエアマイルごとに算出され，地図上に数値が示されている。

双方いずれのマップをみても，都市全体を視野に入れた経済的背景を一見して把握することができる。というのも先の住民の移動をみたレートマップと同様，5段階に色分けして地図上に示されているからだ。前者のレートマップでは，生活保護を受ける世帯数の割合の高いスクエアマイルは黒，より低い割合を示す地域は段階的に色が薄くなってゆき，最も低い割合を示す地域は白く塗られている。後者のマップでは，家賃の高いスクエアマイルは黒，より低額の

地域は段階的に色が薄くなり，低家賃の地域は白く塗られている。いずれも総数140のスクエアマイルが色分けされているが，2つのマップは好対照をなす。すなわち前者では概して中央は黒く，外に向かうにつれて白くなっていく一方，後者では中央が白く，外へ向かうにつれ徐々に色は濃くなってゆく。このことからショウとマッケイは次のように述べる。「家賃の中央値の（分布の）形状は，生活保護を受ける家族の割合の（地域的）変化と密接に符合している」[16]と。要するに都市中心部は生活保護を受け，低家賃のアパートで暮らす貧困層で占められており，中心部から離れるにしたがってより富裕な層が居住しているという特徴的分布がみいだされたのである。

③ 民族および人種の分布

　民族および人種の分布をみる上で，地域別に過半数を占める，「家長」の出身国と人種が指標とされている。民族についてはアルファベットで示し，また白人／黒人の違いについては色分けによって示すマッピングの手法が採用されている。

　この地図から次の2点を指摘することができる。第1は，都市の中心部ではヨーロッパの移民一世でもとくに「家長」がポーランド，イタリアを母国とする家族，および黒人家族がそれぞれ密集しているが，郊外ではまばらになっていること，第2は，こうした地区を構成する国の数が12にものぼっていることである。

　この単年度のデータに基づく地図では，その年の分布について知ることはできても，隔離（segregation）してゆく過程を知ることはできない。この点を補足するためにショウとマッケイは，先の家賃と関連づけて次のように説明している。「それぞれの国からやってきた新参の移民集団は，アメリカ社会という新天地に適応するまでの間，低家賃のインナーシティに隔離される。彼らが（より居住するのに望ましい）外部へと移動すると，今度はそれまで彼らの住んでいた場所が，ニューカマーに取って替わられ，このときまたインナーシティの

一部は，新参の黒人移住者によって占められるのである」[17]と。

Ⅳ　非行を生む社会構造

これまでみてきたことから，住民の流動性，貧困の度合い，民族・人種の混在率は，非行発生率と正の相関関係にあることが明らかにされた。つまり住民が定住しないこと，貧困，新参の民族・人種の比率の高さが，非行多発地域の環境的要因となっており，したがって非行は社会構造的にもたらされるという解釈が成立する。どのタイムスパンにおいても，先にみた傾向が概して変化していなかったことは，非行が社会構造上うみ出されることを検討する上で重視されなければならない。

さてショウとマッケイの社会解体論の理解を一層深めるためには，第1節でみた「統制力」の存在と，第2節でみた都市の地域別特徴および非行発生率の分布との関係とを明確にしておく必要がある。そこで以下ではこの点について考察する。

「統制力」は『少年非行と都市地域』の結論部で中心的に論じられている。だが統計的データは「統制力」の存在を直接映し出すものではないといえよう。この著には3つの事例データ（少年自身が書いた自己の物語）が示されているが，こららから「統制力」が非行少年たちに大いなる影響を及ぼしたことを読みとることができる。だが論証には不十分といわざるをえない。ショウとマッケイも断っているように，コミュニティに存在する異なる価値システムの発見は，それまで彼らが行なってきた研究及び経験的知見に基づいている[18]。ショウとマッケイの研究経歴をみればわかるように，彼らの理論は，彼らが長年にわたり社会的実践に参加することを通して構築されたものである。

さて興味深いことに，住民の流動は，人を遵法的にする統制力を弱体化させると考えられているにもかかわらず，人を逸脱的にする「統制力」の場合には，住民の流動性が高くとも維持されるという点である。これはたとえ親の住所が

変わっても，犯罪・逸脱キャリアを選んだ少年や青年は，スラムにたむろし続けるからと考えることができようが，たとえ非行集団の構成メンバーに入れ替わりが生じたとしても，基本的な生活を送ることさえままならない切迫した生活環境はかわらないので，伝統として「統制力」が維持されるのだという考えも成り立つであろう。

以下では，(1) 第1節でみた「統制力」が環境と非行の間でいかに介在するのか，(2)「統制力」が地域にいかにそなわるのか，の2点に注目して論をすすめる。

① 地域環境と非行に介在する「統制力」

都市中心部は，産業の侵食がもたらす住民の流動，貧困，民族・人種の異質性で特徴づけられるが，そのような環境におかれた住民の日常には，郊外とは異なる生活上の困難がある。それは構造上，地域住民に共有されている。具体的には職がないこと，生活保護に頼らなければならないこと，家族解体，罹患率や死亡率の高さ[19]といった問題として表出している。先にあげた3つの特徴は，コミュニティがそれ自体を，より広い社会の意味世界でいう意味での「遵法的」に統制する能力を減退させる[20]。だがそれだけに留まるものではない。

これまでみてきたような地域では，「統制力」が子どもを取り巻く日常に根をおろして作用する。注目すべき点は，遵法的な社会統制力のネットワークが機能する社会で，子どもが遵法的に社会化するのと同様，非行多発地域の子どもは，彼が偶然育つ，数かずの社会的制約を受けた地域において，非遵法的に社会化しやすい状態におかれているという点である。すなわち「犯罪は，それが組織化された生活様式となっている状況では，我々の文化においては一般的に理想化された経済的・社会的価値を獲得するあるいは獲得しようと試みるために用いる手段のひとつとしてみなされるかもしれない」[21]。

それゆえ「統制力」のネットワークが機能するような地域で育つ子どもたちが，非行少年や逸脱者になったとしても，それは地域に強く影響を及ぼす，社

会統制の結果であると考えることができるのである。ショウとマッケイは、この点について次のように論じている。「少年が直に接する社会的世界の視点からすれば、必ずしも解体しているとか、不適応を起こしている、あるいは反社会的であるとは限らない。子どもの社会的世界における制約の範囲のなかでは、またその社会的世界の規範や期待において、その子どもは非常に組織化され、うまく適応した人物であるかもしれないのである」[22]と。

ここで非行が絶対的価値によって定義できるものではないことを、すでに1942年の時点においてショウとマッケイが認識していたことを確認しておく。すなわち「非行」とは、「より広い社会によって承認された行為のコード、あるいは基準からの逸脱である[23]」というのである。興味深いことに、〔1〕非行が行為に帰するのではなく、それを逸脱とみなす側から非行をとらえている点において、また〔2〕犯罪定義への関心および観察者の立場を再検討するという点において、ショウとマッケイの社会解体論には後のラベリング理論のパースペクティヴが包含されていたのである。

② 統制力が地域にどのようにしてそなわるのか

ではそもそも統制力は、地域にいかにそなわるというのであろうか。

まず前提条件として、都市中心部では住民が共通して直面する問題を解決することが、生き抜く上で必要不可欠となっているという環境的状況がある。住民は入れ替わっているものの、都市中心部は「不利な立場におかれた人々で占められている」[24]ことにはかわりがない。したがって常に、都市の構造上、経済的にも社会的にも不利な立場におかれた人びとで占められるコミュニティが、同じ地域に存在しつづけることになる。

そこには、全体社会の支配的な価値体系では「逸脱」とみなされる行為を承認するような、固有な価値体系が生み出されることになるのである。中／上層階層とは行為基準が異なっている点において、固有なのである。職のない状態では、窃盗も仕事のひとつである。そこでは「逸脱」は、人びとが社会生活を

維持するため，あるいは社会階層を上昇するための伝統的行為となっている。「逸脱」は，社会的にも経済的にも不利な立場に置かれる人びとが，日常的に直面する問題を解決するための一手段である。さまざまな生活苦でつねに問題状況におかれて，常に深刻な欠乏とフラストレーションをかかえている地域について，ショウとマッケイは次のように述べている。「逸脱的価値は，大人の犯罪集団に直線的に結び付いているような，集団または制度化された慣行によって象徴される。この大人の犯罪集団は窃盗や盗品の売買に従事しているのだが，これらは一方では半合法的ビジネスに結び付いている。また詐欺をしばしば行うのであるが，これは他方，合法的ビジネスの部分的あるいは完全な統制を受けているのである。このようにみてくると，窃盗は幾つかの集団内では正当で適切であるとみなされる。だが他の集団では，非道徳的で，適切でなく，望ましくないとみなされるのである」[25] と。

したがって社会解体とは，人びとが共通する価値を理解できないことをいうのではない。むしろ都市中心部の恵まれない環境におかれた人びとの間では，社会生活を営む上で共通される問題状況を，少しでも改善するという共通の価値が分けもたれているのである。このような背景から「逸脱」が遂行されるようになる。このことをショウとマッケイは資源や資本の概念を用いて明快に次のように論じた。「物的・知的・社会的・文化的資源ないし資本は，すべての社会的世界に平等に配分されているわけではない。それらの乏しい社会的世界もあれば恵まれた世界もある。その違いによって，遂行される活動は異なってくるのである[26]」と。

逸脱的行為が選択肢のひとつとして，ひとたび慣習として位置づいたならば，それは伝統となると，ショウとマッケイは論ずる。都市中心部には，犯罪を支持するような有力な価値システムが，コミュニティの伝統として存在している。ショウとマッケイによればその価値システムは，「コミュニティの歴史が始まってより，累積されてきた過程の産出物である」[27] のだ。

V ショウとマッケイの社会解体論の意義と新たな研究動向

　逸脱論におけるショウとマッケイの社会解体論の意義は，次の２点にある。第１は，20世紀初頭のアメリカにおいて生じた社会変動が，都市に暮らす住民を「より恵まれた人びと」と「不利な人びと」とを選り分けてゆく構造上の過程を詳細かつ明確にとらえたこと。第２は，伝統として機能する「統制力」により，地域で共有される問題状況を解決する手段として非行・逸脱が生じ，その結果都市中心部の非行・逸脱の多発状況が恒常的に高いままであることを明らかにしたこと。これらのことから，逸脱は個人よりむしろ，社会の都市化・産業化が生み出してきた構造上の問題であること，またこの視角からの対策なしには，逸脱という社会病理を治癒することはできないことが明らかにされた。これは社会改革の意欲をもたずして個人をばらばらにみていたのでは，決して到達し得ない知見である。

　ショウとマッケイの社会解体論は，これまでみてきたことを踏まえるならば，コーンハウザーがいったような「統制理論と文化的逸脱理論とのミックスモデル」[28] ではない。他の社会解体論と同様にフォーマルな社会統制の弱体化を出発点としつつも，インフォーマルコントロールを中心に論を展開している点が特徴的なのである。この展開のなかで，本論文で明らかにされたように，緊張理論を取り入れ，さらにはマートン (Merton, R.K.) のモデルをも包含していたことをみるならば，逸脱論の統合論であるということができよう。この点にこそ，ショウとマッケイの社会解体論には，他の社会解体論とは異なる独自性がある。

　近年，ショウとマッケイの社会解体論をよりエラボレートする研究が活発になされている[29]。ここではその代表的な２つの研究に触れておく。スミスとジャールジプラ (Swith, D. and Jarjpura, R.) は，57の住区と11,419人の住民を対象とした暴力犯罪に関する調査を行ない，次の２点を明らかにした。① すべての貧困地域に犯罪発生率が高いとは限らないこと，② 住民の流動性と深刻な

貧困で特徴づけられるコミュニティは，流動性は高いがより裕福なコミュニティよりも，また貧困だが住民の流動性においては安定しているコミュニティよりも，はるかに犯罪発生率が高いこと。以上２点から，スミスとジャールジプラは貧困と住民の移動性という２つの特徴がそろった場合に，犯罪率が上昇すると結論づけた[30]。またシェアマンとコブリン(Schuerman, L. & Koblin, S.)は，住区の構造的悪化と非行下位文化間の相互作用を検討し，両者のダイナミックな段階的変容の過程分析を行なった。その結果から，コミュニティのキャリアは次の三段階に分けられることが確認されている。それら３段階とは，出現期(emerging)，過渡期(transitional)，持続期(enduring)である[31]。

以上の２つに代表されるように，理論的にも方法論的にもショウとマッケイモデルを出発点として，ショウとマッケイが残した課題を探究する試みが続けられている。だが多くの論者は「社会統制の弱体化」にばかり目を向け，「異なるインフォーマルな社会統制」＝「統制力」なる図式は見落とされてきた。本論では特に，この「統制力」を重視し，ショウとマッケイの社会解体論全体の理論枠組みにおける位置づけを示した。

ただしこの視点は，スクエアマイルマップとインタビューデータに基づき，貧困を社会構造的問題として論を展開するウィルソン(Wilson, W. J.)等の研究において，着実に継承されていることを最後に指摘しておきたい。

注）
1）LaFree, G., 1998, *Losing Legitimacy*, Westview Press.（宝月誠監訳『正統性の喪失』東信堂，2002年）
2）Sampson, R. J., 1993, "The Community Context of Violent Crime," *Sociology and thePublic Agenda*, etd. by William Julius Wilson Sage, p.267.
3）Bursik, Jr. R. J., 1988, "Social Disorganization and Theories of Crime and Delinquency : Problems and Prospects," *Criminology*, Vol.26 p.521.
4）Kornhauser, R. R., 1978, *Social Sources of Delinquency*, University of Chicago Press, p.120.
5）Park, R. E., 1925→1967, "Community Organization and Juvenile Delinquency,"

The City University of Chicago Press.(大道康次郎・倉田和四生共訳『都市』鹿島出版会，1972年，p.104)
6) Shaw, C.R. & McKay, H.D., 1942→1969, *Juvenile Delinquency and Urban Areas,* University of Chicago Press, p.321.
7) Ibid, p.315.
8) Ibid, p.315.
9) Ibid, pp.317-318.
10) Ibid, pp.317-318.
11) Ibid, p.316.
12) Ibid, p.316.
13) Ibid, p.316.
14) Ibid, p.44.
15) Ibid, p.72.
16) Ibid, p.36.
17) Ibid, p.42.
18) Ibid, p.170.
19) Ibid, p.90.
20) Smith, D.A. & Jarjpura, R.G., 1988, "Social Structure and Criminal Victimization," *Journal of Research in Crime and Delinquency,* pp.29-30.
21) Shaw & Mckay, 1942→1969, p.319.
22) Ibid, p.316.
23) Ibid, p.90.
24) Ibid, p.320.
25) Ibid, p.171.
26) 宝月誠『逸脱行動の総合理論の構築』(平成11～13年度　科学研究費補助金基盤研究(c)(2)　研究成果報告書，p.9.
27) Shaw & McKay, 1942→1969, p.320.
28) Kornhauser, R.R., 1978, pp.62-78.
29) Reiss, A.J. & Tonry, M., 1986, *Communities and Crime,* Vol.8 of crime and justice, a review of research University of Chicago Press.(伊藤康一郎訳『コミュニティと犯罪』東京：都市防犯研究センター，1994.3-1995.3　など)
30) Smith, D.A. & Jarjpura R.G., 1988, "Social Structure and Criminal Victimization," *Journal of Research in Crime and Delinquency,* pp.27-52
31) Schuerman, L. & Koblin, S., 1986, "Community Careers in Crime," *Communities and Crime,* Vol.8 etd., by Albert J. Reiss, Jr. and Michael Tonry, pp.67-100.

第8章　逸脱行動論

I　逸脱行動研究の主題：行動と定義

　社会学が経験的に研究する逸脱行動(deviant behavior)とは，社会の規範に反するとみなされた行動である。クリナード(Clinard, M.B.)は逸脱行動の社会学としてはもっとも古いテキストのなかで「このことには，非行や犯罪，薬物依存，アルコール中毒，精神障害，自殺，夫婦間や家族の不適応，高齢者の問題，マイノリティ集団に対する差別といった規範からの逸脱が含まれる[1]」と述べ，そこには実に多様な行動が含まれることを示したのであるが，それらの共通項は，それらが社会的規範に反しているとみなされている点であり，この意味において逸脱行動という用語はそれら種々さまざまな行動形態を一般化する用語である。

　逸脱行動は規範に反すると「みなされた」行動であるということは，それが何らかの行動に対してある規範が状況的に適用され，そのように定義されたときに社会現象として成立する現実である，ということを意味する。さらに，社会的な規範も，本来，特定の社会のなかで人間の活動によって形成されたものである。したがって，何が逸脱的かは行動に内在する属性によるのではなく，社会的，歴史的，状況的に相対的なものである。

　このように逸脱現象を把握するならば，そこには，一方の逸脱とみなされた行動と，他方の行動を逸脱とみなす活動，つまり行動に反作用し，それに逸脱的と意味付与する定義活動という2種類の人間の活動が含まれていることになる。そして，逸脱の現実がこうした2つの活動からなる現象であるとするならば，それに対する社会学的な関心は，逸脱とみなされた行動(行為者)への注目

と，何らかの行動(行為者)を社会現象としての逸脱へと構築する他者の定義活動への注目からなることになる。オーカット(Orcutt, J.D.)は前者を「規範的アプローチ」，後者を「相対主義的アプローチ」とよんでいるが[2]，それらはまた，逸脱現象を「客観的」に与えられたものとして扱う方法と「主観的」に問題的なものとして扱う方法との区分[3]にも対応している。

逸脱の現象を逸脱「行動」としてではなく，「定義活動」として主題化する相対主義的アプローチには，ミクロ的視野では「ラベリング論」や「社会問題の構築主義」，マクロ的視野では「コンフリクト理論」や「ニュークリミノロジー」などがあり，今日，興味深い逸脱現象の経験的研究が行なわれているが，本章ではよりオーソドックスな逸脱研究を概略するために，もっぱら逸脱とみなされた「行動」に対する理論，すなわち規範的アプローチについて検討する。

II 規範的アプローチの特徴

逸脱「行動」への規範的アプローチの関心の焦点は，行動の記述とその原因の説明にある。その際，ある行動が逸脱行動であることは前提であり，与件とされる。もちろん，この場合にも逸脱「行動」の研究に先立って，なぜそれが逸脱なのかについての社会学的な定義について言及はなされる。「逸脱行動はさまざまな地位や役割に社会的に割り当てられる規範から著しく逸れることを意味する」[4]というマートン(Merton, R.K.)による一般的な定義に端的に示されるように，それは社会における規範を基準とすることを確認する作業であり，このことによって，研究される行動がなぜ逸脱的なのかの理由が，単なる研究者の恣意的な判断によるものではない，ということを示そうとするのである。

かつて，ミルズ(Mills, C.W.)は，初期の社会病理学者が扱う「病理的なるもの」は客観的で同定可能な基準によるのではなく，研究者の先入観が暗黙裏に前提されている，と批判した[5]。すなわち，アメリカにおける初期の社会学者の多くは，田舎の，プロテスタントの，中産階級の生活についての理想化され

たイメージをもち，それと対立するような都市社会の状態が病理的と定義される傾向があると指摘された。社会病理学の社会病理とは，社会病理学者が望ましくないとみなした現実に適用される否定的な定義付けの産物であった。しかし，ミルズの批判より後の規範的アプローチでは，なぜある行動が逸脱行動であるのかについて，社会学者自身の暗黙の道徳観に代えて，当該の社会で流布している規範が基準として採用されるようになった。規範的アプローチは，少なくとも姿勢としては客観性を目指すようになったのである。あるいは「社会病理学者のイデオロギー」が無自覚な規範的パースペクティヴであったのに比してより自覚的な規範的パースペクティヴとなった，といえる。もっとも，この客観性は限定付きのものである。というのは社会学者が社会的に流布している逸脱の定義を自らの研究にとっての前提として採用することは，その定義をとりあえず承認していることになるからである。この点で，研究者の立場性が作用することは避けられない。だが，逸脱研究の対象を選択することには立場性がともなうということ，このこと自体は批判されるべきことではないだろう。

　ともあれ，規範的パースペクティヴは逸脱を社会的な規範に反するものとした上で，それ以上は定義を問題化することなく，ただちに逸脱「行動」に焦点を向ける。逸脱は単に社会でコンセンサスのある規範に基づくものとして与件とされ，この規範の社会的な由来やその具体的，状況的な適用は主題化されずに，行動の原因に関心が向けられるのである。規範的パースペクティヴとよばれるゆえんである。

　ところで，逸脱行動，あるいは犯罪や非行の原因を説明するのは社会学的視点だけではない。さまざまな非社会学的な説明が存在している。超自然的な神秘的な力と結びつけて理解した伝統的パースペクティヴ以外のいわゆる「科学的方法」においても，生物学的説明，精神医学的説明，精神分析的（精神力動的）説明，心理学的説明などが存在している。これらはそれぞれ異なった特徴をもつが，逸脱の原因をもっぱら逸脱者個人のなかに設定する点で共通している。これらに対して，社会学的な逸脱行動の理論は，その原因を社会的・文化

的な環境に求めるところに基本的な特徴があるといえる。

　社会学的な規範的アプローチは，逸脱行動の原因を社会的環境に求めるという点では共通しているとしても，その対象の設定と，その原因の求め方については，マクロなレベルとミクロなレベルと2つの方向に大別できる[6]。マクロ理論は社会環境の大規模な特徴に焦点をあて，個々の逸脱行動ではなく逸脱行動の広範な分布のパターンを説明しようとする。それは通常，大規模な統計的な数値によって表される特定の社会内の発生率としての逸脱行動であり，また社会環境を表現するものとして社会階級，地域社会，社会制度などの概念が用いられる。デュルケム(Durkheim, É.)やマートンの「アノミー論」は，その典型である。それに対しミクロ理論は小規模な社会環境の特徴に焦点を当て，個人が問題となる逸脱行動を示すに至る過程を対面的な相互行為や関係，または小集団といった個人にとっての直接的な社会環境によって説明しようとする。サザランド(Sutherland, E.H.)の「社会的学習論」や，ハーシ(Hirschi, T.)の「統制論」がこれに該当する。

　逸脱現象を規模にしたがってマクロな現象として対象化するか，ミクロな現象として対象化するかという区分は，それらに対する分析の課題としてみれば，逸脱の発生率における社会構造上の差異の説明をめざす「構造的な問い」と，個人が逸脱とみなされる行為にコミットするようになるプロセスの記述と説明をめざす「過程的な問い」として表現することもできる[7]。すなわち，逸脱行動の原因を説明する理論には，マクロ的・構造的理論と，ミクロ的・過程的な理論がある。これらの区分は，それぞれが他方には解消できない固有の課題をもっているが，それらは排他的に対立する区分ではなく，両者を含み込んだ理論へと媒介的に統合される余地をもつ。マクロなアノミー論とミクロな学習論を結びつけた「非行的下位文化論」はこの統合された理論の代表例である。

　マクロ・ミクロの区分とは別に，逸脱行動の社会学的理論は，社会的な原因の所在をめぐってさまざまなタイプが存在する。それら種々多様な理論の分析視点は，つぎのように3つに整理して分類される場合が多い[8]。まず，逸脱的

な動機を社会環境によって生じる緊張，不満としてとらえ，緊張の社会構造的な由来を理論化する立場があり，これは「緊張論(strain theory)」とよばれる。つぎに，緊張論と同じく逸脱的な動機の社会的形成を問うが，それを逸脱的な価値の内面化によって生じるものとし，その学習過程を理論化する立場があり，これは「文化的逸脱(cultural deviance)」(社会学的学習論，社会化理論ともいわれる)」とよばれる。そして第3番目に，逸脱的な動機は人間に本来的に備わっているものとして，したがって，その社会的形成を問うのではなく，それを抑制する統制が弱体化したときに逸脱が生じるものとし，社会統制のあり方を理論化する立場があり，これは「統制論(control theory)」とよばれる。さらに，これらの理論を組み合わせた(実際には文化的逸脱モデルが緊張モデルか統制モデルのいずれかと組み合わされた)「混合理論」がある。

Ⅲ 逸脱行動の社会学的理論の諸潮流

(1) シカゴ学派の社会解体論：初期統制モデル

　逸脱行動について現代にも通ずる本格的な社会学的な理論化は，デュルケムの『自殺論』(1897)におけるアノミー論を除けば，1920年代末のスラッシャー(Thrasher, F.)の『ギャング』(1927)や，ショウ(Shaw, C.R.)とマッケイ(McKay, H. D.)の『非行地域』(1929)など，シカゴ大学の社会学者たちの研究によって始まったといえる。スラッシャーやショウとマッケイが注目したのは，都市の特定地域，つまり，都市社会学の同心円地帯理論のなかで「遷移地帯」といわれるスラム地域における高い犯罪や非行の発生率である。彼らは，この地域における犯罪や非行の多発を社会解体の指標とみなすと同時に，この地域で犯罪や非行が多発しているのはこの地域が解体しているからである，と考えた。それゆえ，彼らの理論は「社会解体(social disorganization)」論とよばれる。

　彼らが社会解体によって意味しているのは，さまざまの制度の解体である。制度の解体は，一方ではスラッシャーが指摘したように通常の制度によっては

住民の欲求を満足させることができなくなるという結果をもたらすが，社会解体のより中心的な結果は，諸制度が解体することによって住民の規範的な統制が失われるということである。そして制度的な統制の不在は，少年たちを社会秩序から解き放ち，逸脱的な行動の可能性を作り出す。このことから，社会解体論は初期統制モデルとして位置づけられるのである[9]。

確かにシカゴ学派の理論は，解体論としてみれば統制論とみなすことができるが，彼らの理論は実際にはそれ以外の要素をも含んでいた。たとえば，スラムは単に慣習的な規範や制度が解体しているのみならず，この地域には慣習的規範が解体しているがゆえに非行や犯罪の逸脱的な文化が存在している点にも注目されている。とりわけショウとマッケイの後の著作『少年非行と都市地域』(1942)においては，解体の概念よりも，犯罪文化が非行ギャング集団によって伝承されていくという側面が理論的に強調されるようになった。それゆえ，彼らの理論は「文化的伝播(cultural transmission)」の理論といわれるのであるが，これは彼らの理論が統制論から文化的逸脱モデルに接近したことを意味する。コーンハウザー(Kornhauser, R.R.)は，スラッシャーの解体論が純粋な統制モデルであったのに対して，彼らは「純粋の統制モデルを展開することと，文化的逸脱モデルの要素を彼らの理論のなかに組み入れることとの間で，ときには2つを接合しながら，揺れ動いていた」とみなし，彼らの理論を「混合モデル」として特色づけている[10]。

シカゴ学派の犯罪や非行の研究は，その研究手法において後の逸脱研究にとって大きな貢献をした。それは，シカゴ学派の調査研究においては，分析におけるマクロレベルとミクロレベルの明確な区分が自覚的に行なわれたという点である。つまり，一方での都市のさまざまな部分における社会問題や逸脱の発生率の地域差についてはマクロレベルの「生態学」的研究が採用されたが，他方で個々の逸脱者についてはその「生活史」的報告を用いたミクロレベルのケース・スタディがそれと区別されて採用された。前者は，その後の社会学では，地域的な生態学的多様性から社会構造における社会階級上の多様性へと移

行し，後者は，逸脱的キャリアの相互行為論的研究へと受けつがれている。

それに対して社会解体論の逸脱行動の理論としての明らかな未熟さは，社会解体と逸脱行動の関係における原因と結果の混同にみられる。クリナードらが指摘するように「それはしばしば社会解体の結果（たとえば犯罪）を社会解体それ自体と区別しそこなっている。とりわけ面倒な混同は，社会解体を，それが説明しようとしている（逸脱）現象と同一視する傾向から生じている。たとえば，論者が非行やアルコール中毒を社会解体の事例として定義するとき，彼らは原因の要素と結果の要素とをごちゃ混ぜにしている」[11]のである。つまり，説明されるべき変数と説明する変数との区別が明確になされていないのであり，そのことは逸脱行動論の後の展開からみるならば，逸脱行動が社会学的研究にとっての説明されるべき対象として，それを説明するための社会環境と区別して，まだ十分に確立されていなかったということである。

シカゴ学派においてはまだ社会解体のひとつの指標として扱われていた逸脱行動が，社会学において説明される固有の対象として位置づけられ，それを説明するための特化した理論が作られ，要するに規範的パースペクティヴにしたがって専門化された領域として確立されたのは，1930年代後半から50年代のサザランドとマートンによってである。

(2) **サザランドの分化的接触理論：文化的逸脱モデルの確立**

サザランドは，シカゴ学派の解体論に混在していた犯罪的価値の伝播という側面を「社会的学習」の理論へと純化させた。サザランドも広義にはシカゴ学派とみなされるが，彼は初期のシカゴ学派のようには解体の要因をあまり重視しない。その一方で彼は，1947年以降，版を重ねた『犯罪学原理』において，犯罪の説明を学習という点に絞って「分化的接触理論(differential association theory)」とよばれる社会心理学的色彩のある理論を構築した。こうした意味で，サザランドは「最初の純粋な文化的逸脱モデルを精緻化した」[12]のであり，分化的接触理論は「社会的学習の伝統の投錨点」[13]であったといえる。

サザランドの分化的接触理論は，犯罪の統計学的な発生率を対象とするのではなく，ある特定の個人がなぜ犯罪的になるのかを説明する理論である。それは，9つの命題によって示されている[14]。

「犯罪行動は，学習されたものである（命題1）」というのが基本主張であるが，その具体的な意味内容はつぎのようなものである。「学習には犯罪にコミットするテクニックと，動機，動因態度，合理化などの特定の方向付けが含まれる（命題4）」が，後者の動機，動因，態度などの特定の方法付けは「規範（とくに法律）を好意的な基準，もしくは非好意的な基準として定義することから学習する（命題5）」。そして，「法を破ることに好意的な定義が法を破ることに非好意的な定義を上回った時に，人は犯罪者となる（命題6）」のである。他方，学習というものは一般的に，「コミュニケーションの過程における他者との相互行為を通して生じる（命題2）」ものであるが，「犯罪にとっての主要な学習は，親密なパーソナルな集団のなかで生じる（命題3）」のであり，この意味では，「人びとが犯罪を学習する過程は，彼らがその他の学習を遂行するのと何ら変わらない（命題8）」のである。

犯罪は学習の所産であるということは，それが犯罪的な文化的価値の習得の結果であり，犯罪者になるということ自体が固有の社会化でもある，ということである。個人は規範の欠如によって犯罪を行なうのではない。慣習的な文化とは対立するとしても，逸脱行動はそれ自体が文化的規範にしたがった行動である。コーンハウザーがこの理論を「文化的逸脱」と表現した理由に示されているように「このアプローチにおいては下位文化が逸脱的なのであって，個人が逸脱的なのではない」[15]のである。この意味において，確かにそれは不満の解決，緊張状態への適用様式として犯罪や非行をみる緊張論とも異なるが，それ以上にハーシが主張するような規範の内面化の欠如に非行の原因を求める統制論とその人間観においてもっとも対極をなすといえるだろう。

サザランドの理論は個々人の逸脱についての社会心理学的な「分化的接触論」だけではなく，逸脱的組織や下位文化の分析に関わる「分化的社会組織論

(differential social organizations)」との2つの部分からなり,後者にみられるように彼自身はマクロ的・構造的なレベルにも関心をもっていたが,一般に注目されているのは,「分化的接触論」のミクロ的・過程的なアプローチである。彼の学習論の伝統は,1940年代から60年代半ばまで,一方のマクロレベルの代表であったマートンのアノミー論(緊張論)とともにミクロレベルの代表として,一時代を画したといえる。そして,1950年代半ばから60年代半ばにかけては,彼の社会的学習理論はマートンの緊張論と統合され,非行的下位文化論として展開されていった。確かに,1960年代後半になるとハーシの統制論がミクロレベルにおいて文化的逸脱に対抗する理論として台頭したことで,その独占的な地位は揺らいだが,この伝統はエイカーズ(Akers, R.L.)らによってなお受けつがれている。さらに,彼の逸脱理論の中核をなす「状況定義」の学習は,人間観の点では文化的逸脱モデルとはもっともなじまない統制論の立場に近いマッツァ(Matza, D.)の「非行の中和化の技術」のなかにも組み込まれている。

(3) マートンのアノミー論:緊張モデルの確立

　サザランド以上におそらくもっとも社会学的な逸脱行動の理論を構築したのはマートンである。1938年に論文「社会構造とアノミー」を発表し,1949年に著書『社会理論と社会構造』として出版されて以来,彼の理論は1950年代から60年代にかけて逸脱の社会学理論において多大な影響力をもった。マートンのアノミー論は逸脱行動のマクロ理論の典型であり,さらに,彼のアノミー論は統制論や文化的逸脱論などの分類のなかでいえば緊張論を代表する理論である。

　彼が注目する逸脱現象は,「なぜ逸脱行動の頻度が,社会構造の相違につれて異なるのか,どうして逸脱の仕方が社会構造の相違につれて,その種類や形式を異にするのだろうか」[16]という問題であり,明確にマクロな現実としての逸脱行動に対する規範的な関心であった。そして,この理由をもっぱら社会環境によってのみ説明することが社会学の理論的な課題であるとされた。さらにいうならば,逸脱行動の発生率の分布というマクロな対象は,それに対応した

マクロな社会環境を理論化することによって説明されるのである。

　まずマートンは，個人を取り巻く社会環境を「社会構造」と「文化構造」から成るとする[17]。社会構造とは「社会または集団の成員がさまざまな仕方で関わりあう社会関係の組織体」を意味しており，階層や階級の構造はその代表的なものである。他方，文化構造とは「特定の社会ないし集団の成員に共通な行動を支配する規範的価値の組織体」である。文化構造はさらに，「文化的に規定された目標や目的や関心」からなる「文化的目標」（アメリカでは「金銭的な成功」）と，目標を達成するための正当な手段とは何かを規定する「制度的規範」に区分される。結論を先取りしていえば，逸脱行動は文化構造の次元における規範の崩壊（アノミー）への反応である。しかもこのアノミーは社会のなかで一様に生じるのではなく，社会構造上の条件によってその強度は多様であり，その結果，逸脱行動の社会的な分布の多様性が生じる，というものである。したがって，まずアノミーの生じる社会的原因が説明される必要がある。

　アノミーの発生は，2つの理由によって説明されている。まず，金銭的な成功という文化的目標はすべての成員に等しく強調されているが，制度的な規範はそれほど強調されていない。文化構造内で制度的規範と文化的目標との強調のアンバランスは，アノミーの発生にとっての全体的な条件となる。しかし，この金銭的成功の極端な強調を背景としつつも，マートンの理論にとってより重要なことはつぎのような社会構造上の条件である。それは，文化的目標がすべての成員に等しく強調されているにもかかわらず，制度的規範によって規定される合法的な手段の実際の利用可能性は社会構造によって制約されており，目標達成の機会には社会構造上の位置によって階級的な不平等があるという点である。このことが社会のなかのある部分に文化的目標と制度的規範の間の葛藤，つまりアノミーを生み出す。換言すると，アノミーへの傾向は社会全体にわたって一様に作用するものではなく，それは合法的手段への接近機会が制限されている下層階層でとりわけ強くなるのである。

　文化の現象としてのアノミーは，人びとに緊張状態をもたらし，個人レベル

ではフラストレーションとして具体化する。逸脱行動は，この緊張という問題状況に適応する方法である。逸脱行動の発生率が社会構造のなかでさまざまに分布するのはこのためである。アノミーは解決されねばならない緊張を生むという意味において，それは動機付けの次元から逸脱行動にとっての圧力となる。これらのことから，デュルケムのアノミー論（規範の崩壊が欲望を肥大化させる）が統制論として特色づけられるのに対して，マートンのアノミー論は緊張論とよばれるのである。要するに，逸脱行動はアノミーの圧力によるのであるが，そのアノミーはとどのつまりは，アメリカの社会を成り立たせている社会構造と文化的構造のあり方に由来する。かくして彼の緊張論は，「「大望」というアメリカの基本的な美徳が「逸脱的行動」というアメリカ的な悪徳を促している」[18]といったアイロニーを含むものとなるのである。

　さらに，アノミーに直面した者は，文化的目標と制度的規範の葛藤のなかで，それに適応し，緊張状態という問題を解決するために，いずれの規範を尊重するかによって「革新」「儀礼主義」「逃避主義」「反抗」などの逸脱行動の諸類型が生まれる。そして，これらの選択もまた社会構造上の位置によって制約されているとされる。つまり，逸脱の発生率のみならず，その種類の分布もまた社会構造と文化構造によって説明されるのである。言い換えると，マートンの理論の射程は，犯罪や非行といった特定の逸脱の形態に限定されたものではない。犯罪や自殺などの個別領域の研究は社会学も含めて古くから存在するが，彼の業績のひとつは，それらを規範に反する行動としての逸脱行動に一般化し，それを社会学的に説明されるべき対象として確立したこと，かつ，その多様な逸脱行動を説明するための理論枠組みを比較的シンプルな形で構築したことであろう。それは逸脱行動の社会学的な一般理論をめざすものであった。

　マートンの理論は，善きにつけ悪しきにつけ徹底して社会学的である。なぜ社会のなかで逸脱行動の発生率が分布しているのか，マートンにとってこの問いに社会学的に応えることとは，統制論とは異なり，逸脱的動機の形成にまで遡って説明することである。しかも彼は，逸脱行動の動機を生物学的，心理学

的に説明する方法を採用しないことを明言し，それを，社会構造や文化構造といった個人を取り巻く社会環境によってのみ説明することを目指す。この意味でマートンはきわめて自覚的に社会学的であろうとしていた，といえる。

(4) 非行的下位文化論：緊張モデルと文化的逸脱モデルの統合

　マートンのアノミー論はサザランドの分化的接触理論とともに1960年代の後半まで逸脱の社会学的研究にとってのもっとも支配的な理論枠組みを提供することになった。そして，この２つの理論的潮流のなかで1950年代後半からサザランドの理論とマートンの理論を統合しようとするいくつかの試みが現れた。それはコーエン(Cohen, A.)の『非行少年』(1955)やクラワードとオーリン(Cloward, R. A., and Ohlin, L. E.)の『非行と機会』(1960)のなかで展開された「非行的下位文化論(delinquent subculture)」である。これらは基本的には，マートンの「アノミーと社会構造の理論」に示された緊張論の視点を出発点としている。明らかにされるべきは非行が社会システム内で一定の様式で分布しているという事実であり，それは既存の文化の基準を満たすことの困難性が社会的に構造化されている結果だとみなされる。この意味では，それらはマートンの理論枠組みを備えるものであるが，同時に，マートンの理論がマクロな緊張論にのみとどまっていることが批判の対象となる。

　コーエンやクラワードらに共通しているマートンへの批判は，彼の逸脱行動の把握の仕方が原子論的であり，個人主義的であることに向けられている。すなわち，マートンは，構造的に生み出された緊張に直面した人びとがそれに逸脱的に適応する際に，人びとは個人的に対応し，処理しているとみている点である。それに対してコーエンらは，非行はマクロな次元で構造的に生み出された問題に対する「集団的な解決」であるとみるのである。そして，この集団的解決を支えるのが非行的下位文化である。「非行的下位文化は……適応という問題を処理する方法である」。[19] そして，この緊張に対する適応の仕方については，サザランドの「分化的接触理論」やショウとマッケイの「文化伝播理

論」が援用される。他方，分化的接触や文化伝播の理論は学習されるものとして犯罪文化を与件としているが，その起源を説明していない。そこで，彼らの非行的下位文化の理論では，その由来が問われ，この問いに対してはマクロな視点から社会構造的な由来が説明される。要するに，コーエンやクラワードらはマートンと同様に構造が不満を生み，非行は社会構造的に生み出された不満の解決であるという緊張論の枠組みを踏襲しつつも，その問題の解決が逸脱行動へと具体化されるための条件を明確にするために，構造と行動の間に新たな媒介的な変数として下位文化を設定することで補完した，といえるだろう。

問題の解決が集団的な解決であり，非行的下位文化が介在しているという論点については，コーエンもクラワードも同様である。また，両者は，非行には大人の犯罪とは区別される固有な行動形態や原因があることに注目している点でも共通している。しかし，逸脱的に解決されるべき問題の性質や逸脱的な下位文化の内容については，それぞれ独自なものがある。

まず，コーエンからみてみよう。彼が注目する労働者階級の少年たちの非行は，「非功利的な悪意に満ち」ており，「気まぐれさ」「短絡的快楽主義」「集団の自立性の強調」などによって特徴づけられる。この少年非行の特質に対して，マートンの経済的成功という文化目標の普遍的強調と合法的手段への接近機会の構造的不平等に由来する緊張，およびそれへの「革新」という適応様式が犯罪を生むと説明する理論は，大人の財産犯への説明としては「非常に説得力がある」[20]としつつも，それはアメリカ社会の非行の特徴である非功利的性質を説明することには失敗している，とみなされる。より一般化していえば，コーエンは逸脱行動の動機をとらえる視点として，マートンの功利的な「目的・手段関係」に対して非功利的な「メッセージ・シンボル関係」[21]の側面を重視しているのである。

非行の行動形態が大人の犯罪と異なるのは，緊張論にとって要である動機(不満)の性質が異なるからである。アメリカでは中産階級の文化が普遍的に強調される。したがって，労働者階級の少年が通う学校においても中産階級の文

化が評価基準として適用される。それは，大きな志，個人の責任倫理，技能の育成，長期的目標達成のために当面の満足の延期，経済的な合理性，マナー・礼儀正しさ，暴力の統制，健全な余暇，所有の尊重などからなる。だが中産階級の家庭とは対照的に労働者階級の家庭における子どものしつけは学校の基準と隔たりがある。したがって，労働者階級の子どもはこれらの尺度にしたがってうまく行動することができない。そこで学校での評価は低くなる。しかも，彼らは中産階級文化に基づく評価の尺度をすでに内面化しているがゆえに，自らへの低い評価に気づき，それに屈辱を感じることになる。少年にとっての不満は，既存の文化の基準を満たすことの困難性が社会的に構造化されている結果であるとする点ではコーエンはマートン理論の枠内にあるが，それは経済的な不満ではない。解決されるべき問題は自己の尊厳の問題であり，「地位の不満」である。

　この問題を解決する方法はいくつかあるが，労働者の文化にあまんじる，中産階級文化のなかで上昇をめざす，といった生き方以外の問題の解決は，学校＝中産階級文化とは別の評価基準を得ることである。そのためには集団的な支えが必要とする。非行的下位文化の意義はまずここにある。またこの下位文化は，すでに自らの内に内面化された中産階級の規範に対抗するために，それを過剰に拒絶する表現スタイルとなる。非行的下位文化とは中産階級文化に対するアンチテーゼである。非行的下位文化にともなう悪意に満ち，非合理な非功利的な性質は，上品なマナー等からなる中産階級文化の内容に対するこうした「反動形成」としてみれば理解可能となるわけである。

　他方，クラワードとオーリンは，経済的成功の機会が構造的に不均等に配分されていることを根本的な動機付けとする点ではコーエン以上にマートンのアノミー論の「目的・手段図式」により忠実であり，それに変更を加えることなく踏襲している。それに対して，彼らがとくに注目するのは非行の形態の多様性であり，マートンのアノミー論はこの非行の形態の多様性を説明するうえで不十分であると評価する。

彼らが理論的に強調するのはつぎの点である。すなわち，合法的手段の利用可能性への構造的な制限は逸脱への動機を形成する究極的な圧力となるが，「逸脱的パターンへと導く圧力は，結果として生ずる逸脱の特定のパターンを決定するものではない」[22]ということである。そこで逸脱行動の形態を特定する新たな変数として注目されたのが「非合法的手段への接近機会」である。つまり，マートンのアノミー論がいうような合法的な手段への接近機会に構造的不均等が存在しているのみならず，「非合法的手段」の利用可能性においてもまた社会的に構造化された多様性がある。こうした非合法的な接近機会についてはサザランドやショウとマッケイらのシカゴ学派の犯罪文化の学習についての伝統が充当され，クラワードとオーリンは「異質的機会構造(differential opportunity structures)」の理論とよばれる非行的下位文化論を定式化したのである。そして，この理論のなかで彼らは，非合法的機会構造が定着しているコミュニティで形成される「犯罪的下位文化」，大人の犯罪があまり組織されておらず非合法的機会にも接近しにくい地域の青年が自分たちの価値を暴力や抗争に求める「闘争的下位文化」，合法的機会からも非合法的機会からも完璧に締め出された2重の失敗者としての青年が薬物使用などに逃げ込む「逃避的下位文化」という3つの非行的下位文化を類型化している。

　非行的下位文化論は，特定の形態をもった逸脱行動の原因をマクロな構造による究極的な圧力によって一挙に説明するのではなく，構造と行動の間に下位文化の学習を新たな変数として介在させる。この点からみるならば，マートンとサザランドの理論的統合は，緊張論と文化的逸脱のパースペクティヴの統合であると同時に，マクロレベルの理論とミクロレベルの理論の統合でもあった。しかし，この統合化の試みはマクロ的アプローチの不十分さを補うためにミクロ的アプローチへ接近したものであることを考慮に入れれば，それは基本的にはマクロ的・構造的な理論枠組みであるといえる。

(5) 中和化の技術と社会的絆の理論：統制モデルの復興

　1960年代後半になると，緊張論や文化的逸脱，およびそれらを統合した下位文化論への批判が強まり，それに替わろうとする理論が登場してきた。そのひとつが統制論である。統制論の立場は，非行の因果的な考察において，原因を動機の社会的形成に求めるのではなく，「効果的な統制の欠如」という観点から非行を説明する。なぜならば，ここでは，非行への衝動は若者に本来備わっている内在的な特性であり，それ自体としては説明を必要としないことが前提にされているからである。「それは蓋（内面化された文化的な抑制，あるいは外的な権威）がはずされると，噴出される何らかのものである」とみられ，考察するべきはむしろこの蓋（統制）であるとみなされるのである[23]。

　統制論の観点は，この用語が普及した後に事後的に振り返れば，デュルケムの『自殺論』におけるアノミー論や，シカゴ学派の社会解体論にまで遡ることができる。しかし，この立場が緊張論や学習論との対抗軸上で独自のパースペクティヴとして自覚化され，理論として純粋化されたのは，マッツァとハーシの業績に依るところが大である。

　マッツァは『漂流する少年』（1964）のなかで，同時代のコーエンやクラワードなどの緊張論をベースにした非行的下位文化論(delinquent subculture)は「非行者と順法的な行為者との間には根本的な差異があり」「非行に親和的な規範的価値によって非行が決定されている」という考えに立っているとみなし，自らが依拠する「人間の行動が因果的に決定されていることによって自由が剥奪されているとはみない」という「柔らかい決定論」の立場から，それらを規範的な決定論として批判した[24]。そして，彼は統制論の立場から独自の非行の下位文化(subculture of delinquency)の理論を展開した。

　マッツァが，非行的下位文化論を批判するのは，同時代の非行少年のふるまいについての具体的な理解に基づいている。たとえばマッツァは，捕まった時「多くの非行少年は罪や恥の感覚を経験している」[25]ことに注目する。この現象は，慣習的な文化と内容的に対立し，法律違反を道徳的に正しいとするよう

な規範を非行少年は強く内面化していると想定するそれまでの非行的下位文化論によっては説明できない。さらに，それらは，非行少年が社会構造によって決定されている特異な存在であるという前提に立っているが，この前提によれば，非行少年の多くが結局のところは更正してゆくという事実を説明することは困難である。「大多数の非行理論は，成熟による改善を考慮に入れていない」[26]のであり，むしろ非行少年とは，大人に至る過程で一時的に非行の世界と慣習的な世界との間で「漂流している」少年なのである。

　このように，学習されたものにしろ，構造的緊張による不満にしろ，非行への強い動機が社会的に形成されるとする立場は否定される。非行の動機が社会によって構造的に生み出されるのではなく，また非行的下位文化に一体化していることで生み出されるのではないとすれば，非行の動機レベルの可能性は社会階級とは無関係に誰にでもあることになり，他方，非行少年も慣習的な規範を内面化していることになる。別言すれば，この慣習的な規範が逸脱行動を抑制し統制する効力を失えば，誰でも非行が可能になる。この点でマッツァは統制論に接近していることになる。マッツァによると，内面化された規範が翻訳され，逸脱を抑制する社会統制の効力がないかのように拡大解釈されるとき，つまり「責任の否定」「損害の否定」「被害者の否定」「非難する者への非難」「より高い忠誠の表明」などからなる理屈によって逸脱が正当化されるとき，非行は生じる。その際，留意すべきはつぎのことである。正当化は通常，合理化として逸脱行動の後で個人を自責や他者による非難から守るものとしてみられているが，マッツァの主眼は，「それは逸脱行動に先行し，逸脱行動を可能にする」ものとし，逸脱行動にとっての因果論的な意味(柔らかい決定論)を与えている点にある。要するに，「統制」の効力を中和化するテクニックを「学習」すれば，誰でも非行を行なうことができる，ということである。

　彼は，こうした逸脱行動の正当化の方策を「中和化の技術」とよび，「少年が非行的になるのは，支配的社会の道徳的命令，価値，態度などに真っ向から対立する道徳的命令や価値や態度を学習することによってではなく，これらの

テクニックの学習による」[27]とみたのである。少年期のある時期に一時的に非行と慣習的な世界の間を「漂流している」ということのみならず，非行を犯している最中においても，2つの世界の間を「漂流している」のである。したがって，学習するべきものとして非行の下位文化が少年に提供するのは，明確に反社会的で逸脱的な内容をもった規範ではなく，自らの非行を慣習的な世界において正当化するための論理としての中和化の技術なのである。

　マッツァが非行の条件とした中和化の技術の学習は，サザランドの理論に含まれている状況定義の学習から着想を得，それを展開したものである。この意味ではマッツァの非行の下位文化は，統制論の人間観をベースとしつつ，それをサザランドの社会的学習論によって補完したものといえる。

　ハーシはマッツァ以上に，統制論の立場，すなわち逸脱的価値の学習によるにしろ，緊張の結果によって生まれる不満にしろ，逸脱的動機の形成を問わないという立場を徹底化し，それを純粋化した。したがって，彼にとっては，サザランドとマートンのいずれもが批判の対象となる。

　『非行の原因』(1969)におけるハーシにとって問題は，「なぜ人は社会のルールにしたがわないのだろうか？」ではない。逸脱的動機はすべての者にとっての与件である。この人間観に立てば，問題はむしろ「人はなぜ社会のルールにしたがっているのだろうか？」ということになる[28]。彼は，それを社会の統制が有効に作用しているか否かの問題とみる。統制という用語は社会学的にはさまざまな意味合いを含むが，彼のいう統制とは，既存の社会に人びとをつなげる「社会的絆」である（ハーシの理論は「社会的絆理論(social bond theory)」ともよばれる）。さらに絆とはより具体的には，規範を内面化し，他者の願いや期待に無頓着ではないことを示す「愛着」，法を侵犯することにより失うものへの恐れを生じさせる「コミットメント」，悪徳にかかわる機会もないほどに時間とエネルギーを日常の有意義な諸活動へ没頭させる「巻き込み」，道徳の妥当性への信頼感としての「規範観念」などの要素から構成される。

　コーエンやクラワードなどが緊張論と学習論という異なるパースペクティヴ

を統合しようとしたのに対して、ハーシやコーンハウザーなどの統制論者は諸理論間の統合化の試みには否定的であり、むしろそれらの両立不可能性を析出することに精力を傾け、ひるがえって統制論自体の純粋化をめざす。このような姿勢に立つハーシからすると、マッツァの理論さえも「中和化の技術」が動機付けの意味合いをもつ点で、不徹底と批判されるのである。

他方、統制論への主要な批判は、当然のことながら逸脱への動機形成を問わないこだわりに対するものである。カレン(Cullen, F. T.)は、「社会統制があらゆる非行行動を不可能にするほど十分に強力であるとき、……そのことは若者が彼の人生のストレスがいかに深刻であろうとも、「正気でない」振る舞いをしたり、自殺したりするといった他の逸脱的反応に向かわないことを意味するのだろうか」[29]と疑問を呈し、クリナードらは、人間性を邪悪なものと描く「この理解の仕方は社会学者や人類学者によって共有されている観点とは一致しない」[30]と指摘する。しかし、この論点に関してはハーシが人間観の違いを盾にしている以上、議論は平行線のままとなる。

ハーシの統制論をめぐるもうひとつの論点として、そのミクロ的性質にかかわるものがある。サザランドの分化的接触理論に対するハーシの批判は、その文化的逸脱のパースペクティヴへの批判であったが、そのことはまた、ミクロレベルにおいて長く支配的理論の座を占めていたサザランドの理論を統制論に取って代えようとする試みでもあった。そしてこのことは同時に、ハーシによるマートンのアノミー論への批判を、その緊張論としての性質への否定であるのみならず、逸脱の社会学的理論全体をマクロレベルからミクロレベルへと移行させることをも意味するものにした。しかし、仮にマートンの緊張論への批判が妥当であるとしても、彼のマクロ的な枠組みの妥当性までも否定したことにはならない。したがって、エンペイ(Empey, L. T.)のように、ハーシの統制論による非行研究を積極的に評価しつつも「少年が両親からのより大きな愛を必要としていることに気づいたとしても、……彼らの問題の根本には、経済的、政治的、文化的な作用があり、それらは彼らの直接的な過程の範囲をはるかに

超えて広がっている。こうした作用については，統制論は適切な理解を提供していない」[31] といった批判が生まれてくるのは，けだし当然であろう。

しかしながら，たとえばデュルケムの『自殺論』や解体論の生態学的研究にみられるように，統制論の枠組み自体はミクロ的である必然性はない。したがって，「我々は統制論によって与えられた知見を，より広い，より構造論的な理論と統合させなければならない。家族内部や学校を越えて，政治的，経済的，人口学的な作用による家族や学校などの制度に対する影響をも調べなければならない」[32] という指摘は，統制論の立場を支持するにしても傾聴に値するであろう。そして事実，統制論の立場を擁護するコーンハウザーもまた，緊張モデルと文化的逸脱モデルを否定したうえで，「マクロ社会的統制論とミクロ社会的統制論のより適切な連結に向けて……非行の研究は有益に方向を定めるべきであろう」[33] と結論づけているのである。

注）

1) Clinard, M.B., 1957, *Sociology of Deviant Behavior*, Rinehart, 22.
2) Orcutt, J.D., 1983, *Analyzing Deviance*, The Dorsey Press, 6.
3) Rubington, E. and Weinberg, M.S., 1987, *Deviance : The Interactionist Perspective*, 5th ed., Macmillan, 3.
4) Merton, R.K., 1976, "The sociology of social problems," in R.K. Mrtonand R. Nisbet, eds., *Contemporary Social Problems*, 4th ed., Harcourt Brace Jovanovich, 28.
5) Mills, C.W., 1942, "The Professional Ideology of Social Pathologist," *American Journal of Sociology*, 49 (Sep.): 165-180.
6) Orcutt, J.D., 1983, op.cit., 11. Cressey, D.R., 1960. "Epidemiology and Individual Conduct : A Case from Criminology," *Pacific Sociological Review*, 13 : 47-58.
7) Akers, R.L., 1968, "Problems in the Sociology of Deviance: Social Definitions and Behavior," *Social Forces*, 46 : 456-457.
8) Kornhauser, R.R., 1978, *Social Sources of Delinquency : An Appraisal of analytic Models*, University of Chicago Press. Hirschi, T., 1969, *Causesof Delinquency*, University of California Press.（ハーシ，T.〈森田洋司・清水新二監訳〉『非行の原因』文化書房博文社，1995). Higgins, P.C. and Butler, R.R., 1982, *Understanding Deviance*, McGraw-Hill.

9）Kornhauser, R.R., 1978, op.cit., 51-131.
10) Ibid., 27.
11) Clinard, M.B. and Meier, R.F., 2001, *Sociology of Deviant Behavior*, 11th ed., Wadsworth, 112.
12) Kornhauser, R.R., 1978, op.cit., 21.
13) Orcutt, J.D., 1983, op.cit., 68.
14) Sutherland, E.H., Cressey, D.R. and Luckenbill, D.F., 1992, *Criminology*, 11th ed., General Hall, 88-90.
15) Kornhauser, R.R., 1978, op.cit., 25.
16) Merton, R.K., 1957, *Social Theory and Social Structure*, rev. ed., The Free Press.（マートン, R.K. 森好夫・他訳『社会理論と社会構造』みすず書房, 1961, p.121）
17) Ibid.,（邦訳 p.150）
18) Ibid.,（邦訳 p.136）
19) Cohen, A.K., 1955, *Delinquent Boys: the Culture of the Gang*, Free Press, 121.
20) Ibid., 36.
21) Cohen, A.K., 1965, "The Sociology of the Deviant Act: Anomie Theory and Beyond," *American Sosiological Review*, 30 (Feb.): 12-13.
22) Cloward, R.A., and Ohlin, L.E., 1960, *Delinquency and Opportunity: A Theory of Delinquent Gangs*, The Free Press, 40.
23) Cohen, A.K. and Short, J.F., 1961, "Juvenile Delinquency," in *Contemporary Social Problems*, R.K. Merton and R.A. Nisbet, eds., Harcourt, Brace and World, 106.
24) Matza, D., 1969, *Becoming Deviant*, Prentice-Hall.（マッツァ, D. 上芝功博ほか訳『漂流する少年』成文堂, 1986, pp.49-50）
25) Sykes, G.M. and Matza, D., 1957, "Techniques of Neutralization: A Theory of Delimquency," *American Sociological Review*, 22 (Dec.): 664.
26) Matza, D., 1969, op.cit.,（邦訳 p.30）
27) Sykes, G.M. and Matza, D., 1957, op.cit., 667.
28) Hirschi, T., 1969, op.cit.,（邦訳 p.23）
29) Cullen, F.T., 1984, *Rethinking Crime and Deviance Theory*, Rowman and Allaheld, 147.
30) Clinard, M., B. and Meier, R.F., op.cit., 2001, 144.
31) Empey, L.T., 1985, "Analysis and Critique: Social Control Theory," in Traub, S.H. and Little, C.B., eds., *Theories of Deviance*, F.E. Peacock Publishers, 276.
32) Ibid., 276.
33) Kornhauser, R.R., 1978, op.cit., 253.

第4部

社会病理研究の新たな立場

第9章　社会構築主義アプローチ

I　社会構築主義の創生

　社会問題研究の分野で社会構築主義の基礎を提供したとされる著書が出版されてすでに四半世紀以上におよぶ[1]。その一方で，わが国では社会構築主義があたかも新しいパースペクティヴのように注目されているのは不思議な光景だ。この現象は実は社会構築主義を適用することによって十分に説明できると筆者には考えられるのだが，いずれにせよ一見百花繚乱のように思われる社会学において，この現象が他の注目されるべきパースペクティヴの不在を示しているとするならば残念なことである。

　社会構築主義は，アメリカ合衆国において，今までに社会問題の社会学とよべるものは存在していないと大上段に振りかざして1970年代に登場した。その基本的な主張は，「社会問題は，なんらかの想定された状態について苦情を述べ，クレイムを申し立てる個人やグループの活動である」とし，「社会問題の理論の中心的課題は，クレイム申し立て活動とそれに反応する活動の発生や性質，持続について説明することである」というものである[2]。

　社会構築主義はその始原のひとつをレイブリング・パースペクティヴ（ラベリング理論）にもつ。レイブリング・パースペクティヴの代表的な研究者であったベッカー(Becker, H.S.)は，逸脱とはその人の行為の属性ではなくて，人びとが逸脱というレッテルを貼った結果であると述べた[3]。社会問題への社会構築主義アプローチは，クレイム申し立てを通じて社会問題というレッテルを貼ることによって社会問題が構築されると考えるものだということができる。すなわちレイブリング・パースペクティヴと軌を一にしているのである。

Ⅱ 社会構築主義の基本的スタンス

　社会構築主義は社会問題の原因の究明と改善策の提示をめざすことを目的としてはいない。一言でいえば，実践から距離をとろうとする。アメリカ合衆国の社会構築主義研究者によってしばしば用いられるキャッチフレーズ的な表現を引用すれば，社会構築主義は──それがすべてではないけれども──「私たちが知っていることをどのように私たちが知っているのかを問う」[4]という側面をもっている。すなわち，社会問題がどのように社会問題となったのか，社会問題として認識されるようになったのかを調べる。その調査は，質的な事例研究が多く，最近の例をあげれば，少年犯罪の凶悪化，児童虐待，ドメスティック・ヴァイオレンス，ストーカーであったり，ヘイト・クライムであったりする。

　社会問題研究における社会構築主義は最初，研究対象から距離を取る観照的なスタンスを取り，理論を志向したように思われる。それは，レイブリング・パースペクティヴが実証主義的，政策科学的に評価の対象となって衰退していったことを目のあたりにしているためかもしれない。たとえば，現在，感情の社会学で活躍しているトマス・シェフ(Scheff, T.J.)は，1970年代，精神障害に対するレイブリング・パースペクティヴからの研究を行なっていたが，それを精神障害に対する原因論的観点の命題にまとめた結果，実証主義的な検証によってその多くが否定されるに至った[5]。

　社会構築主義は当初，実践から距離を置くことを義務づけていたように思われる。社会構築主義はフェミニズムと親和性をもたなくはない。フェミニズムの研究者は，人びとが生物学的に規定さていたり生物学的に根拠をもっているとみなしていると思われる現象や制度が実はジェンダーに基づいて文化的，社会的に構築されたものであることを指摘する。その上でフェミニズムは性別役割を疑問視し，現在の家族形態を自明視せず，性差別によってもたらされてい

ると考えられる状況や制度の改善と撤廃を求める[6]。

　社会構築主義的パースペクティヴからの家族研究も存在する[7]。ただ，それはフェミニズムと共通点をもちながらも，差別の克服を求める運動とは一線を画しているように思われる。社会の改革を直接的に求めたりはしない。のちに社会構築主義の2つの立場のひとつとして紹介される「厳格派」は，とくに対象と距離を置き，社会学者が自ら運動を行ないながら研究するというスタンスを拒否しているように思われる。社会構築主義を全体としてみても，社会問題の原因を自ら探求したり解決策を提示しようとするものではなく，むしろ原因の帰属のされ方あるいはその変遷を調査する。傍観者的ともいえるのであり，その意味で客観主義的といってもよい。すなわち，ジャーナリズムの世界でいえば，自ら真実を探し出して報道しようという使命感をもった「調査報道」ではなく，行政機関なり当事者なりが述べる内容をできるだけ忠実に伝達しようとする種類の報道という意味での「客観報道」ということができよう。

　しかし，社会問題に対するこのスタンスを保持するのは容易ではないことが想像される。日本においてはそれほどではないかもしれないが，草の根の社会運動の伝統をもつアメリカ合衆国ではむずかしいであろう。社会問題そのものの原因の解明や解決を直接的にめざすものではないというスタンスはプラグマティカルな志向の強いアメリカ合衆国では理解を得るのがむずかしいようにも見受けられる。たとえば，このパースペクティヴがそこにおいて発展したアメリカ社会問題学会においては，確かに社会構築主義が理論部会ではドミナントとなっているが，経験的研究においては理論部会での議論が反映されているとは思われない発表――たとえば自己の「性的オリエンテーション」の正当性を主張するタイプの「社会的構築」の報告――が行なわれてきたし，そもそも学会大会では，毎年，社会問題の解決に熱心に取り組み貢献している活動家や活動団体を表彰したりもしている。

　社会構築主義は，社会問題の原因や解決策を直接に考究しようとしなくとも，十分に有用性はあり存在意義もある。もちろん有用性の程度も質も異なるが，

社会構築主義は十分に社会的貢献を果たしうる。後に述べるように，社会構築主義の「コンテクスト派」は理論的純粋性よりも社会的有用性を選択したと，厳格派的な立場から非難されているほどである。

　そもそも，たとえ対象と距離を置いた観照的スタンスを取ろうとも，それがひとつの利益関心を提示していることは否めない。必要なのは社会構築主義を前提や仮定をもたない科学へと純化することではなく，研究者自らがひとつの利害関心集団として行動していることへの自覚ではないかと筆者には思われる。「リフレクシヴィティ」はかならずしも，対象と文脈との相互関係というようなエスノメソドロジーの狭い意味に限定されて用いられるものではなく，慣習的な用法でもある研究者と研究対象との関係の把握においてもその使用が認められるべき概念ということができよう。

　社会構築主義と他のパースペクティヴとの違いを実践との関係でとらえたが，実はこれは理論的対立点でもある。すなわち社会構築主義は，社会問題の定義は社会のメンバーに従うとしている。社会学者が専門家として自らこれが社会問題だと同定してその原因や解決策を提示しない。それは，社会批判を社会科学のひとつの使命だと考える立場からすると，もっとも社会的に苦しんでいる人たちの味方にはなりえない学問的パースペクティヴだということになる。なぜならば，社会問題は，社会構築主義の観点から考察しても社会的資源を動員する能力があって初めて構築することが可能だからだ。あえていえばもっとも苦しんでいる人びととは，すなわち，もっとも悲惨な状態に置かれている人びとは，自らの状態の問題性を他者に訴えることができず，社会問題としての認識を他者にもたせるにはいたらない，いやそれどころか自分たち自身がその認識さえもちえないことも十分に考えられるからだ。

　「厳格派」の社会構築主義にとっては，理論的にかつ認識論的に，潜在的な社会問題は存在しないことになる。しかしながら「コンテクスト派」にはこの批判は当てはまらない。なぜなら後者の立場からは，ある状態がどのようにして社会問題になりえないままでとどまっているのかを考察することもまた可能

だからである。

　社会構築主義は，社会問題がどのように人びとの相互行為によって構築されるのかを，その過程で用いられるレトリックや社会的資源に着目して考察する。社会構築主義の基礎を築いた者のひとりは，社会構築主義によってこそ唯一の社会問題の理論が築かれうるとしたようだが，私見によれば——多くの社会構築主義者は同意しないかもしれないが——社会構築主義は社会問題の一側面を考察するために有益な理論的パースペクティヴだといってもよいのではないかと思われる。

Ⅲ 社会構築主義の2大潮流
——「オントロジカル・ゲリーマンダリング」のもうひとつの見方

　社会構築主義は一枚岩のパースペクティヴではなくて，そこにはさまざまな立場が存在していることが，以上述べてきたことから明らかになったと思う。社会構築主義は多様な観点の総称であり，互いに調停不可能な立場をそのなかに包含しているといえなくもない。ポストモダニズム的な立場も存在する，フェミニズムに近い立場も存在する，厳格派のように現象学的還元を徹底させようとする立場も存在する。

　あえていえば，社会構築主義の魅力は誰も所有権（オーナーシップ）を主張しえないことにある。これに対して社会構築主義の厳格派と類似点を持つ「エスノメソドロジー」は普通名詞のように聞こえるが，実際には「ガーフィンケルの」という所有格がついているように見受けられ，多くの研究者がそのメンバーシップを離脱していった。しかし，社会構築主義にはそのままとどまることができる。筆者は，多様性とそれに基づく豊饒性こそが社会構築主義の特徴だと考える。

　社会構築主義はすでに示唆したように主要には2つの代表的な立場がある。ひとつは「厳格派」，もうひとつは「コンテクスト派」である。これは，1985年，アメリカ社会問題学会の学会誌『社会問題』においてウールガー（Woolgar,

S.)とポーラッチ(Paluch, D.)によって書かれた論文「オントロジカル・ゲリーマンダリング」による社会構築主義への批判を契機とする[8]。

社会構築主義は，社会問題は人びとが社会問題と考えるところのものであるとしながら，実際には恣意的な境界線を引くこと(「ゲリーマンダリング」)を行なってしまっており，ある社会状態の存在を研究者が勝手に措定してしまっているというのが彼らの批判であった。

たとえば，「従来からセクシュアル・ハラスメントに該当する行為はあったが，フェミニズムなど女性の権利意識の高揚とともにそれらはセクシュアル・ハラスメントと命名されて社会問題となり，その行為を行う男性には職場などで罰則も適用されるようになった」と述べたとすれば，それは，過去を研究者が勝手にセクシュアル・ハラスメントに該当する行為が存在していた状態とそれに対するクレイムに分けて判断していることになる。社会構築主義の立場からすると，社会問題が定義され社会的に成立する以前には社会問題の状態は存在しえないはずだ。

この批判に対して，オントロジカル・ゲリーマンダリングを行うべきでないとするキツセらは，状態への言及を避けるため，それを「状態カテゴリー」とよぶこととし，その状態カテゴリーに関してどのようなレトリックが用いられているのかを分析すべきとするプログラムを提示した[9]。しかしたとえ状態には言及しないで，それを状態カテゴリーと言い換えたとしても，あることを対象として措定し別のことを分析用具とするという行為をする以上，ある表現を説明対象とし別の表現を分析概念というように腑分けしてしまっているように筆者には思われる。また，その後に出版されたポーラッチの小児科医に関する社会史的考察をみても，自らの批判をどのように克服しているのか定かではない[10]。

キツセ(Kitsuse, J.)らの提示したプログラムに対して，厳格派に近い立場からもそれが批判を克服したものであるという肯定的評価はもたらされていない[11]。他方，オントロジカル・ゲリーマンダリングは避け得ないとするジョエル・ベストは自らの立場を「コンテクスト派」と称するようになった。

この論争に加わることは徒労となるに違いないと筆者には考えられた。なぜならば，オントロジカル・ゲリーマンダリングの批判に対して，厳格派は当初から自らの公準を破ってしまっているからだ。すなわち，オントロジカル・ゲリーマンダリングという問題を解決しなければならないとし，解決策を提示しようとしたのである。アメリカ合衆国以外の厳格派の研究者も同じくこのスタンスで臨み，論文のスタイルも従来のコンヴェンショナルなものと異ならない，対象を実体化したスタイルで解決策を模索しようとした。しかし，筆者が厳格派であったならば，どのようにオントロジカル・ゲリーマンダリングという問題が構築されたのかを記述し分析するにとどめたであろう。この論争は，厳格派にとって自ら公準を維持するのがいかにむずかしいかを示すというパラドキシカルな帰結をもたらすこととなったといってもよいのではないだろうか。

ただ，このようにいったからといって厳格派からの研究の価値がいささかもゆらぐわけではない。厳格派からのアプローチもすぐれた貴重な研究成果を産み出しており，さまざまな知見をもたらし，重要な示唆を与えてくれることはいうまでもない[12]。

Ⅳ 社会構築主義の台所
——基本的フレームワーク，ヴォキャブラリー

社会構築主義はまだ発展途上にある。社会学がそれほど多くの特別な概念のレパートリーをもっているわけではないのに類似して，社会構築主義の台所も比較的シンプルだ。専門的なことは他の内外の研究者による論文などを読んでいただくこととして，ここでは基本的な概念を紹介することとしよう[13]。

本論文の冒頭に掲げた社会構築主義の研究課題を提示した文章から明らかなように，社会構築主義から行なう社会問題研究のもっとも基本的な概念は「クレイム申し立て」である。日本語にすると謙譲語的なニュアンスが入っているように思われるかもしれないが，本来そういうわけではない。

「クレイム」とは，要望，要求，主張，苦情であったり抗議であったりする。

その申し立ては個人の行為者によって行われる場合もあれば，集団や組織によって行なわれる場合もある。集団等の場合を含めて，彼らを「クレイム申し立て者」とよぶことにする。クレイム申し立て者はクレイム申し立てを「聴衆・観衆」へ向かって働きかける。

この一連のクレイム申し立て活動は「社会問題作業（ワーク）」[14]ともよばれる。わざわざそのようによぶことの利点は，社会問題とはそれに対して取り組むことが要請されている対象の物的な属性によるのではなく，ある現象を人（びと）が主観的に社会問題であるとカテゴリー化し，相互に働きかけあう過程で意味を創出し付与する人間の活動であることを再確認できるからである。さらに，これを「社会問題ゲーム」とよぶ場合もある[15]。

社会構築主義にとって，クレイム申し立てによってどのように現象が「類型化」されたり「カテゴリー化」されて社会問題が構築されるのかが主要な関心となる。クレイムは同種あるいは類似のものもあれば対立あるいは対抗するようなものもあろう。したがって，それらのクレイムの間で「クレイム・コンテスト」が発生しうる。

クレイム申し立ては他者に対して自らが主張する社会問題を記述しその重要性を訴え対策の必要性を認識させる活動でもある。それは「レトリック」を用いて他者を「説得」する活動にほかならず，「レトリック活動」とよぶにふさわしいものである。いかなるレトリックが用いられるのか，どのように「事例」が利用されるのか，どのように情緒や情動性を喚起してそのことによって社会問題の達成が行われるのかも注目されるべき留意点のひとつとなろう。

先に確認したように，クレイム申し立て者は個人のこともあれば集団のこともある。前者から後者へと組織化が行なわれる場合，あるいは集団内部でクレイム・コンテストが起こり集団が分裂していく場合もあろう。「被害者」がクレイム申し立て者である場合もあれば，被害者への支持活動の一環として被害者の救済を求めて，クレイム申し立てが被害者とは異なる団体から行なわれる場合もある。被害者がどのように構築されるのか，いったい誰が真の被害者と

されるのかについて「被害者コンテスト」とよびうる状況が出現する可能性もある[16]。

　クレイム申し立て者は，クレイムの申し立てを人びとに向かって語りかけるばかりではなく，関係機関をターゲットとして行うことが多い。その際に，どのような機関が存在するのか，すなわちクレイムと合致した行政機関が存在するのか，あるいはクレイムが既存の行政機関では対応できない新たなカテゴリーに属するものであるのか，ボランタリスティックな諸団体の支持が得られるのか，複数の団体の支持と協力によって連合的な組織が形成されるのかという点についても着目して考察される必要がある。そこには「コンティンジェンシー」，すなわち偶発的で付随的な要因が大きな影響を与えるケースもある。

　たとえば『社会問題の構築』では，クレイム申し立てに対してそれに応じる適切な機関が存在しない場合，クレイム申し立ての内容が変形するということを示すケース研究が掲載されている。ソビエト連邦で精神医療の濫用が行なわれているのではないかというクレイム申し立ては，アメリカ精神医学会においてアメリカ合衆国における同種の問題がないかを調査するという国内問題へと転換していった。その転換には，アメリカ合衆国において著名な法律家のイニシャティブが働いた[17]。

　情報化の進展した社会においては，クレイム申し立てがどのように人びとに受け入れられるかは「マスメディア」によって取り上げられるか否か，またどのように取り上げられるかに大きく依存しているといってよいだろう。

　クレイム申し立て者が新たな現象への対策を訴える場合，まったく新たなカテゴリーを用いて社会問題の提起を行なう場合もあろうが，既存の「フレイム」を用いたほうが取り上げられやすい。社会的に広く受容された認識の枠組みが「マスター・フレイム」である。たとえば「権利」や「自由」はその代表的なものである。また，1993年に山形県で起きたマット死事件は，初期の報道で「いじめ」によるものと警察によって発表されたが，これは事件について精

確に捜査が行われる以前に当時流布していたフレイムが適用された例ということもできよう[18]。クレイム申し立ての初期には、クレイム申し立て者はマスター・フレイムに合致するように自らのクレイムを修正ないしは微修正してクレイム申し立てを行なうことが考えられる。これを「フレイム調整(フレイム・アラインメント)」とよぶ[19]。

社会問題として認知されるためには、人びとの注目を集めるべく大きな数字と極端で目立つ衝撃的な事例が用いられることが多い[20]。社会問題の成立過程に人びとが関与し多くの資源が動員され、クレイム申し立て者が集団化され組織化されたり、申し立てに応じて当該の社会問題への対策を担当する組織が制度化されたり、行政機関が設置されることによって、権益を得る人びととその組織が成立する。そうした場合、たとえ当初の深刻だとされた問題の解決がもたらされたとしても、あるいは社会問題への取り組みが行なわれて当初の問題の重要性の比重が低くなる過程で、対象とされる社会問題の領域が拡大することがしばしば起こる。これはジョエル・ベスト(Joel, B.)が「ドメイン拡張」[21]とよぶところのものである。たとえば児童虐待の社会問題の構築過程では、初期の段階では、幼児が殺されたような重大な事例とともに提示されるが、やがて親からの暴力ばかりではなく子どもに対する関心の欠如であるネグレクトが加えられたり、心理的な虐待も含まれることになり、それらが占める比率が大きくなることなどが例としてあげられよう。「ドメスティック・ヴァイオレンス」は物理的暴力ばかりではなく、収入を妻に渡さないといった「経済的暴力」をも含むことになる。

クレイム申し立てが行なわれて社会問題が構築される過程で、それと対抗するクレイムが表れたり、複数のクレイムの間でコンテストが行なわれ、特定のフレイムが採用されて最終的に社会問題が構築されることとなるが、その過程で当該の問題を特定のフレイムで認識させるにいたったクレイム申し立て者がその社会問題の権威となり、「社会問題の所有権(オーナーシップ)」[22]を獲得することがしばしばみられる。たとえばホームレスについて、それをどのよう

なフレイムで認識するのか，失業という経済社会的な要因でとらえるのか，個人的な資質にその原因を帰属させるのか，その採用されるフレイムによって社会問題への対策も異なったものとなる。ホームレス問題について専門家と取り組む機関が成立し，彼らの活動と対応が正当なものとしてマスメディアに取り上げられることによって，あるいは自らの活動を広報する予算を獲得して宣伝することによって，広く人びとの間に当該の社会問題の特定のフレイムからの認識が浸透していくこととなる。マスメディアにとっては当該の社会問題に関して報道する際にはコメントを取るべき対象となり，行政機関としては政策の立案などにあたっては意見を聴取したり諮問すべき対象あるいは審議会のメンバーに加えるべき対象として指定されることになる。「社会問題の所有権」は，社会における勢力関係や階級関係を反映したものである場合も多い。

V　クレイム申し立ての社会的資源

　社会構築主義の分析タームの代表的なものを紹介したが，厳格派の場合は，おそらく前節のうちでレトリックのみを取り扱うことになろう。マクロ的な考察であれば，全体社会における社会問題のレトリックの類型学的考察になるであろう。
　コンテクスト派であれば，効果的なあるいは成果をあげるにいたらなかったクレイム申し立てに関して社会的資源にも注目して分析することになる。たとえば，社会運動における資源動員論的な観点も導入される。ケース・スタディーは言葉のみではなく，それが指示する「現実」に言及することになるため，厳格派ではなくコンテクスト派によって調査と研究が進められることになろう。さらにそれを一般化する努力も行なわれる必要がある。
　社会問題構築過程の初期においては「セイリエント（目立った）ケース」が頻繁に言及されることによってあたかもそれが最頻ケースであるかのような印象が聴衆のあいだに形成されることが多い。クレイム申し立てが，過去との違い

を対比的に示すレトリックと戦略を用いることによって，インパクトをもって社会問題化し，緊急の対策が取られるべき社会問題の地位を獲得することもある[23]。しかし，このようなレトリカルなトピックに加えて，社会問題が構築され維持される過程の分析にはそれ以外の社会的な条件の考察も欠かせないものと思われる。社会問題の持続，経緯，帰趨は単にレトリックのみによっては説明しえない。

　クレイム申し立てのためには，まずクレイム申し立て活動に携わる人びとの確保，彼らから時間と労働をどのように獲得して提供してもらうのかがもっとも大きな課題となる。ボランティアとして働いてくれる人びとの確保と動員，メンバー間の連絡をはじめとして日課的な事務的業務を行なうための資金集め，あるいはクレイム申し立ての情報宣伝活動に必要な資金集め，等々。事務的業務を円滑に運営し継続するためにNPO組織となることもめざされるかもしれない。

　「専門家」あるいは「専門職」の助言が得られたり，あるいは彼らの参加が得られるかどうかも重要な鍵であろう。アメリカ合衆国のように，被害者と成功報酬の契約を結んで弁護士が民事訴訟を率先して代行して行なうような国，さらに非常に多額の懲罰的な補償額の判決が下りる可能性のある国と，そのような伝統と制度をもたなかったわが国とでは弁護士をはじめとする専門家，専門職の社会問題へ関与する仕方も大きく異なることになる。しかし他方で，専門職の絶対数や人口比，すなわち司法改革による弁護数の変動や，種々の専門家の資格の生成，資格認定制度の創設と拡充は社会問題の創出と展開に変化をもたらすことになると予測される。

　「マスメディア」をどのように動員するかも大きな課題である。新聞記者やテレビ記者の関心を引きつけ，それが報道するに値するテーマであることを確信させること，取材への協力はもちろん，イベントを行なう際にプレスリリースや記者会見などを行なって情報提供を怠らないとともに関係を維持することなどである。(その際，先述したように，マスメディアのニュース等に取り上

げられやすいようにとフレイム調整に工夫とエネルギーが注がれることも十分考えられる)。

　広い意味での「ロビーイング」が行なわれることも多いであろう。政治家への働きかけにおいては，とくに理解と支持が得られやすい与党への接近を試みる場合もあれば，特定の政党と密接な関係に陥らないような注意をはらってできるだけ多くの政党から支持を獲得することをねらって行なう場合も考えられる。後者の場合は，超党派の国会議員連盟のようなものの形成がめざされるであろう。クレイム申し立ての事項に応じて労働組合との協力が得やすかったり，それが必須である場合もあろう。

　こうしたコンテクスト派の視点からの考察は，クレイム申し立てに焦点を当てて行なわれる。ただし，社会構築主義の観点としての鮮烈さを欠いてしまわない配慮が他方で必要となる。

　コンテクスト派は，クレイム申し立て過程に焦点を当てながら社会状態についてある前提を立てることを認める。したがって，なぜほかならぬ特定の社会において，この特定の歴史的時点でこの現象に関するクレイム申し立てが行なわれ，どのようにして社会問題が構築されたのかを問うことが可能となる。しかしながら，それはクレイム申し立てが行なわれたコンテクストにおける社会的資源等を同定することによって，社会的な諸条件を実体化してしまう可能性がある，というよりもコンテクスト派にとってはそうしたリスクを引き受けることによって，初めて「なぜ」という質問に答えていくことが可能になるともいえよう。

　国際比較の観点と歴史的な観点をとったときに，社会問題の構築過程への社会的条件の影響は無視しえないことが明白になる[24]。たとえば，わが国と比較して，アメリカ合衆国において喫煙問題が成功裏に構築されたのは，タバコ販売会社がわが国のように過去に専売公社であったというようなことがなく，民間企業であることがあげられる。そのため健康教育省は，健康クレイムを積極的に展開でき，喫煙対策を強力に推進することができた。他方，わが国では，

たしかにたばこの専売公社は民営化されて日本たばことなったものの，いまだに財務省の管轄下にあり，財務大臣が全株式の3分の2をもっている。日本政府にとって，経済不況で税収入が減少するなかで，たばこは貴重な租税の収入源であり，販売に許容的である。また，喫煙問題は健康に関することであり，厚生労働省の所轄であるけれども，政府全体の予算を掌握しており，またたばこ行政を監督下におさめている財務省に対して優位に立つことができずにいる。たとえば，たばこのパッケージに書かれている喫煙の健康への被害に関する警告表示ひとつにしても，わが国では財務省の管轄下にある。さらにアメリカ合衆国は，関税外障壁の撤廃，日本の市場開放の要求の一環として日本でのタバコ販売を重点項目のひとつに掲げ，その売り上げ増加とシェアの拡大に努めた。日本政府もアメリカ合衆国に対する貿易黒字の減少をはかるために，販売促進を是認し，アメリカタバコの魅力的なコマーシャルや景品などによって若者の喫煙人口を増やすにいたった。喫煙問題の研究は，制度的な要因が社会問題の構築の考察に欠かせない視点であることを導く。

　このように，社会的資源ならびに社会制度は社会問題の構築に制約を課したり，あるいはその促進に重要な要因である。しかしながら他方で，いかに社会的資源が導入されようとも，社会問題は言語的に構築されて初めて存在する。言語化されることによってそれが初めて社会問題としての必要条件を満たすことになる。筆者は少なくとも社会問題の構築には，それに関してクレイムが申し立てられる状態が「名詞」として命名される必要があると想定している。たとえば「貧しい」という形容詞では「貧困」という社会問題は成立せず，「いじめる」という動詞でも「いじめ」の社会問題とはなりえない。その意味で，言葉がいかに重要か，したがってその際にいかなるレトリックが用いられて"言語的構築"がなされるのかが社会問題の運命を決することが十分に認識され，調査が蓄積される必要がある。

Ⅵ 社会構築主義と現代の社会問題

　現在わが国では，テレビで夕方ならびに夜のニュース番組の時間が長くなっている。これはマスメディアにおける社会問題の「搭載量」が増大したととらえることが可能であり，諸現象が社会問題化する機会が増大したということができる。また，衛星放送の発達で海外での取材や海外のニュースが同時的に伝えられるようになった。このことによってわが国の現象と海外の現象とが重ね合わせて理解される効果がもたらされることとなった。アメリカ合衆国の高等学校の構内で生徒による銃の乱射事件が起きれば，わが国において憂慮される少年犯罪の「凶悪化」に重ねあわされて相乗的に認識され，世界的傾向として理解されることとなる。

　ドメスティック・ヴァイオレンスやセクシュアル・ハラスメントのように，最近，わが国の社会問題は，海外とりわけアメリカ合衆国から入ってきたものが多い。アメリカ合衆国は「社会問題の輸出国」であり，国際化がすすむなかで社会問題が世界的に波及して形成されることも起きている[25]。

　テレビ放送のビデオカメラも小型化してニュース取材における機動性がもたらされ，衛星放送を通じて取材現場からリアルタイムで映像を送ることが容易になった。テレビの放映に十分応えうる高画質の小型カメラが消費者にも普及し，インパクトのある映像が放送されるようになった。これは機動的に社会問題が構築され，行政機関等は敏速な対応を迫られることになったことを意味するともいえよう。

　コンピュータの普及とインターネットをはじめとする通信技術の発達によって社会問題が構築される契機が多チャンネル化した。個人がホームページを開設してクレイム申し立てを行なうこと，そのホームページに多くの人がアクセスしてそのクレイムを参照すること，メイリングリストを通じてグループメンバー間の連絡がとりやすくなったこと，メールマガジンを発行したりメールを

大勢の人に一斉に送ることによってクレイムの情報宣伝活動が安価に行なわれるようになったことなどが，社会問題の構築に新たな便益を提供していることがあげられる。他方で，インターネット自体が，アダルトサイト，出会い系サイト，スパムメールやブラックメール的な用法をはじめとして，社会問題クレイムの対象となっている。

　科学やその応用技術の発達ばかりではなく，社会制度の変更も見逃しえない。わが国における行政機関をめぐる近年の大きな変化のひとつに，市民の権利として国および地方自治体の公文書の「情報公開」が進んだことがあげられる。プライバシー保護との関係や，この用語がどのように解釈され，どのように用いられるのかは興味深いテーマである。しかし，いずれにせよ従来は入手不可能であった公共の情報が開示されるようになった。そのことによって，行政機関，司法や立法機関の仕事の内容，予算の執行などの瑕疵を問う社会問題が増加することが予想される。

　社会が発展すれば社会問題は解決されて減少していくように一般には思われているようだ。しかし，社会構築主義の観点から見るならば，むしろ社会が進歩すれば社会問題は増加すると考えるのが適切な認識ではないだろうか。なぜならば，従来であればやむをえないこととしてあきらめられていた水準の諸現象が，解決されるべき課題，あるいは努力すれば解決できる課題とみなされ，社会問題として構築されるようになる可能性が高いからである。人命の価値は高まり，ヒューマニズムが称揚され，社会のトレランスは低くなるのである。さらに人びとは，さまざまな現象を社会問題化する社会的資源をより多く保持するようになり，クレイム申し立てを行ないやすくなる。

　デュルケム(Durkheim, É.)が犯罪はなくならないと示唆したことを援用するまでもなく，社会問題は今後もなくなることはない。社会問題は社会の進歩とともにむしろ増加すると推測される。社会問題の存在は社会の常態であり，むしろ好ましいとさえいえるかもしれない。この洞察と研究指針をもたらすことだけにおいても，社会問題を社会の逆機能としてとらえるのではなく，クレイム

申し立て活動としてとらえて分析しようとする社会構築主義の存在意義は示されていると考えられる[26]。

注)

1) Spector, M. and Kitsuse, J., 1977, *Constructing Social Problems*, Cummings.(村上直之・中河伸俊・鮎川潤・森俊太訳『社会問題の構築』マルジュ社, 1990)
2) 同上訳書, p.119.
3) Becker, H.S., 1963, *Outsiders*, Free Press.(村上直之訳『アウトサイダーズ』新泉社, 1978)
4) Joel, B. 1993, "But Seriously Folks," in Holstein, J. and Miller, G. eds. *Reconsidering Social Constructionism*, Aldine de Gruyter.
5) Scheff, T.J., 1966, Being Mentally Ill, Aldine. Gove, W.R., 1975, *The Labelling of Deviance*, John Wiley and Sons.(市川孝一・真田孝昭訳『狂気の烙印』誠信書房, 1979)
6) ジェンダーやフェミニズムと社会構築主義との関係については上野千鶴子編『構築主義とは何か』勁草書房, 2001でも検討されている。
7) Gubrium, J. and Holstein, J., 1990, *What is Family?* Mayfield Publishing Company.(中河伸俊・湯川純幸・鮎川潤訳『家族とは何か:その言説と現実』新曜社, 1997)
8) Woolgar, S. and Pawluch, D., 1985, "Ontological Gerrymandering," *Social Problems, 33*: pp.214-227.(平英美訳「オントロジカル・ゲリマンダリング」平英美・中河伸俊編『構築主義の社会学』世界思想社, 2000)
9) Ibarra, P.R. and Kitsuse, J.I., 1993, "Vernacular Constituents of Moral Discourse: An Interactionist Proposal for the Study of Social Problems," in Holstein and Miller eds., *Reconsidering Social Constructionism: Debates in Social Problem Theory*, New York, Aldine de Gruyter.(中河伸俊訳「道徳的ディスコースの日常言語的な構成要素」平・中河編, 同上訳書)
10) Pawluch, D., 1996, *The New Pediatrics : a profession in transition*, Aldine de Gruyter.
11) Holstein, J. and Miller, G., 1993, "Reconstituting the Constructionist Program," in Holstein, J. and Miller, G. eds., *Reconsidering Social Constructionism*, New York: Aldine de Gruyter.(鮎川潤訳「構築主義プログラムの再構成」平・中河編, 前掲訳書)
12) 中河伸俊『社会問題の社会学――構築主義アプローチの新展開』世界思想社, 1999. 中河伸俊・土井隆義・北澤毅編『社会構築主義のスペクトラム』ナカニシヤ出版, 2001.

13) なお social construction of sociology というテーマも探求に値する非常に興味深いものであると筆者には考えられる。
14) Holstein, J. and Miller, G., 1989, "On the Sociology of Social Problems," *Perspectives on Social Problems*, Vol.1.1-18. 平・中河編，前掲訳書．
15) Loseke, D.R., 1999, *Thinking about Social Problems : An Introduction to Constructionist Perspectives*, New York, Aldine de Gruyter.
16) Holstein J.A. and Miller, G., 1997, "Rethinking Victimization," in Miller, G. and Holstein, J.A., eds., *Social Problems in Everyday Life : Studies of Social Problems Work*, JAI Press.
17) スペクター, M. と J. キツセ，前掲訳書．
18) 小林道夫「ノンフィクションライター」日本弁護士会連合会編『検証 日本の警察』日本評論社，1995．北澤毅・片桐隆嗣『少年犯罪の社会的構築』東洋館出版社，2002．
19) David, A. and Benford, R.D., 1992, "Master Frames and Cycles of Protest," in Morris, A.D. and Mueller, C.M. eds. *Frontiers in Social Movement Theory*, Yale University Press.
20) Best, J., 1995, *Images of Issues*, 2nd ed., New York : Aldine de Gruyter. Best, J. 2001, Damned Lies and Statistics: Untangling numbers form the media, politicians, and activists, Berkeley, California University Press. (林大訳『統計はこうしてウソをつく』白揚社，2002)
21) Best, J., 1990, *Threatened Children: Rhetoric and Concern about Child-Victims*, Chicago, The University of Chicago Press.
22) Gusfield, J., 1981, *The Culture of Public Problems: Drinking-Driving and the Symbolic Order*, Chicago, Chicago University Press.
23) 鮎川潤『新版 少年非行の社会学』世界思想社，2002．
24) Ayukawa, Jun, 2001, "The United States and Smoking Problem in Japan," in Best, J. ed., *How Claims Spread: Cross-National Diffusion of Social Problems*, pp.215-242, Aldine de Gruyter.
25) アメリカ合衆国に輸入されつつある数少ない社会問題の例としては「いじめ」がある。
26) Best, J., 2001, "Social Progress and Social Problems : Toward a Sociology of Gloom," *The Sociological Quarterly*, 42 : 1-12. なお，社会問題における社会構築主義との臨床心理における「社会構成主義」やブリーフ・セラピーとの関係については鮎川潤「構築主義的アプローチ」野々山久也・清水浩昭編『家族社会学の分析視角』ミネルヴァ書房，2001年や，本稿脱稿後に出版されたゲイル・ミラー「理論から応用へ？——構築主義を採用する社会問題の社会学」（岡田光弘訳『文化と社会』第4号，2003）などを参照されたい。

第10章　臨床的アプローチ

I 「臨床」の語意と視座

(1) 「臨床」の語意の多様性

　近年，「臨床」ということばを冠する学問領域が一種の流行現象を呈している。「臨床法学」，「臨床教育学」，「臨床哲学」，「臨床経済学」，「臨床人間学」，「臨床言語学」，「臨床福祉学」「臨床時間学」，「臨床歴史学」，「臨床政治学」，「臨床仏教学」等々枚挙するに限りがない。社会学においても「臨床社会学」をめぐる議論が隆盛である。日本社会学会では，第71回(1998)大会と第72回(1999)大会のテーマ部会にそれぞれ「臨床社会学の構想」，「臨床社会学の実践」を主題に設定し，この年以降，「臨床社会学」をテーマにした研究報告が増えるようになった。さらにこれに応じるように書籍・雑誌などの刊行物も相次いで出版されるようになっている。

　ところで，このように「臨床」を冠する学問領域が次つぎに誕生しているのだが，「臨床」の語が含意する内容は実に多様である。もちろん，上に例示したそれぞれの学問領域間において差異があるのは，研究課題や対象の相違を考慮すれば当然のことと理解できる。また，学問研究の必然として当該領域が創設される場合，その黎明期にあっては，用いる語意の定義に多少の多義性が存在することは了解できることである。しかし，同一名称の学問領域内においてさえ多様性がみられる領域もあるし，中には「臨床」の語を冠しながらその定義が不明なものや，まったくなされていないあるいは旧来の学問名称の単なる衣替えに過ぎない分野も散見され，この語の多様化は，多義性と拡散性を含みつつ進行しているように思える。さらに，いわゆる〈冬の時代〉を迎えた大学

が，その生き残りをかけ，流行の「臨床」を学科や学部などの教育機構名称に付すというケースもあり，ブームを呈する一方で，「臨床」諸科学の内実は大きく揺らいでいるといってよい。

(2) 「臨床社会学」と「社会学的臨床」

さて筆者は，「臨床社会学」を，「家族社会学」や「都市社会学」あるいは「犯罪社会学」等々，他の連字符社会学のように独自的な固有の領域をなす学問分野とは考えていない。たしかに，学問論の対象として「臨床社会学」を設定し論ずることは可能であるが，「臨床」の語義は，あくまでも病理現象ないしは問題に対する診断・処方など，方法の意に限定すべきであるとの認識をもっており，「臨床社会学」を，方法としての社会学的臨床の視座をもつ，あるいは臨床的態度による実践的な社会病理研究領域を指示する呼称，さらに付言すれば，社会病理現象を研究対象とし，その問題解決に対する寄与を志向する実践的関連諸科学との学際的学問領域の包括的な呼称ととらえている。

近年，「社会病理学」に代わる学問名称として「臨床社会学」を提唱する人びとのなかには，「病理」や「診断」の語句が「医学・医療モデル」を連想させたり，あるいは陰鬱な気分を醸しだし，若い世代が近づきにくい雰囲気を漂わせている，といった理由をあげる人もいるが，この点は，「臨床」に置換してもこの事情は変わらないと思われる。たしかに，上に例示した「臨床」を関する学問領域におけるその語意は多様化しており，すでに「病床・患者・診療」という意味合いは後退し，「研究対象とする事象や人間の現実に対する積極的な関与・近接」いう内容が色濃くなってはいる。しかし，日本語の「臨床」という言葉の一般的ななじみ，つまり，"病床に臨み患者の診療にあたる"というイメージは拭いがたく，社会病理研究が，社会「病理」現象を対象とする研究領域でもあるだけに，医学・医療モデルへの連想がより増すであろうことは予想するに難くない。ただ，筆者は，この医学・医療モデルへの連想を，否定的あるいは消極的にとらえることもないのではないかと考えている。

なぜなら，「社会病理学」と呼称するか「臨床社会学」とするか，そのいずれであっても，「臨床」の前提に「事前診断(assessment)」をより明確に位置づけ，適切な「介入(intervention)」を企図しようとするのであるから，少なくとも人びとの学問に対するイメージというレベルにおいて「医学・医療モデル」が連想されること自体に，格別の問題が存するようには思えないからである。むしろ，他の連字符社会学と同列に位置づけられ，かつ研究対象と方法においてそれらとは明確な差異性をもつ学問領域であるかのような誤認を与える学問呼称は，回避すべきであろうと考えている。先に，「臨床」を，社会病理現象に対する社会学的臨床研究，つまり，方法あるいはアプローチの意に限定して用いるべきだと述べたのもこのような考えからである。

(3) 社会病理学におけるこれまでの臨床的研究

さて，「実践的」な指向性をもつ社会病理研究はこれまでにも数多くなされてきている。明確かつ鮮明に「臨床社会学」と銘こそ打ってはいないが，その研究目的に「問題解決への寄与」をかかげる研究は少なくない[1]。

なるほど研究の場を大学アカデミーという場に限定すれば，まだまだその量は多いとはいえないのかもしれないし，実際，それらの研究成果が，現実的な問題解決にどの程度寄与しえているのかについては詳細に検討する余地があろう。しかし，一例を挙げるなら，旧国立公衆衛生院や科学警察研究所あるいは法務総合研究所等々，各省庁の付置研究機関においてなされる社会学的研究，児童相談所や家庭裁判所，保護観察所などに所属し社会学的視座をもつ実務家によるケース・スタディを用いた研究成果などを含めると，その数量は決して少なくない。それらの機関の設置目的や機能，あるいは担当者の職務の性格上，研究成果も当然のことながら施策ないし業務へのフィードバックが期待される内容になっている。

このように，実践的課題に焦点を合せ，それを目的に掲げる研究は従来にもなされているのであり，いま仮に「臨床」を「実践」と同義に措定するなら，

「臨床社会学」をことさら強調することの積極的な意味や際立った新しさを見出すことはできないように思えるのである。

ただ，このような目的をもつこれまでの研究の方法に課題がないわけではない。それは，問題の解決に対する寄与を指向しながらも，その具体的な方法を提示しえていない，あるいは対象としている当の問題の，質と量の時系列的変動に対応しえておらず，事後解釈的な域を出ていないという点である。このことは，当該領域の多くの研究が，個々の具体的で現実的な問題に対する実践・臨床的な課題を指向する一方で，同時に，仮説生成・仮説検証過程を経て一般的・普遍的法則性を発見し，ひいては理論化を企図するという科学的方法ないし視座をあわせもつことによる曖昧性にその一因があるように思われる。

(4) 「臨床」の視座

既述したように，近年，社会・人文諸科学における臨床的視座をめぐる議論が隆盛であるが，この点に関する中村雄二郎[2]と下山晴彦[3]の提起は示唆に富む。少し長くなるが彼らの見解を以下にながめておこう。

まず，中村は，普遍主義，論理主義，客観主義の3つの特性と原理によって構成される〈近代科学の知〉は大きな成果をもたらしてきたが，今日，生活世界の各領域でその限界が生じており，人間存在の多面的な現実に即した〈臨床の知〉の構築が求められていると説く。

普遍主義とは，事物や自然を基本的に等質的なものとみなす立場であり，この立場によれば，事物や自然はすべて量的なものに還元され，地域的，文化的，歴史的な特殊性は簡単に乗り越えられ，理論は，例外なしにいつでもどこでも妥当性を有する。論理主義とは，事物や自然のうちに生じる出来事をすべて論理的な一義的な因果関係によって成立しているとする立場である。これによれば，理論は多義性や曖昧性をもたず，すべてを一義的に認識することが可能であるということになる。客観主義とは，事物や自然を扱う際に，扱う者の側の主観性をまったく排除して，それらを対象化してとらえる立場である。これによれ

ば，事物や自然は扱う者の気分や感情に左右されず，ありのままに認識され，他のものにも依存することなく，自立的に存在しうることになる。しかも，このような近代科学の知の3つの特性と原理は，相互に密接に関連しあいながら働くので，学説の論拠性が強化され，説得力を増し，しかも技術的な再現が可能なるためいっそうその力は強さを増す。このようにして発展した科学の知はやがて高度な科学技術文明を作り上げ，その結果，科学の知に対する人びとの信頼を深める方向で作用した。

　しかし，近代科学の知がとらえる世界は，およそ現実とはかけ離れた機械論的・力学的・意図的に設定された無機質な世界である。たしかに，科学は高度な技術文明を生み出し人びとはその恩恵を受けたが，反面，自然破壊や環境汚染などをもたらし，精神的側面においても深刻な問題をもたらすにいたっている。

　中村は，このような現実，つまり近代科学の知が見落としてきた生活世界の個別具体的な現実や事実を認識する新しい知として〈臨床の知〉を提唱し，その特質を科学の知のそれに対応させて次の3つの原理をあげている。

　ひとつは，普遍主義に対するコスモロジーである。これは，場所や空間を，無性格で均質的な拡がりとして認識するのではなく，有機的な秩序をもち，意味をもった領界とみなす立場であり，生命体が個体的・集合的にそのなかに生きるさまざまな固有の場所として認識するというもので，この原理は，普遍的な妥当性ではなく，個々の意味世界が扱われるため，それぞれの事例がもつ固有性，一回性が重視される。

　2つは，論理主義に対するシンボリズムである。近代科学は単線的な因果関連を説くことには適しているが，現実の生活世界は，自然現象ですら多義性を含んで存在しているものであり，特に，現実との相互関係が複雑な生命体や人間的事象の認識においては現実の多義性を無視することができないのであるから，単線的な因果律によって説明することはむずかしい。シンボリズムの原理とは，物事の多くの側面の存在を自覚的にとらえ表現する立場，あるいは，物

事のもつさまざまな側面から，一義的にではなく多義的に表わす立場である。

3つは，客観主義に対するパフォーマンスである。近代科学の客観性は，主観と客観，主体と対象との分離・断絶を前提としているから，ここでとらえられる事物は独立性・自律性の強いものになる。しかし，このような認識のもとでは，客観や対象は，主観あるいは主体からの働きかけを受けるだけの，単なる受動的なものでしかなく，対象から主体に向けて行なわれる働きかけは無視されることになる。だが，事物と主体との具体的な関係を成立させているのは，働きかけを受けつつ行なう働きかけ，つまり受動的な能動である。中村は，この能動のありようが，自分の身体を他者の視線にさらして行なう行動であることから，パフォーマンスの原理とよんでいる。

〈臨床の知〉は，以上の3つの原理から構成されるが，中村は，近代科学の知と対比させ，「科学の知は，抽象的な普遍性によって，分析的に因果律に従う現実にかかわり，それを操作的に対象化するが，それに対して臨床の知は，個々の場合や場所を重視して深層の現実にかかわり，世界や他者がわれわれに示す隠された意味を相互行為のうちに読み取り，捉える働きをする」と要約している。ただ，中村の論理は，科学の知との対比において自身が提唱する〈臨床の知〉の優位性に力点をかけるあまり，ややもすれば近代科学の方法論全般を消極的ないし否定的に論じすぎているように思われる。また，臨床の知を基礎におく具体的な方法に関する方法論的記述は示されていない。

さて，臨床心理学の方法論の統一化に精力的な意を注ぐ臨床心理学者下山の以下の主張は，社会病理現象に対する臨床的研究のありかたを考究するわれわれにとっていっそう示唆に富むものである。以下のその要点を紹介しておこう。

下山は，心理学の発達史を概観し，臨床心理学の生成経緯を述べるなかで，心理学の歴史は，当初目指していた自然科学の原理に厳密に準ずることが不可能であることが明らかになる歴史であったと述べ，特に客観性と普遍性の2つの限界について次のようにまとめている。

心理学が学問として独立できたのは，研究法として普遍性・客観性・論理性

によって構成される自然科学の原理を採用することを明確に打ち出したことによるのであり，成立当初の心理学では自然科学に準ずることが強調され，実験法などの方法論を採用することが重要な意味をもっていた。しかし，心理学の主たる研究対象である"心"は，物理学の研究対象である"物"とは異なり，客観的に観察する対象にはなりえないから，厳密に自然科学であろうとすればするほど，心理学は心そのものを研究対象とすることから離れ，客観的に観察が可能な行動や知覚的，生理的反応のみを対象とする方向に進まざるを得なくなり，伝統的心理学の主流となる行動主義心理学を生成してきた。しかし，客観性にこだわるあまり，心理学が心そのものの機能を対象にできなくなっていることに対する批判が生じ，その結果，認知機能に注目することによって心のモデルを想定する研究が提案され，近年は認知心理学として発展している。

　また"心"は，"物"と異なり，人それぞれに個性があり，しかも，それは人の心を理解する重要な意味をもっている。ところが，自然科学の原理である普遍性や普遍的法則の定立にこだわると，この個人差・差異性を無視することになる。したがって，人の心を具体的に理解するためには，普遍性原理を離れて個性や個人差を研究する必要が生じ，やがて，個人差への注目から，知能や性格といった個人の能力や特徴を測定するための心理検査が開発され，それは多数の統計的手法によって分析する心理測定法や量的研究法の発展につながった。

　さらに，人は状況のなかに生きているのであり，人の個性，態度，行動を把握するためには，その人の生きている具体的状況を含めて把握することが必要であるという考えが示され，近年では，発達心理学や社会心理学の領域においてフィールドワークなどの参与観察法に代表される質的調査法が開発されている。

　さて，臨床心理学は実践に関わる心理学であるが，その対象は，人為的にコントロールされた実験室におけるものではなく，現に悩みや苦しみを抱えながら生活している人間である。したがってこの領域では，客観性や論理的整合性

をもつ普遍的法則の定立が研究の主たる目的にはならず，現に対象が抱えている具体的な問題の改善ないし解決に実践的に有効な方法を開発することが目的になる。さらに，その方法においても対象である人の心と相互関係・協働性を通しての研究となるため，客観性や論理性を厳格に保つことは不可能である。

しかし，いかに実践に関わるとはいえ，臨床心理学もまた科学的学問である以上，思弁的な文学や哲学，あるいは宗教的信念を背景になされる行為とは異なり，実証的方法を備えていなければならない。ここで下山が用いる〈実証性〉の意味は，自然科学における論理実証主義のそれではなく，「具体的なデータの収集と処理に基づく推論」という幅の広い意味であり，この実践性と実証性の統合こそが科学として地歩を基礎づける臨床心理学の大きな課題であるという。そして，このデータ収集と処理という実証的プロセスを図表10－1に示すような3段階に分け，現実への関与(実践)を核として構成される臨床心理学は，第1段階の「データ収集の場の型」の内，実践型の研究法をとる心理学であると位置づけている。

II 社会病理研究における臨床研究の課題

(1) 臨床的視座と方法の明確化

先にも述べたことであるが，これまでの社会病理現象に対する臨床的指向性をもつ社会病理学研究には，一方で，個別的で現実的な問題の解決に対する寄与を目指しながら，同時に，科学的理論研究の方法，つまり仮説の生成とその検証を経て普遍的な法則性の発見ないし理論を組成するという方法の条件を満たそうとする志向が併存しており，その結果，個々の問題の解決に対する現実的で具体的な寄与が不全になり，また理論の構築にも不十分さを残すことが少なくなかった。さらに付け加えるなら，欧米の理論モデルの適用あるいはそれらとの比較や追試研究に関心がはらわれることが多く，現代日本社会において現実に生起する問題に即した解決の寄与という面で必ずしも十分ではないとい

う問題も指摘できる[4]。このことが，ひいては社会病理学そのものの存在意義に揺らぎを生じはじめてもいる。

　この点を克服するための課題は大きく3つある。第1の課題は，何よりも当の研究が具体的な臨床的実践を指向するものであるという視座の明確化である。

　社会病理研究の対象は，個人の場合もあれば，家族や学校・地域社会といった集団の場合もあり，いずれも現実生活を営んでいる。社会的環境のなかで対人関係を通して生きている。しかもそれは個別具体的であり，現実の社会生活は，生活の場と社会関係に規定されて展開する。その過程で問題が生じ，当事者と当事者をめぐる関係者が問題に悩み苦しむ。ここに社会学的臨床の実践活動が始まる。

　まず，現実に生起している現象の何が解決課題なのか，あるいは，問題に対してどのような介入が効果的であるのかという，介入方針を策定するアセスメントの段階があり，そして，問題の解決に向けての介入が行なわれる。

　もちろん，対象となる問題は，生来的要因によるものや生理的要因によるもの，対人関係的要因・社会システムの要因等々，種々の要因が複合かつ競合して形成されているものもあり，単純ではない。したがって，一度や二度の介入で解決することは極めてまれであり，一般的には介入とアセスメントが循環的にかつ繰り返して行なわれる。アセスメントの結果査定から問題の形成に関する仮説を設定し，これに基づいて介入が行なわれ，さらに，その評価を行ない，再度アセスメントが実施され，より現実に即した仮説に修正し，再び介入するという，仮説生成→検証→修正→検証の循環が試みられる。このように，循環的に繰り返して現実に関わっていく実践過程が臨床研究の過程でもある（なお，この社会学的介入プロセスについては，第4巻第2章にその詳細が記されているのでそれを参照してほしい）。

(2) 専門性の確保と学際的研究の促進

　第2の課題は，学際的な研究のいっそうの促進である。社会病理研究に限ら

ず，臨床研究と実践の対象にとって意味をもつのは，その研究が問題の具体的解決にどの程度有効であるかであり，一部にみられるような，自身が立脚する学問が社会学であるかそうでないかという応答は生産的な意味をもたないように思える。

むしろ筆者は，心理・福祉・医療・保健・看護・教育等々の臨床研究者との協働的な学際研究をよりいっそう積極的に促進する必要を覚えており，自己の学問領域にあまり拘泥しない方がよいと考えている。学問名称はともかく，それぞれの専門領域がすでに蓄積している方法と知見を，研究分野の境界を超えて共有し，総合的に臨床研究と実践に当たることができるような新たな臨床学が構想されてもいい。

上記した各領域は，いずれもがすでに社会的専門性を明確化し，その社会的責任を果たすことを目的にした専門資格の付与制度を有している。社会病理に関わる臨床的研究も他の専門分野と同様に，問題をもつ個々の事例の現実に直接関わっていく実践的活動でもあるから，その活動は公的な社会活動としての性格をもつことになる。したがって，社会システムのなかにその社会的専門性をどのように明確に位置付けるかはきわめて重要である。なぜなら，この社会的専門性が保証されなければ，実効性のあるアセスメントも介入もできないからである。また社会学的臨床実践をもつ研究者が異口同音にもらすように，他領域専門者との協働の場における一定の役割を確保する上でもこの社会的専門性の明確化は不可欠である。社会病理に対する臨床研究領域における専門資格制度の新設が強く望まれる理由は，ここにある。

もちろん，その実現のためには，臨床実践活動の内容やレベルを一定以上に保つための教育・訓練のあり方や，社会的責任を明確にするための倫理規定の設置など，制度と体制作りが大きな課題になる。この点，日本社会学会と密接な関連をもつ社会調査士資格認定機構による〔社会調査士〕や，近接領域でもある日本精神保健社会学会が2003年に設けた専門資格【認定精神保健社会士（メンタルヘルスコンサルタント）】の教育・訓練制度は，大いに参考になる。

さて、学際的な研究志向に関連することであるが、筆者は、社会病理現象に対するこれからの社会学的臨床の方向を考える上で、コミュニティ心理学に学ぶ事柄が多いと考えている。ここでは、特に地域臨床(介入)に関するマレル(Murell, S.A.)[5]と山本和郎[6]の考えを紹介しておこう。

マレルは、システム論的アプローチの立場から、介入を「個人と環境との適合性の改善をめざして、個人もしくは社会体系、一群の人びと、諸々の社会体系をつなぐネットワーク等の中に変革を導入しようとする組織だった努力」(安藤延男氏訳　以下同じ)と定義し、次の6つのレベルの介入を提唱している。

① 個人の配置換え(individual relocation)

　個人を、不適合な関係にある社会体系から、より適合的な社会体系に移すことにより、当の個人と社会体系との不整合を、軽減もしくは解消させたり適合性を高めたりする努力。養育力に欠ける親から里親などに子どもを預ける、職場不適応者を当人の能力の発揮できる職場に配置転換するなどがこの介入の例。

　第一次予防(病因を軽減・除去することによって発病率を減らす対策)と、第二次予防(早期発見・早期治療)の効果が期待できる。

② 個別(個人)的介入(individual intervention)

　社会体系から課された種々の課題を個人がそれを受け入れ、その社会体系に受容される仕方でその課題を遂行できるように、その人の能力・適正・性格等の内的資源や行動様式を改革したり付加することを援助する努力。

　補習授業、技能訓練、危機介入、心理療法、スキル訓練などの行動修正プログラムなどによる介入がこれにあたる。

③ 一群の人びとを対象とした介入(population intervention)

　社会体系との不調和な関係にあるか、近い将来そのようになる恐れ(リスク)のある人びとに対し、現に保有している個人的または社会的な資源を変容したり、新たに付加する組織的な努力。予防的介入。

④ 社会体系(システム)への介入(social system intervention)

社会システム自体に永続的変化を導入し，その体系のなかに生活する個人や集団との間の適合性を改善しようとする努力。キー・パーソネルの行動変容，危機介入，技術訓練などが例。
⑤　複数の社会体系の間への介入(intersystem intervention)

　2つ以上の社会体系に所属している個人の役割葛藤を低めたり，あるいはどの社会体系に対しても当人が円滑な交流ができるようにするための組織的な努力。小児の入院が母性愛剥奪の機会となり，ダメージを与えることが想定される場合，母の付き添いが可能なプログラムを策定するとか，家庭での治療・看護の試みの導入を提言するなどが例。

　公的な達成課題を異にする複数の社会体系の谷間あるいは境界領域にあるため，いずれの社会体系からも十分なケアやサービスの対象となりにくい課題対応の試み。行政サービスと民間団体やボランティアとの活動を有機的に統合・調整するプログラムの策定など。
⑥　ネットワーク介入(network intervention)

　個々の住民にとって心理・社会的感受性や協調性の増大をもたらすような新しい「コミュニティ」を設計すること。都市計画・地域計画の委員会に属し市民参加を促進しながら，事前作業計画の開発や組織改革の試みなど。

　山本和郎は，コミュニティ心理学者の役割ないし上記の介入が実質的な効果をあげるための介入者の理念的類型として，①改革の促進者，②コンサルタント，③評価者，④システムオーガナイザー，⑤参加的理論構成者の5点を指摘している。いずれもが，社会学的な臨床実践(介入)者の理念的類型を考える上で大いに参考になるが，筆者は特に②のコンサルタントと⑤の参加的理論構成者の2領域に関心を寄せている。

　コンサルタントとは，当事者への直接な介入ではなく，地域社会のなかで問題解決のための活動を中心的に担っている人びと(コンサルティ)に対し，専門的立場からの知識や技術などを提供したり助言したりするなどの協力をする者

第10章　臨床的アプローチ

図表10－1　心理学の研究方法の分類

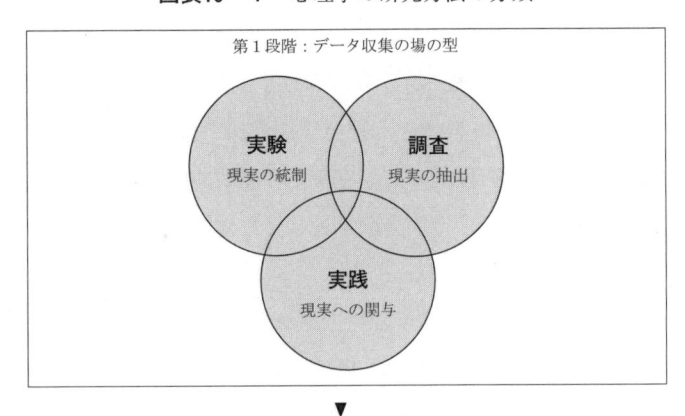

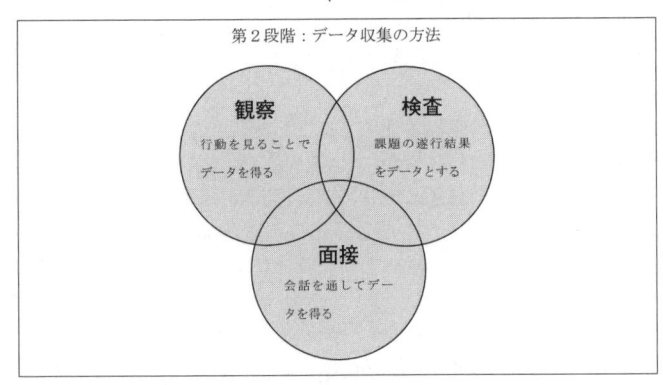

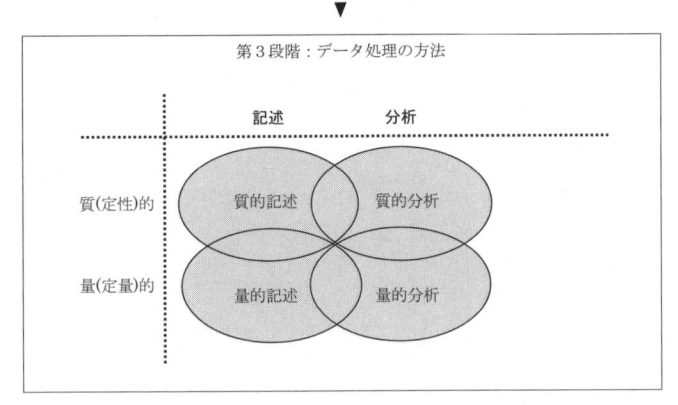

第1段階：データ収集の場の型

- **実験**　現実の統制
- **調査**　現実の抽出
- **実践**　現実への関与

▼

第2段階：データ収集の方法

- **観察**　行動を見ることでデータを得る
- **検査**　課題の遂行結果をデータとする
- **面接**　会話を通してデータを得る

▼

第3段階：データ処理の方法

	記述	分析
質(定性)的	質的記述	質的分析
量(定量)的	量的記述	量的分析

出所）下山晴彦『心理臨床の発想と実践』岩波書店，2000年，p. 45

という意味である。問題をかかえる当事者への直接的な介入を職務としている実務者のなかには，アセスメント・介入の両面でのより適切な方法の提示を求める声も多く，これらの要望に沿うものである。また参加的理論構成者(participant conceptualizer)という類型ほど，社会学的臨床の理念を明確かつ端的に示すものはない。地域社会の問題に，研究室内の専門的学者としてではなく，一人の実践家として取り組み，その経験を通して具体的な介入方法論を構成する研究者としての姿勢を示している。

ちなみに，この「参加的(participant)」という語は，地域看護学ないし地域保健学の領域においても近年強調される語のひとつであり，参加的アクションリサーチ(PAR：participatory action research)などが提唱されている。

注)
1) この点については本講座第4巻第1章「臨床社会学の歴史」を参照されたい．
2) 中村雄二郎『臨床の知とは何か』(岩波新書)岩波書店，1992.
3) 下山晴彦『心理臨床の発想と実践』(心理臨床の基礎1)岩波書店，2000.
4) 下山晴彦が「データに基づく推論」の意味を強調するのも，また近年，ナラティブセラピーやグラウンディッドセオリーに関心が寄せられるのもこのような事情による．
5) Murrel, S. A., 1973, *Community Psychology and Social System a Conceptual Framework and Intervention Guide*, Human Science Press. (安藤延男監訳『コミュニティ心理学』新曜社，1977)
6) 山本和郎『コミュニティ心理学』東京大学出版会，1986.

第5部

社会病理への対処

第11章　社会病理と政策

I　政策とは何か

「社会病理とは何か」をめぐっては長い論争の歴史があり，その詳細については本巻の序章および第1章に譲るとして，ここでは本章の記述に必要な範囲でこの問題に若干の言及をしておこう。戦後日本の社会病理研究におけるポピュラーな見解としては「個人や社会の生活機能の障害にかかわる事象」であり，端的に表現すれば「社会生活上の困った事柄」という大橋薫の見解がその代表といえよう[1]。最近の社会病理研究者の間では一定の範囲の人々や集団が社会病理とみなす状態が社会病理であるという構成主義的な考え方が広く共有されつつある。この状態の具体的イメージとしては宝月が第1章で挙げているように「生命・身体・財産の安全が脅かされている状態」や「社会秩序が失われている状態」を想起すればわかりやすいであろう。

また政策とは個人や集団が特定の価値や目標を達成するために準備する活動方針や活動計画の総称である。通常は政府，地方自治体，政党などが立案・決定する公共政策(年金政策，住宅政策など)を指すことが多いが，営業(販売)政策のように企業などの私的な組織が行なうケースも含まれ，特に最近ではNPOやNGOなどの民間団体が行なう活動の方針や計画が注目を浴びてきている。戦後日本の社会病理学は都市を対象とした研究に積極的に取り組んできた歴史があり，政策を政府レベルよりはどちらかといえば地域社会(コミュニティ)レベルで分析する傾向が顕著であった。しかしこれからは国の内外を問わず，国際的な広がりを視野に入れつつ政策を考えていくことが求められる時代になってきているといえよう。

本巻第１章では社会病理への対応をコントロールという視点から理論的，体系的に考察しているが，本章においては社会病理への対処を政策実践という視点を中心に据えて，第１にこの問題に関する原理的問題を概観する。第２に日本におけるアルコール政策の立案・実施過程に関する具体的事例を検討するとともに，アメリカの禁酒法の歴史的経験等を素材にしながら，社会病理と政策との関係を考察してみることにする。

Ⅱ 社会病理研究と政策に対する研究者のスタンス

　〈予見するために見る〉といったコント(Comte, A.)を引き合いに出すまでもなく，社会学はその誕生からして，それぞれの社会学者が生きていた時代の重要課題に実践的に取り組むことを使命としてきた歴史がある。社会病理学と政策の関係を考える場合には，必ず学問研究と政策実践の関係をどうとらえるのかという問題に遭遇する。

　いうまでもなく社会病理学は学問である。学問の領域においては理論と実証，あるいは理論と調査が相互補完関係にある時もあれば，時として対立，矛盾することもある。しかし基本的にこの世界では社会病理調査を実施したり，社会病理の理論を形成したりする作業をとおして，社会病理学的知識の獲得とその伝達を主たる目的としている。

　これに対して，社会病理に関する政策立案や政策実施は実践の世界に属する。政策立案，政策実施は社会構成員の生活や行動に直接影響を与える。しかも実践の世界においては個々の行為者の利害が異なり，相矛盾することも多い。

　学問の世界は知識の世界である。その知識は確かに実践の世界から抽出されるけれども，それによって構成される世界は実践の世界とは別個の特徴と構造をもっている。学問の世界においては個別的利害から相対的に距離を置く態度が求められ，また獲得された知識を公平に，オープンに伝達するのがルールとなっている。これに対して実践の世界においては個別利害が追及され，価値の

選別や優劣が競われる。またこの世界においては学問によって獲得された知識が秘密裏に，あるいは一方の当事者の利害に偏って利用されることは日常茶飯事である。

　調査も理論も含めた意味での社会病理研究は，望ましくない社会状態，社会関係等を研究対象とするために，それを変えようとする政策と関係して，あるいはそうした政策と隣接した現場で分析を行なうことが多い。社会病理学的分析によって獲得された知識が実践の世界へフィードバックされる蓋然性はきわめて高い。そして純粋なあるいは学問的な社会病理学的分析が現実の政策に大きなインパクトを与えるような場合もある。その意味で社会病理学は他の応用的性格をもった諸科学と同様に，学問と実践の両方の世界を橋渡しする位置を占めているともいえよう。

　このことは社会病理学にとってある意味では長所であるが，同時に他面では危険な要素を孕んでいるとも考えられる。社会病理学の歴史を紐解くまでもなく，ある社会状態や社会関係がその社会のあるグループのメンバー達にとっては望ましくない，すなわち病理的な状態や関係とみなされるのに対し，その同一の状態や関係が他のグループのメンバー達にとっては望ましい，すなわち正常な状態や関係と判断されるような事態はよくあることである。

　社会病理学はその知見が政策形成に影響を与えやすいという意味で，好位置を占めている点は応用的性格を持った学問として長所と考えることができる。しかし上述したように，社会病理研究者は自ら進んで社会のあるグループの利害や価値を擁護したり，代弁することができるし，あるいは逆に自らの意図に反してその社会病理学的知見が特定グループの利害や価値の擁護のために利用されたりする危険もある。

　このことは社会病理研究の目的や性格（理論枠組や資金も含めて）と深く関係していると考えられる。たとえば〈飲酒と犯罪・非行に関する社会病理学的研究〉といったテーマによる調査研究を考えてみよう。研究者はこの問題についていくつかの異なったスタンスをとりうる。たとえば法務省等から資金の提供

を受け，犯罪・非行防止のための政策立案に役立つような報告書の提出を義務づけられているとしよう。通常こうした場合の調査枠組みでは，加害者としての飲酒者に焦点があてられる。そしてかれらによって蒙った個人的あるいは社会的被害の実態を解明し，かれらの行動をコントロールするための政策提言をするといったスタンスをとることが一般的には多い。第2に同じテーマでも，それが酒害者の自助団体から資金提供を受け，アルコール非行・犯罪者の更生に役立つ対策を探るために調査研究をする場合には，第1ケースの枠組みを一部として含みつつも，加害者であるアルコール依存症者が飲酒行為や犯罪・非行行為にいたる背景要因の解明，たとえば家庭や職場，地域環境の特性，酒造・酒販業界のあり方，マスコミ機関の役割，アルコール依存症者や犯罪・非行者に対する差別と偏見意識，社会復帰施設の現状と問題点の解明といった諸点について酒害者の立場に配慮した提言をするといったスタンスがとられることが多い。第1，第2のタイプのなかには研究結果の利用権が資金提供側に属する場合もある。第3として政策立案者(政府機関等)の側や政策対象者(アルコール依存症者，犯罪・非行者およびその団体)の側に立つのではなく，そのいずれの側からも独立した研究者集団(大学，研究所等)として自己資金によって調査研究を行なう場合には，当該テーマに関して比較的自由なスタンスをとることができる。この場合研究者自身が調査研究の結果について，公表や利用に関する自主性を保持している。

　もちろんこれらのスタンスは理念型として例示的に考えたものであり，必ずしも3つに限られるわけではない。現実の調査研究にあっては，いずれか一つのスタンスに立って調査研究が行なわれる場合もあるし，さらには複数機関や団体から資金提供を受けた場合などには，これらのスタンスが複合的に工夫されて採用されることもありうるし，それらのいずれかに，より多くの力点をおきながら研究が実施され，政策提言へと結びついていくものと考えられる。

Ⅲ 社会病理研究における価値判断をめぐる論争史

　この問題を考えるために，まず社会学や社会科学のなかで理論と実践の関係をめぐって展開されてきた論争を簡単に振り返っておこう。ウェーバー(Weber, M.)は経験科学である社会科学は実践的価値判断を排除するよう主張した一方の旗頭であった。社会科学は経験的事実を確定し，普遍妥当な真実を追究することを任務としている。科学は一定の目的が与えられた際，それに対する手段の適合性や，随伴する結果を提示するのが役割である。目的の善悪を判断し，どの手段を採るべきかを論じることは実践的，政治的判断であって，科学の役割外の事柄である。そうした判断は主観的なものであり，個人の人生観，世界観によって異なる。それはいわば価値や信念をめぐる神々による永遠の闘争の世界なのである。

　こうしたウェーバーの考え方に依拠するならば，社会病理研究は実践的な価値判断と客観的な事実判断とを峻別したうえで，自らの役割を後者の分析に自己限定すべきだということになる。価値判断を積極的に排除することによって社会病理学的認識の客観性が担保され，特定のイデオロギー的教説による拘束から開放される。そうした立場に立脚してはじめて，所与の目的にとってどの手段がより適合的なのかを客観的に評価し，目標相互間の論理的整合性を確証することができるのである。

　この対極にあるのが，理論と実践の統一を主張する立場である。その古典的な代表がマルクス(Marx, K.)である。彼にとって社会現象をあれこれと解釈するのではなく，それらを変革することこそが重要なのである。こうした立場はマルクス主義の影響を受けた社会学者にしばしば共通にみられた。たとえば，ミルズ(Mills, C.W.)は『社会学的想像力』のなかで，科学的調査法を武器に自分達の仕事をテクニカルなものとみなす科学万能主義的傾向をもつ社会学者たちを批判している。

さらにこうした立場はマルクス主義者以外の研究者においても広く採用されている。たとえばリンド(Lynd, R.S.)は『何のための知識か』において社会学は時代の実践的課題を解決し，社会を再建する現実的手段として誕生してきたのであり，時代の課題の選択や政策形成の際に，価値判断を排除する立場では，客観性の確保という主張が「中立性の隠れ蓑」として使われ，結果として現状肯定の保守的イデオロギーとして機能している点を厳しく批判している。社会学方法論の技術的練磨にエネルギーを割きすぎて，現実解決能力を弱化させてしまっている点を指摘した。つまり彼は社会学的研究のなかに明確に価値を導入することの重要性を強調したのであった[2]。また，価値選択の一般的導入を説くにとどまらず，さらにすすんで，特定の価値の選択と導入の必要性を主張するものもいる。それは逸脱者の研究で著名なベッカー(Becker, H.S.)である。かれは社会問題学会の会長講演「われわれはどちらの側につくのか」において，ある社会状況下にあって，負け犬の側にあるもの，弱者の側にあるものに積極的に加担する価値を選択し，それを研究へ導入することの重要性を強調している[3]。

　時代が解決を要求している問題の選択にあたって特定の価値観点の採用と導入に消極的姿勢をとることは，結果的に既存の制度的価値を補強し擁護することにつながってきたという批判はこうした立場にたつ研究者には共通してみられる。ミルズは論文「社会病理学者の職業的イデオロギー」で社会病理学者がアメリカ中産階級の道徳感を病理判定の暗黙の基準にしていると指摘し[4]，リンドも社会科学者がアメリカ文化，アメリカ的様式の正当性を暗黙裡に前提にしていると批判している。両者は社会の下位の立場にいるもの達へ積極的に同化しようとする姿勢を示したベッカーとある種共通するものがあるといえよう。

　さらにコールマン(Coleman, J.)は社会学者が研究成果や調査結果を政策立案者だけではなくその政策に反対する人たちにも開示された場合には，調査結果は権力をもつ層に一方的に有利に働くだけではなく，権力に挑戦する人びとにとって逆に有利に働くこともしばしばあるという。したがって，社会学者が研

究の前提としてどのような価値をもっているかは重要だが，研究成果（調査結果）が公表されるような制度的装置が用意されているかどうかが，それと同じくらい重要であると指摘している。そうした情報公開制度が存在すれば，利害当事者たちが対等に調査結果を入手できるようになり，権力層にだけ有利となる政策決定をチェックすることが可能になるのである。

さらに加えて，利害関係者たちにとってマスメディアの利用可能性が開かれていることや，請願制度の存在など政策が決定される場への接近が可能であることなどが，研究者の価値選択や導入と同じくらい，政策決定，ひいては社会変革にとって重要であると指摘している[5]。

Ⅳ 日本の社会病理研究における政策志向の継承と展開

デュルケーム(Durkheim, É.)を社会病理研究の巨匠とよぶとすれば，それと同じ意味で，日本においては建部遯吾や米田庄太郎，高田保馬等を社会病理研究の巨匠とよんでもあながち不当ではない。彼らの政治的，実践的志向の高さは今日の社会病理研究者の目からみればある種の驚きを禁じえない。ある人は政治家へ転身し，ある人はその志向の高さゆえに不当な職場差別や公職追放にあい，それぞれ波乱万丈の人生を歩んでいる。そのことは当時の代表的社会学者たちの時代や社会との実践的かかわり方と深く関係していたと考えられる。

もちろん社会病理研究は時代や社会の課題に実践的にかかわりさえすればよいというわけではない。上記の巨匠たちも政策実践へのかかわり方をめぐって，一部の論者からは「天皇制イデオロギーの擁護者」，「優生学偏重論者」，「理論と政策の無媒介的合一者」などといった評価も受けている[6]。社会病理研究者が実践の世界とのかかわりを深めれば深めるほど，歴史的評価にともなう毀誉褒貶は不可避である。

日本において社会病理現象へ社会学知見を応用するという意味での社会病理研究は，歴史をさかのぼると建部や米田等がそうであったようにマクロな国策

レベルの政策に直接,間接かかわるケースが多かった。かれらの政策的提言は,ある種時局発言的な性格をおびていたが,それゆえにまたそのもつ意味や影響力も大きかった。

戦前の社会病理研究にとってヨーロッパ社会学の影響が大きかったのに対し,戦後の社会病理研究はアメリカ社会学の影響を強く受けることになった。社会病理研究の主流がヨーロッパからアメリカへ移った影響が日本にも反映したためである。アメリカは州を基盤とした連合国家であり,そこでは州レベルやそのサブ単位であるコミュニティレベルでの政策研究が国家(連邦)レベルの政策研究と並んで重要視されてきた歴史をもっている。

戦後日本の社会病理研究が国家レベルでの政策を視野におきつつ,地域社会や地方自治体レベルでの政策研究により多くのかかわりをもつようになった背景にはそうした事情が関係していた。

戦後の社会病理研究の先鞭をつけた磯村英一も社会病理学を日本に定着させた大橋薫も都市を中心とした地域社会の解体・逸脱現象を中心に研究を展開していったのはこうした流れの一貫とみることができる。こういった社会病理研究の日本的特徴は地方分権化が課題となっている日本社会の現状に適合している面があることは事実である。しかし国際化しつつある現代日本の社会において,社会病理研究者たちがこの研究がもつ実践的特性をさらに生かしていこうとすれば,研究対象をメゾやミクロレベルのみに限定するのではなく,建部らの研究の問題点を十分咀嚼したうえで,国の内外に関係したマクロな国家レベルの政策にも取り組んでいくことは時代の要請として極めて重要である。

日本への社会病理学の導入と定着を図った世代においては,社会病理研究の実践志向は主として病理現象を〈解明〉し(大橋),社会的現実を〈診断〉すること(中久郎)[7]に重点が置かれていた。その意味ではかれらの研究は理論的志向も十分内包していた。また大藪寿一や斎藤吉雄らは社会病理研究の延長線上において,これまで蓄積されてきた社会学的知見を現実の社会問題を解決するために利用する〈応用社会学〉の確立を主張していた[8]。しかし総じてこの世

代の社会病理研究者たちにはオーソドックスな学問的姿勢を堅持し，政策立案や実施の現場から一歩距離を置こうとする姿勢がみられた。

　これまで大橋，中たちによって担われてきた社会病理研究の理論面での役割は，今日，宝月誠，米川茂信らによって継承されている[9]。他方，畠中宗一や井上真理子などは社会病理研究の実証的性格を継承し，臨床社会学の旗印のもとに，問題の〈解明，診断〉はもとより，問題に対する〈介入，評価，プランニング〉などの概念を駆使して，これまでの社会病理研究の実践志向の内容や方向をいっそう多様化，豊饒化する試みを行なっている[10]。さらにまた森田洋司，矢島正見，清水新二などは政策現場と距離を保とうとした前世代の多くの研究者たちの姿勢とは対照的に，政府や地方自治体の審議会や委員会等に積極的にかかわり，社会病理研究者として政策立案現場で仕事をすることの重要性を次の世代の研究者達に身をもって示している。

　近い将来社会病理学者が単に政府や地方自治体のみならず，NGOやNPOなどと連携し，国の内外において調査研究活動を展開し，政策提言をしていくケースが増えていくであろう。また現在社会病理学者たちによって取り組まれている諸研究が，そのまますべて社会病理学の名称で括られ続けなければならないものかどうかをめぐってはいろいろと論議のあるところである。そうした問題も社会病理研究の実践的性格を発展的に展開するなかからより良い方向性がみえてくるのではないだろうか。

Ⅴ　酒類自動販売機撤去問題を通してみたアルコール政策の変容過程

　以下においては，現代日本におけるアルコール問題がどのような形で政策課題に取り上げられ，またいかなる要因によってこのアルコール政策が当初の意図からどう変化していったのかを辿ってみる。その事を通して社会病理に対する対策が，現実の立案・実施過程において遭遇する問題点の一端を明らかにしたい。

酒類自動販売機撤去問題に関するアルコール政策の変容過程についての分析としてはすでに清水新二によって優れた研究がなされている。清水の研究の特徴は氏自身がかかわった審議会の立場に視点を据えてこの運動の展開過程を追った先駆的研究である点にある[11]。本章においては同じテーマについて角度を変えて，酒害者の自助集団や市民団体と業界団体および政治集団との相互作用に焦点を当てて分析することにする。

　酒類自動販売機撤去問題が青少年の非行・犯罪や健康被害との関連で社会病理として一般の人びとから問題視され出したのは比較的最近のことである。しかし識者や専門家の間ではかなり以前からこの問題は注目されていた。犯罪社会学者や警察関係者たちは，酒類自動販売機をとおした飲酒が少年非行の温床になるケースが多いと指摘していたし，アルコール問題の専門家たちは酒類を自動販売機で販売しているのは日本だけであり，機台の設置が日本全国に広がり，それが昼夜，年齢を問わずといった販売形態であったため，何らかの規制を設ける必要性があると主張していた。

　だが1970年代においてはまだ一般の人びとは自動販売機による酒類の販売が社会病理を生み出しているとは考えず，むしろ逆に自動販売機のもつ圧倒的な利便性に目を奪われていた。加えて，この運動は酒の薬物性や，機械による時間，場所，購入層を無視した無制限な販売の危険性を訴えたものであったが，一般の人びとからはあたかもこの運動が自動販売機による販売をすべて否定しているかのような単純な誤解(「それではジュースも買えなくなっちゃうじゃないの！」)も結構たくさんあった。

　このように一般の人びとはこの問題に無関心か特段問題視することはなく，当局も特別な動きをしない現代日本の困難な状況下にあって，〈現在は広く認知されてはいないが，この事態はまぎれもなく社会病理である〉と主張する複数のグループ(「笛を吹く者たち」)が存在した。それらは酒害者たちの自助組織である全日本断酒連盟(通称：全断連)やアルコーリック・アノニマス(匿名酒害者の会：通称A・A)などベッカー流にいえば弱者に位置する人びとであっ

た。さらにアルコール問題全国市民協会などの市民団体や酒害者たちに理解と共感を示す医師，学者，ケースワーカー等の専門家たちもそれぞれのもち場で「笛を吹く者」たちを支援していたし，みずから「道徳的十字軍」の1兵士としてこの戦線に加わるものもいた。

　特に全断連は酒害者による日本最大の自助組織として，早くから酒類自動販売機撤去問題に取り組んでき，酒造・酒販業界はもとより，担当官庁（当時の厚生省）やマスコミ，市民団体等へ理解と協力を求める申し入れを行なっている。こうした働きかけが功を奏し，1986年には政府の公衆衛生審議会が「アルコール関連問題対策に関する意見書」において，酒類自動販売機が野放し状態にあることに対する警告を発するにいたった。1987年には東京永田町の自民党本部で全断連とこの問題に理解を示す政権党の国会議員たちとの懇談会がもたれた。その席では酒害者支援について協力を求めるとともに，緊急の問題として酒類自動販売機の規制に関する要望が出されている。この会合において積極的に発言し，酒害予防に最も理解を示した議員の一人が小泉純一郎衆議院議員（現総理大臣）だったというのは有名な話しである。当時も今も，国民はもとより議員集団においても飲酒肯定派が多数派であり，飲酒警告派は少数派である。その中において小泉議員が酒造，酒販業界ではなくて，そことはしばしば対立関係になる酒害者寄りの姿勢を示したことは「笛を吹く者」たちを大いに勇気づけた。

　この懇談会の開催にあたって中心的な役割を果たしたのは静岡県選出の衆議院議員戸塚進也氏であった。かれはもともと兄が手広く酒販業を営んでいて，それとの関連でアルコール問題に関心があったうえ，彼の熱心な支援者のなかに全断連の会員がいて，やがて彼自身酒害者の問題にも興味をもつようになったという。この懇談会に集まった政治家には大きく分けて二つのタイプがあった。ひとつは戸塚氏や小泉氏がそうであったように，アルコール問題や酒害者問題それ自体に強い関心をもっていた人たち，そしていまひとつは，アルコール問題や酒害者問題に若干関心はあるが，それ以上に戸塚氏との個人的なある

いは政治家としての同志的なつながり、ありていにいえば政治的お付き合いによって参加したタイプである。そしてこの会のかなりのメンバーが後者のタイプであった。日本社会にあっては政治の世界もまた、ムラ社会の枠外に存在するわけではなく、法案、特に議員立法による法案の多くはそこに盛られた立法趣旨や理念もさることながら、この政治的お付き合いの多寡や貸し借りによって成否が左右されているのが現実である。このことが後に戸塚氏の落選によって懇談会の人的ネットワークに機能不全をもたらし、酒類自動販売機撤去問題の行方に少なからざる影響を及ぼすことになる。

　ところで、立法過程に必ずしも詳しい知識をもち合わせていなかった当時の全断連幹部達は、酒類自動販売機撤去問題は単純に法律を作って規制してもらえば問題は解決すると考えていた。これに対して戸塚氏は立法のプロとしての立場から、立法化のためには国税庁、厚生省等複数の関係省庁の理解を必要とするのみならず、与党の担当部会の承認も必要であり、手順が複雑である上に時間もかかってしまう。しかし日本には行政指導という政策効果としては立法措置と同等の成果を生む制度的慣行があり、その方が早期の実現可能性があるとのアドヴァイスを受け、全断連幹部はこの問題の扱いを戸塚氏に一任することにした。戸塚氏の側においても与党議員の多くが酒造・酒販業界寄りの姿勢であり、立法化の道は容易ではないという判断があった。この懇談会は途中に一時的中断を挟みつつも回を重ね、1991年には参加国会議員も34名になった。そして厚生省の担当部局も酒類自動販売機の規制について理解を示すようになった。

　一方、酒造・小売酒販業界側の動きを追ってみよう。これまで〈消費者の利益〉を楯に市民団体等による酒類自動販売機撤去要求を突っぱねてきたが、そうばかりもいっていられない環境の変化が国の内外において起きていた。1989年から始まった日米構造協議の席上、日本の閉鎖的な流通制度の改善が要求された。伝統的な免許制度によって保護されてきた酒販業界も規制緩和要求の外圧にさらされていた。これまで敵は自販機撤廃を掲げる前門のトラ（市民運動

グループ)だけかと思っていたら，24時間営業，大量廉価販売を掲げて酒販参入を目指す後門の狼(大型スーパー，コンビニ)が出現したのである。〈敵の敵は味方〉という戦略を地でいくように，業界は運動グループの要求を部分的に受け入れつつ，来るべき大型戦争の準備を始めた。すなわち完全撤廃は死活問題なので受け入れられないが，時間制限(夜間営業停止)，設置場所制限(新規屋外設置廃止)には応じたのである。また将来の目標として自販機撤廃の方針も打ち出した(1992年)。これらの制限は行政指導にもとづく業界の自主規制であり，違反しても罰則はなかったので，この規制に従わない酒販組合は多かった。酒造(ビール)業界も歩調を合わせて酒販店への自販機設置補助金を廃止した(1994年)。結果的にみて，運動グループは名をとり，業界は実を取った形となった。

　前門での戦いをうまく捌いて一息入れた小売酒販業界は，やがて後門での戦いを本格化させた。小売業界の目標はコンビになどの新規参入阻止ないし制限，先送りであった。この戦いは酒類販売自由化促進という政府の政策に逆行するものであり，尋常の戦い方では勝利は見込めなかった。そこで小売業組合が打ち出した方針は「酒類販売管理者制度」の創設というアイディアであった。要するに既存の小売店主にはほぼ自動的に資格を与え，新規開業者は金と手間，暇かけて取得しなければならない仕掛けであった。ここで興味深いのは，この制度を設ける趣旨に「酒販者の社会的責任」という概念が盛られている点である。じつはこの考え方はかつて自販機撤去運動グループが小売業界に向けて突きつけた概念そのものであった。(もちろん自らそれを自覚し口にしていた業者も一部に存在したが)今度は小売業界がそれを逆手にとって新規参入をもくろむ者たち(主としてチェーンストア業界)に向けて突きつけたわけである。〈アルバイトの店員さんがまるでティシュペーパーでも売るように酒を販売されては危険である。酒の販売は酒の知識が豊かで，地域の子供達の顔も知り尽くしているプロ(小売店主)に任せなさい〉というわけである。かれらにとって〈昨日の敵は今日の友〉であり，〈俺のものは俺のもの，人のものも俺のもの〉

なのだ。どこのグループの理念であろうが，使えるものはみな使うのが利口者なのである。こうした業界人の行動のしたたかさ，変わり身の早さに，いくつも修羅場をくぐってきたつもりの運動家たちも驚き顔であった。もちろん「酒類販売管理者制度」は業界が主観的願望を込めた，現在計画中の政策案であり，はたして実現するかどうか定かでない。

　さて再び政界へ目を戻してみると，1993年，この運動に大きな打撃を与える出来事が起きていた。この年の7月に行なわれた第40回衆議員選挙においてそれまで連続3回当選を重ね，政権与党の中堅議員として頭角を現しつつあった戸塚氏が落選してしまったのである。この運動に関して酒害者，市民団体に理解を示す数少ない政治家の一人で，かつこの政策の推進のために自らの人的ネットワークを動員して尽力してきた戸塚氏の落選は，結果的にこの運動をそれが目標としてきた酒類自動販売機の完全撤廃からはるか遠い所で彷徨わせることになった。

　戸塚氏の落選に続き，政界は自民党の分裂，非自民政権の誕生など政界再編の時代に入り，アルコール問題議員懇談会は事実上開店休業状態になってしまった。酒類自動販売機撤去運動は制度的な政治調整の場を失い，さらにアルコール販売自由化問題が浮上してくるなど，この運動が目指す政策化の方向は拡散せざるをえなかった。

　しかし政界の激震が一段落した1999年，運動の停滞を心配した市民団体やアルコール医療関係医師等による陳情を受けて，医師出身で自らも長野県において病院長をつとめた経験をもち，地域医療に造詣の深い今井澄参議院議員（民主党）がこの会の新しい幹事を引き受けることになった。氏は参議院医療制度改革小委員会事務局長を務めるなど，国の医療政策に大きな影響を与えうる立場にあった。

　これまで与党議員への要望伝達と意見交換を主たる目的としていたアルコール問題議員懇談会は，新たに超党派の衆参両院議員によるアルコール問題議員連盟へと改組された。懇談会の時代には酒害者による自助団体や市民活動グ

第11章　社会病理と政策

ループは一種の利害団体として会に係わってきたし，懇談会はそれをバックアップする関係にあった[12]。彼らは新連盟もそうした性格を継続することを期待したが，理想的医療のあり方を模索し，利害集団とは一定の距離を置こうとする新幹事の意向もあり，さらに連盟が超党派構成をとったことともあいまって，もともとあまり強くはなかった政治的圧力集団としての性格をさらに薄め，逆に勉強会ないし研究会的性格をより強める結果となった。したがって新連盟は以前と比べて参加人数は増加した（1999年：42名，2001年：70名）ものの，政策実現に向けた政治的パワーの面では弱体化せざるをえなかった。これまで自助団体や市民グループが緊急の課題としてきた酒類自動販売機問題は，未成年者飲酒問題，酒のテレビコマーシャル規制問題，アルコール依存症対策など広範なアルコール問題のなかのひとつという位置づけに戻ってしまった。これらの問題はアルコール関連問題としていずれも重要なものではあったが，かれらにとっては酒類自動販売機撤去問題こそが緊急性が高く，現代のアルコール問題を象徴する問題と位置づけていたのであった。

　さらに追い討ちをかけるように2002年9月今井議員が突然逝去した。氏を中心に運営されていた連盟は，懇談会時代の性格を変化させつつあったとはいえ，「笛を吹く者」たちにとっては依然として政策立案現場における大事な頼り綱であった。しかし今井氏の死去は戸塚氏の落選の時と同様，この会の求心力を大きく低下させざるをえなかった。任意的政治集団においては参加メンバーの多くがリーダーの個人的魅力を慕って集まっているために，当該リーダーの交代や辞任はその集団の政治的パワーを低下させるのが常である。

　現在の政策立案現場におけるメーンイベントは酒類自動販売機撤去問題ではなく，酒類販売自由化をめぐる免許制度のあり方の問題に移ってきている。これはアルコール販売をめぐる業界同士（小売業界対チェーンストア業界）の争いである。酒販免許交付のための距離基準や，人口基準を緩和したことによって，中小販売業者の経営が破綻しないようにどれだけの期間，酒販業者の新規参入を抑制したら良いのかを争点にして展開している。

酒は依存を生み出す薬物である。それを時間と場所と相手を選ばず機械によってほぼ無条件，無制限に販売する危険性を告発した酒類自動販売機撤去運動は，1990年代を中心としてひとつの盛り上がりをみせた。しかし2000年代に入り，この運動は上記した事情により政策立案現場における足場が弱化し，現在要求が部分的に実現はしたが，その状態のまま足踏みをしている。この運動がアルコール問題のメーンイベントとして再度本舞台で取り上げられ，さらなる進展を遂げるかどうか現時点では定かでない。

　以上みてきたように，社会病理を解決するための政策は，それが立案，実施されるにあたっては，さまざまな理念や利害の衝突と調整を経ることになる。そして政策はいつも実現するわけではないし，仮に実現した場合でも当初の意図とはかなり違った形で実施されることもある。そうした場合，高い志と情熱をもった政治家の強力なリーダーシップが大きな役割を果たすことを上記の事例は示している。同時にまたこの政策過程においてはリーダーの突然の交代（落選）や死去など，計算外の非合理的要素が政策の展開に大きな影響を及ぼすことも留意しておく必要がある。

VI　アメリカ禁酒法の教訓

　アメリカの禁酒法の歴史を振り返ってみると社会病理に対する対処策として禁酒法という政策が立案実施されたわけであるが，この政策立案実施過程を総合的に検討してみると，正面に掲げられた立法理念だけではなく，隠された政策意図もこの政策の成立実施に大きな役割を果たしていることがわかる。

　20世紀初頭，アメリカの上・中流階級の婦人層を中心として婦人キリスト教禁酒同盟に結集した人たちは，過剰飲酒行動が，家庭破壊，犯罪・非行，勤労放棄，暴力，健康破壊行為等の温床となっているという認識をもっていた。そして確かに彼女達が「道徳的十字軍」として禁酒法の制定（1920年）に尽力したことが，この政策の成立実施に大きな役割を果たしたことは事実である。しか

し他方で，必ずしも禁酒がこうした社会病理に対する対処策として最適だと思っていたわけではないが，禁酒政策が自分達の政治経済的利益に合致するという判断の下に，この政策の成立実施に積極的に手を貸した人びとが存在していた。当時シカゴやニューヨークなどの大都市の酒造・酒販業や飲食・サービス産業の中核はドイツ系移民出身者が実権を握っていた。そしてそこから得られた経済力を背景として，かれらは都市およびその周辺地域に大きな政治的影響力を及ぼしていた。こうした地域権力者に反感をいだいていた反ないし非ドイツ系移民の酒造酒販業者やその他の関連業者達は，禁酒法の制定がドイツ系を中心とした既存の地域支配層に大きな打撃をもたらすと判断した。つまり彼らは上記した婦人同盟のように禁酒政策が社会病理現象の克服策として有効であると考えてそれを積極的に推し進めたのではなく，この政策に酒造酒販業およびその関連業界の階層的再編成と，それと連動した地域支配層の入れ替えの可能性を感じ取ったがゆえにこの運動に参加したのである。

そもそもかれらには過剰飲酒が社会病理の原因だという認識は薄く，それは個人の道徳次元の問題だと考えていた。既存の権力者層が行なう酒造酒販は自分達の利害からみて望ましくはないが，自分達が将来行なおう考えていた酒造酒販が悪いことだとは決して思っていなかった。したがって彼らは禁酒政策が彼らの潜在的目的を達した後には，この法案を廃案にする潜在的意図を立法化以前からもっていたのである。

そもそも禁酒政策はアメリカ国民の冷静な議論の積み上げがあって立法化されたというよりは，「笛を吹く者」たちの道徳的熱気とそれを商売上のチャンスとみた現行秩序に不満をもつ企業家たちの利害の一致によって推進されたのである。そして所期の目的が達せられるや，禁酒法はわずか14年間であっさりと廃止されてしまったのである(1933年)。そしてこの廃止運動に大きな役割を果たしたのは，業界の再編を果たした新興企業家層の人たちであった[13]。

アルコール問題に関する政策過程を検討してみると，日本においてもアメリカにおいても病理現象を克服しようと「笛を吹く者」たちの道徳的熱情は，時

としてより大きな政治的潮流に飲み込まれたり，特定グループの秘められた打算や思惑に利用されたり，あるいは絡めとられたりする危険性と脆弱性を合わせもっていることをわれわれに示している。

　もちろん理論，調査，診断，介入，政策化といったオーソドックスな手順を踏んだ社会病理研究のスタイルが無益だなどということは決してない。むしろそうしたオーソドックスな研究手法は今後益々充実発展させる必要があるといえよう。しかし同時に政策の立案・実施過程を考える場合に，この世界に潜む非合理的要素や権力の作用にも十分注意を払っていく必要があることを忘れてはならない。

注）
1）大橋薫編『社会病理学』有斐閣，1966，p.1.
2）Lynd, R.S., 1939, *Knowledge for What*, pp.183-185.（小野修三訳『何のための知識か』三一書房，1979，pp.215-217）
3）Becker, H.S., 1967, "Whose side are we on?," *Social Problems*, Vol.14 Num.3 winter, p.239
4）Mills, C.W., 1943, The Professional Ideology of Social Pathologist, "*American Journal of Sociology*" Sep., p.180（青井和夫ほか監訳『権力・政治・民衆』みすず書房，1971，p.424）
5）Coleman, J., 1978, Sociological Analysis And Social Policy, T. Bottomore & R. Nisbet, eds., *A History of Sociological Analysis*, pp.677-703.
6）中久郎編『米田庄太郎の社会学』いなほ書房，1998，pp.88-94. 北島滋『高田保馬』東信堂，2002，p.94.
7）大橋薫『社会病理学』有斐閣，1966，p.2.
　　中久郎『社会学原論』世界思想社，1999，p.3.
8）大藪寿一『応用社会学』誠信書房，1966，p.i-iv.
　　斎藤吉雄「社会学的認識と政策実践―応用社会学の基礎視角―」『社会学研究53号』1988，pp.1-22.
9）宝月誠ほか編『リーディングス　日本の社会学13　社会病理』東京大学出版会，1986，pp.3-10.
　　米川茂信『現代社会病理学』学文社，1991，pp.2-122.
10）畠中宗一「社会病理学から臨床社会学へ」『現代のエスプリ393号』至文堂，2000，pp.196-203.

井上真理子「政策現場の臨床社会学」野口裕二ほか編『臨床社会学のすすめ』
　　有斐閣，2000，pp.195-219.
11）清水新二『アルコール関連問題の社会病理学的研究』ミネルヴァ書房，2003，
　　pp.1-462.
12）『躍進する全断連　2002年度版』　社団法人全日本断酒連盟，2002，p.9.
13）岡本勝『アメリカ禁酒運動の軌跡』ミネルヴァ書房，1994，pp.1-287.
　　岡本勝『禁酒法─酒のない社会の実験─』講談社，1996，pp.3-211.

索　引

あ　行

愛着　172
アクション・リサーチ　56
アクニュー, R.　129
アノミア　125
アノミー　4
アノミー的分業　119
アルコーリック・アノニマス　222
アルコール政策の変容過程　222
イヴェント・ヒストリー・アナリシス　52
医学・医療モデル　198
異質的機会構造の理論　169
磯村英一　6, 220
逸脱キャリア　141
逸脱経歴　68
逸脱行動　155
逸脱視度　21
逸脱体験　92
逸脱的アイデンティティ　66
逸脱的価値　151
逸脱の遍在仮説　68
意図せざる結果　40
井上眞理子　220
因果的モデル　49
インナーシティ　36
インフォーマルな社会統制　139
ウィルキンス, L.T.　92
ウィルソン, W.　153
ウエインバーグ, M.S.　103
ウールガー, S.　184
A・A　222
エイカーズ, R.L.　163
疫学的調査　48
エマーソン, R.M.　71
エンゲルス, F.　112
エンペイ, L.T.　173

オーカット, J.D.　156
大橋薫　6, 220
大藪壽一　6, 220
オーリン, L.E.　123, 124, 166
オントロジカル・ゲリーマンダリング　184

か　行

ガーディアンエンジェルス　93
ガーフィンケル, H.　70
階級的コンフリクト　115
階級の利害の対立　112
階級闘争　113
科学の知　201
学際的研究　206
革新　121
ガスフィールド, J.R.　70
家族解体　37
家族療法　65
葛藤モデル　102
カレン, F.T.　173
観察法　53
感受概念　45
機会構造論　85, 87
機械的連帯　119
企業犯罪　86
キツセ, J.　184
機能障害　2, 7
機能的等価物　42
機能の差引勘定　42
機能不全　20
機能分析　111
規範観念　172
規範的アプローチ　156
客我　91
逆機能　42
教化　29
強制　29

233

ギリン, J.D.　6
ギリン, J.L.　2
ギリン, J.M.　6
儀礼主義　121
均衡モデル　102
禁酒法　228
近代科学の知　201
緊張論　159
クィーン, S.A.　2,6
クラワード, R.A.　166
クリスティ, N.　84
クリティカル・パースペクティブ　113
クリナード, M.B.　155
グリュナー, J.R.　2
クレイム・コンテスト　186
クレイム申し立て　185
クロス・セクショナルな調査　50
クロワード, R.A.　123,124
クロワード＝オーリン　87
原因論　84
言語的構築　192
顕在的機能　42,111
権力者の犯罪　84
効果測定調査　60
交際のパターン　126
交渉　29
更正保護　94
構造的緊張　125
構造＝機能主義　110
拘束的分業　119
コーエン, A.K.　123,166
コーザル・オーダー　51
コーホート　52
コールマン, J.W.　86,218
コーンハウザー, R.R.　138
ゴフマン, E.　69
コブリン, S.　153
コミットメント　172
コミュニティ　140
コミュニティ・オーガニゼーション　57

コミュニティ心理学　208
コミュニティの伝統　139
コンサルタント　209
コンサルティ　209
コンティンジェンシー　187
コント, A.　3

さ　行

サイクス, G.　69
再統合恥じ付け理論　95
斎藤吉雄　220
再被害防止制度　94
酒類児童販売機撤去問題　222
酒類販売管理者制度　225
サザランド, E.F.　67,158
サドナウ, D.　71
参加的アクションリサーチ　210
参与観察　53
参与観察法　203
シェアマン, L.　153
シェフ, T.J.　180
ジェンダー　180
シカゴ学派　161
自我の再生　95
シクレル, A.V.　71
自己本位主義　4
自然科学の原理　202
実証性　205
質的質問法　203
実践的価値判断　217
事前診断　199
下山晴彦　200
清水新二　220
ジャールジブラ, R.　152
社会解体論　138
社会的学習論　158
社会構造論的アプローチ　109
社会構築主義　179
社会構築主義の「コンテクスト派」　182
社会史調査　56

索　引

社会実験　57
社会主義革命　113
社会主義体制の凋落　115
社会構築主義の「厳格派」　181
社会的異常　2
社会的逸脱　7
社会的絆　172
社会的絆理論　172
社会的相互作用　125
社会病理研究　215
社会病理状態　34
「社会病理」の告発　38
「社会病理」の尺度　28
社会病理のミクロ分析　65
「社会病理」への対応・コントロール　38
社会問題ゲーム　186
社会問題作業（ワーク）　186
社会問題の社会学　179
社会問題の所有権（オーナーシップ）　188
社会問題のワーク研究　74
社会有機体論　6
縦断的調査　50
集団本位主義　4
修復的司法　95
主我　91
宿命主義　4
出所情報通知制度　94
酒販者の社会的責任　225
順法行為　89
ショウ, C.R.　50, 137
状況（の）定義　67, 163
状態カテゴリー　184
ジョエル, B.　188
職業犯罪　86
事例史調査　55
事例調査法　54
診断　198
スティグマ　66
スティグマ論　69
ズナニエツキ, F.　65, 138

スペンサー, H.　3
スミス, D.　152
スモール, A.W.　2
スラッシャー, F.　159
スロール, L.　125
正機能　42
成功のアノミー　125
政策　213
政策実施　214
政策実践　214
政策対象者　216
政策的環境調査　50
政策立案　214
政策立案者　216
成熟社会　1
正常性　4
正常性の規準　12
生態学的調査　49
制度的アノミー論　129
制度的手段　120
制度的秩序解体　33
責任の否定　171
説得　29
遷移地帯　159
潜在的機能　42, 111
潜在的病理性　22
全断連　222
全日本断酒連盟　222
専門資格　207
喪失のアノミー　125
相対的剥奪論　129
ゾーンマップ　145
ソフト・ディターミニズム　88
損害の否定　171

た　行

ダーレンドルフ, R.　102
第1次逸脱　67
高田保馬　219
建部遯吾　219

235

タビュラー・アナリシス	51	ハーシ, T.	58
多変量解析	51	恥じ付け	85
タンネンバウム, F.	67, 143	畠中宗一	220
中範囲理論	125	反抗	121
中和化の技術	85, 172	犯罪観	83
中和化の技法論	69	犯罪的下位文化	169
追跡研究	52	被害者学	93
適切な「介入」	199	被害者コンテスト	187
デモグラフィックな調査	46	被害者なき犯罪	129
デュルケム, E.	3	被害者の否定	171
伝統的な犯罪	84	非行少年	143
土井正徳	6	非行的下位文化論	158, 163
統合的緊張論	129	非行の中和化の技術	163
統合理論	84	非参与観察	53
当事者主義の視点	45	非難する者への非難	171
同心円モデル	145	評価研究	59
統制力	141	費用対効果	60
統制論	158	病理性	10
闘争的下位文化	169	病理性の規準	12
同調	121	病理性の判定主体	12
道徳的十字軍戦士	31	漂流	88
逃避主義	121	貧困水準	28
逃避的下位文化	169	ビンセント, G.	2
トーマス, W.L.	65	フィールド観察	53
匿名酒害者の会	222	ブース, C.	105
戸田貞三	6	フェミニズム	180
ドットマップ	144	笛を吹く者	31
トマス, W.I.	138	フォーマルな社会統制	139
ドメイン拡張	188	負の恥じ付け	94
トラブル処理屋	75	ブレイスウェイト	85
		フレイム調整(フレイム・アラインメント)	188

な 行

中久郎	220
中村雄二郎	200
二次的逸脱	72

は 行

バージェス	145
バーシク, R.J.	138
パーク, R.E.	140

文化学習理論	65
文化的逸脱	162
分化的機会構造論	124
分化的接触理論	161
文化的伝播	160
文化的目標	120
ベッカー, H.S.	218
宝月誠	220
法の制度的回避	31

法の不在　119
ポーラッチ, D.　184
ボックス, S.　85
ホルスタイン, J.A.　74
ボンガー, W.　114

ま　行

マートン, R.K.　42
巻き込み　172
マクロ分析　101
マスター・フレイム　187
マッケイ, H.D.　50, 137
マッツア, D.　69, 88, 163
マルクス, K.　217
マルクス主義的社会問題アプローチ　115
マレル, S.A.　208
マン, D.M.　2, 4
ミード, G.H.　66, 91
ミクロ・マクロリンク　116
ミクロ分析　101
ミルズ, C.W.　217
無作為実験　58
メシンジャー, S.L.　71
メスナー, S.F.　129
物語療法　65
森田洋司　220

や　行

矢島正見　220
山本和郎　208
有機的連帯　119
予言の自己成就　45
米川茂信　221
米田庄太郎　219
より高い忠誠の表明　171

ら　行

ラビントン, E.　103
ラフリー, G.　137
臨床　197
臨床研究　206
臨床社会学　197
臨床心理学　202
臨床の知　200
リリエンフェルト, P.v.　1
リンド, R.S.　218
ル・プレイ, P.G.F.　105
レートマップ　144
レトリック活動　186
レマート, E.　67
労働者の階級的自覚　113
ロウントリー, B.S.　105
ローゼンフェルド, R.　129
ロンブローゾ, C.　137

| 社会病理学講座　1　社会病理学の基礎理論

2004年2月25日　第1版第1刷発行
2006年4月30日　第1版第2刷発行

編著者　松下　武志　他

発行所　株式会社　学文社

発行者　田中　千津子

〒153-0064　東京都目黒区下目黒3-6-1
Tel.03-3715-1501　Fax.03-3715-2012

ISBN 4-7620-1269-6

©2004 MATSUSHITA Takeshi　Printed in Japan
乱丁・落丁本は，本社にてお取替致します。　　http://www.gakubunsha.com
定価は，カバー，売上カードに表示してあります。〈検印省略〉　印刷／新灯印刷㈱